本书受浙江省人文社科基地“管理科学与工程”
和浙江省哲社重点研究基地“产业发展政策研究中心”资助

WTO框架下SPS措施的合法性问题研究

刘芳 著

法律出版社
LAW PRESS · CHINA

目录

绪　论

一、问题的提出和研究的意义

各国政府通常会制定相关措施，来保护本国国民及动植物的生命和健康免受检疫性风险和食源性风险的侵害。这些措施既可能是为保护人类和动物的生命健康所需（即卫生措施），也可能是为保护植物的生命和健康所需（即植物卫生措施）。故而上述措施可以被统称为“卫生和植物卫生措施”（Sanitary and Phytosanitary Measures，以下简称 SPS 措施）。随着新的生产技术的产生，农业生产和食品加工引起的风险不论是数量上还是种类上都有所增加。另外，农产品贸易开放程度的不断增加，面对国外产品的竞争，一些农业和食品生产企业往往会通过影响政府决策，推动其基于保护国内产业的需要实施 SPS 措施。因此，近现代以来 SPS 措施的数量有明显的增长。SPS 措施对国际贸易的影响虽然难以量化，但其对国际贸易存在显著的负面影响却得到了普遍的认同。有鉴于此，自 20 世纪 20 年代以来，国际社会尝试在约束 SPS 措施方面加强合作，但取得的成果非常有限。诞生于乌拉圭回合谈判的《实施卫生与植物卫生措施协定》(以下简称 SPS 协定)最初也是出于防范农产品贸易自由化的谈判成果被各国实施的 SPS 措施抵消的考虑。

SPS 协定的缔结对于提高 WTO 规则的可预见性,在国际贸易与保护健康之间保持平衡无疑是具有积极意义的。它为评判各成员方的 SPS 措施合法与否提供了一个基准。但是,SPS 协定仅仅为贸易措施的合法性评判提供了框架性的规则。协定全文共 14 个条款,3 个附件。其中第 1 条至第 8 条是实质性条款,其余条款主要是关于技术援助、特殊和差别待遇、争端解决、SPS 协定的管理,执行问题和最不发达国家的过渡期安排。在各国越来越复杂的国内法机制面前,仅仅依靠这些原则性条款的规定,仍然无助于判定 SPS 措施的合法性。WTO 争端解决机构(以下简称 DSB)通过具体案例对 SPS 协定所做的解释正是对上述缺憾的弥补。由于 WTO 争端解决实践的特点,DSB 的核心观点往往隐藏于具体案情之中,对这些观点进行甄别和提炼后才能准确地把握 SPS 措施的合法性要素。

目前,环境污染问题和食品安全问题日益突出,SPS 措施仍然是最容易引发贸易纠纷的领域之一。根据 WTO 秘书处的统计,在 1995 年至 2015 年年底的 21 年间,在 SPS 委员会内部,WTO 成员方共提起了 403 件特别贸易关注(以下简称 STCs)。在这些 STCs 所涉及的事项中,动物健康占 39%,食品安全类占 31%,植物健康类占 25%,其余 5% 涉及认证要求、控制和检验程序等问题。除 1995 年以外,其他年份新提起的 STCs 数量均在 10 件以上。2015 年的 40 件 STCs 中,有 21 件是首次被提出。2015 年,中国共有 7 件 SPS 措施被其他成员方提起关注。①

根据 2014 年《WTO 年度报告》争端解决部分的数据显示,SPS 协

① See G/SPS/GEN/204/Rev. 16, p. 5.

定是至今为止继 GATT、“两反一保”协定和《农业协定》之后涉案较多的协定之一。① 自 1995 年至 2017 年 1 月,共有 44 起争端在磋商阶段援引了 SPS 协定相关条款作为法律依据。就中国而言,农产品出口往往受到国外 SPS 措施的严峻挑战。根据中国 WTO/SPS 通报咨询中心近几年发布的《中国出口受阻分析报告》显示,食品添加剂、农兽残不合格、微生物污染,不符合动物检疫规定,生物毒素超标,化学物质污染,含违规转基因成分等因素是除产品品质不合格外,我国农食产品出口受阻的主要原因。据商务部估计,2006 年技术性贸易壁垒对中国近 90% 的农产品及食品出口企业产生影响,年遭受损失高达 90 亿美元。《中国农业信息》杂志 2011 年第 2 期曾发布信息,国家软科学研究计划项目《我国农产品贸易中的卫生与植物检疫措施及其应对策略研究》最新研究报告指出,卫生与植物检疫已经成为我国农产品出口国际市场尤其是发达国家市场面临的最主要障碍。

以 2004 年我国发生的禽流感疫情为例,我国对外公布国内发现禽流感病例后,日本农林省当日就通报我国国家质检总局,全面暂停中国的禽鸟及其所有产品的进口直至确认中国为非疫区。韩国、巴西、新加坡、瑞士、罗马尼亚等国也相继宣布对中国禽肉产品的禁令。一些国家还禁止中国禽副产品,如罐头食品、羽绒及其制品的进口。② 又如,2006 年,日本为加强食品包括可食用农产品、农业化学品(农药、兽药和饲料添加剂)残留的管理实施了肯定列表制度。该制度规定,所有食品中的“豁免物质”,不受任何残留限量标准的约束,而食品中的某些农业化学

---

① 1995 年至 2015 年,作为磋商依据最多的协定分别是 GATT(398)、反倾销协定(112)、补贴与反补贴协定(108)、农业协定(73)、TBT 协定(49)、保障措施协定(47)、进口许可证协定(44)、SPS 协定(43)、WTO 协定(43)、TRIMs 协定(41)、TRIPs 协定(34)、服务贸易协定(23)、海关估价协定(17)、原产地协定(7)、装运前检验协定(5)、政府采购协定(4)。

② 师华:《疫病非疫区的划分和承认对国际贸易的影响与对策研究》,载《WTO 法与中国论坛 2009 年文集》。

品，分别适用 5 万多项“最大残留限量标准”。所有食品中未被列入“豁免物质”清单，且未制定“最大残留限量标准”的农业化学品，均适用 0.01 mg/kg 的“一律标准”。据商务部统计，在“一律标准”实施一年半后，中国对日本出口农产品数量与上一年同期相比减少 17.6%，出口金额增长 0.1%。而且，中国对日农产品出口占中国农产品出口总额的比重从 1995 年的 37.6% 降低到 2009 年的 19.6%。数据表明，中国的农产品及食品的出口在未来相当长的时间内将一直受到日本“一律标准”的影响。①

上述措施的实施固然有合理的政策目标，体现了不同国家在适当保护水平或可接受的风险程度上的差异，但其实施需要符合 SPS 协定及其争端解决实践所确立的规则。只有明确了 SPS 措施的合法性要素，在国际贸易纠纷的处理中，我们才能做到有理有据。在此基础上，建立和完善相应的监督和补救机制，对 WTO 成员方实施的 SPS 措施进行审查并化解相关争议是增强 SPS 措施合法性要素实效的关键。SPS 委员会、贸易政策审议机制以及争端解决机构在其各自的职能范围内不同程度地发挥了监督和补救机制的作用。因此，无论是着眼于加强对 WTO 规则的理论研究还是化解我国所面临的贸易纠纷的需要，对 SPS 措施的合法性要素及其监督补救机制的完善进行系统研究都有着十分重要的意义。

二、研究思路和主要内容

本书区分了贸易措施及其实施和对贸易措施实施情况的监督补救机制，从三个角度对 SPS 措施的合法性问题进行整体研究。通过考证

① 凌莉、李志勇、易敏英等：《通过“WTO 争端解决机制”应对日本“一律标准”的可行性分析》，载《现代食品科技》2012 年第 2 期。

SPS 协定的缔结历史及其草案的修订过程,结合典型案件和最新争端解决实践,提炼用于评判 SPS 措施是否合法的基本要求。根据这些要求对我国的相关实践展开评议。考察 SPS 委员会、贸易政策审议机构以及争端解决机构相关职能的履行情况,对现有监督和补救机制存在的问题及其完善提出建议。本书共七章,分为三个部分。

第一章是本书的第一部分,介绍了用于评判 SPS 措施合法性的主要法律依据,即 SPS 协定的相关法律问题,界定了 SPS 措施的构成要件,考察了与 SPS 协定相关的私营标准的类型、产生原因及其对国际贸易造成的实际影响,探讨了 SPS 协定涵盖相关私营标准的路径。

第二章至第六章是本书的第二部分,论述了 SPS 措施的五大合法性要求及其合法性或违法性构成要件。就 SPS 措施的科学性要求而言,本书重点论述了"充分科学证据"的含义,合格的风险评估的认定,预防原则在 SPS 争议中的适用路径,第 5.7 条的法律性质及其合法性构成要件,对争端解决机构适用第 5.7 条时凸显的问题进行评议。

就 SPS 措施的非歧视性要求而言,本书重点阐述了 SPS 协定第 2.3 条和第 5.5 条的违法性构成要件,通过美国虾产品案和印度农产品案论证了 SPS 协定下非歧视性要求与 GATT 第 20 条序言相关概念之间的区别和联系。

就 SPS 措施的必要性要求而言,SPS 协定第 5.6 条是体现这一要求的基本条款。本书分析了第 5.6 条的构成要件,比例原则对认定 SPS 措施必要性的影响。SPS 协定第 6 条关于"适应地区条件"的要求,体现出区域化管理的思想,也是关于必要限度要求的特别条款。笔者介绍了区域化的概念、SPS 协定关于适应地区条件和区域化管理的规定,就 WTO 框架下涉及第 6 条的首起争端——印度农产品案,本书结合案情以及专家组的相关解释,对第 6 条下三个条款的关系进行了分析,还介绍了与区域化相关的国际标准及 SPS 委员会制定的指南,对 SPS 委员会和国际标准化组织的工作及我国的实践进行了评议。

就 SPS 措施的合法性与国际标准的关系,本书界定了 SPS 协定下国际标准的范围,介绍了国际标准化机构的标准制定情况,然后依据 SPS 协定第3条,就国际标准与 SPS 措施的合法性认定之间的关系展开了分析。最后,就事关中国食品安全的莱克多巴胺(即瘦肉精)的国际标准制定,分析了在现有国际标准制定权外包机制的背景下,SPS 规则对国际标准化活动的影响,国际标准化纷争的制度根源,阐述了国际标准化活动外部监督机制的不完善所导致的问题及其对策。

贸易便利性要求是从实施 SPS 措施的角度考察其合法性,即 SPS 措施的实施过程应尽可能地便利国际贸易,降低交易成本。本书主要从等效性认可要求、透明度要求以及控制、检验和批准程序的实施三个方面展开阐述。

第七章是第三部分,主要介绍 SPS 委员会的职责以及主要的工作机制,贸易政策审议机构对 SPS 协定实施情况的审议状况,并对此展开评议。分析了专家组职责与审查标准的关系,考察了专家组在 SPS 案件中的审查标准,最后对上诉机构提出的程序性审查标准进行评析。

CHAPTER 01 >>

第一章

SPS 措施及其合法性问题概述

在 WTO 框架下,就 SPS 措施的合法性评判而言,SPS 协定无疑是最关键的法律依据。我们首先需要明确的问题是,SPS 协定与其他法律规则之间是什么关系？其次,受政治体制和法律传统等因素的影响,各国管理国际贸易的模式各不相同,贸易措施的种类和复杂程度也有区别。哪些措施属于 SPS 协定所特指的 SPS 措施？为保护环境和消费者利益的贸易措施是否属于 SPS 措施？跨国零售商的生鲜产品和食品采购标准日益影响到发展中国家的出口利益,WTO 能否将其置于 SPS 协定的约束之下？要回答上述问题,我们不仅要依据现有的文本规则,还需要考察 SPS 协定的缔结历史及其草案的修订过程。不仅要分析 SPS 协定在 WTO 法律体系中的地位,还要比较 SPS 协定与其他多边贸易协定,如 GATT1994 以及

《技术性贸易措施协定》(以下简称 TBT 协定)的异同。[①] 本章主要介绍了 SPS 协定的产生及其特点,SPS 协定与 GATT1994 的关系,阐述了 SPS 措施的构成要件,论证了将相关私营标准纳入 SPS 协定管辖所存在的法律障碍及对策。

第一节 SPS 协定的历史沿革和法律地位

一、国际贸易中的 SPS 措施

保护本国国民、境内动植物卫生状况免受境外输入因素侵害,是一国政府在国际贸易背景下的重要职责。因此,各国政府通常会制定旨在防范各种健康风险的卫生措施,这些措施既可能是为保护人类和动物的生命健康所需(即卫生措施),也可能是为保护植物的生命和健康(即植物卫生措施)。这些措施包括农药的最高残留限量要求、使用添加剂的批准程序、强制检疫要求、对食品中致敏物的警示标签要求、生产和加工方法的规范、为预防虫病害而对某种产品实施的进口禁令等。

尽管 SPS 措施的使用古已有之,[②]但近现代以来,其被使用的频率有明显的增加,成为一种常见的贸易措施。这是因为,一方面,随着新的生产技术的产生,因农业生产和食品加工而引起的风险,不论在数量上还是种类上都有所增加,同时政府为了回应消费者对食品安全方面

---

① 就 TBT 协定与 SPS 协定的关系而言,二者在适用对象上存在根本区别,这一点在本章第二节关于"卫生与植物卫生措施"的界定中会有详细的对比,因此,在本章第一节中不再就二者的关系展开论述。

② 14 世纪,威尼斯为防止黑死病、霍乱等疾病随外来船只传入境内,建立了世界上第一个检疫站,对外来船只实行 40 天的隔离措施。随后地中海沿岸的一些国家也开始采取类似措施,Quarantine 也成为隔离 40 天的专有名词,并演绎为今天的"检疫"。参见肖冰:《实施卫生与植物卫生措施协定研究》,法律出版社 2004 年版,第 8 页。

的关注，也会实施相应的 SPS 措施以防范风险；另一方面，因农产品贸易开放程度的不断增加，面对国外产品的竞争，一些依赖政府支持的农业和食品生产企业有可能会寻求影响政府决策，推动政府基于经济利益考虑实施 SPS 措施。

SPS 措施对国际贸易的影响虽然难以量化，但其对国际贸易存在的显著负面影响却得到了普遍的认同。概而言之，SPS 措施对国际贸易的阻碍可以从以下两个方面来理解。第一，基于贸易保护主义动机，进口国政府以保护国内民众和动植物健康为由实施 SPS 措施，可以达到限制或者排除国外产品进入本国市场的目标；第二，即使不是出于贸易保护主义考虑，各国所实施的 SPS 措施反映的是本国的经济发展水平、消费者的风险偏好、本国的保护水平等，但不同的国家对同类健康风险采取的规制目标和方法存在差异，对于面向众多国家（地区）出口产品的企业而言，这意味着高成本，压缩了规模经济的利润空间。因此，自 20 世纪 20 年代以来，国际社会尝试着在约束 SPS 措施方面加强合作，但取得的成果却非常有限，其中比较有代表性的是国际联盟框架下达成的《关于动物产品进出口的国际联盟公约》。①

二、SPS 协定缔结的历史回顾

（一）GATT1947 与乌拉圭回合谈判

在 WTO 建立之前，GATT1947 机制及其推动下的多边贸易谈判在削减关税水平方面无疑取得了很大的成功，通过约束关税或消除关税，各国逐渐实现了以较低的成本将本国产品输入他国市场。但在涉及健

① League of Nations Convention concerning the Export and Import of Animal Products(other than meat, Meat Preparations, Fresh Animal Products, Milk and Milk Products), League of Nations Treaty Series 193(20 Feb. 1935), p. 59.

康风险规制的一些领域，贸易自由化的进程受到了各国对外贸易管制措施的抵制。尽管这些措施是出于保护本国人民、动植物生命和健康及环境安全的需要，但其对国际贸易产生了阻碍。同时，各国也意识到，这些措施将有可能取代关税，成为实施贸易保护主义的新工具。基于这种考虑，在东京回合谈判时，GATT 缔约方通过了《技术性贸易壁垒协定》（以下简称《标准守则》）以规范各国的技术法规，包括与食品安全、动植物生命和健康有关的措施。由于未能达成一致意见，《标准守则》是以诸边贸易协定的方式通过的，仅对 32 个接受该协定的缔约方有效。这一结果，与“协商一致”的争端解决规则共同减弱了《标准守则》的实际约束力。[①] 因此，在 1986 年乌拉圭回合谈判之前，在 GATT 框架下适用于各国 SPS 措施的一般性规则只有 GATT1947 第 3 条（国民待遇义务）、第 11 条（一般取消数量限制义务）以及第 20 条（b）项例外规则。从根本上说，这些规则是以“非歧视性”为基准来判断一国的 SPS 措施是否属于贸易保护主义措施的。

推动农产品贸易自由化是发起乌拉圭回合多边贸易谈判的主要驱动力之一，但在谈判过程中，各方普遍担忧谈判成果将会被各国实施的 SPS 措施抵消。《埃斯特角城宣言》明确宣告“应将所有影响农产品进口准入的措施置于更有效的规则约束之下，方式之一就是将 SPS 措施对农业贸易的不利影响最小化”。[②]

---

① 在 GATT 机制下没有一起 SPS 措施被成功质疑的案例。20 世纪 80 年代发生在美国和欧盟之间的荷尔蒙牛肉纠纷在《标准守则》下未能成功解决。在磋商未成功的情况下，1987 年美国要求将纠纷提交技术专家小组，但遭到欧盟的反对未能达成“协商一致”。See Denise Pre'vost, Peter Van den Bossche, The Agreement on The Application of Sanitary and Phytosanitary Measures. In Patrick F. J. Macrory, Arthur E. Appleton, Michael G. Plummer (eds.), *The World Trade Organization: Legal, Economic and Political Analysis* (Volume II), Springer Press, 2005, p. 239.

② Ministerial Declaration on the Uruguay Round: Declaration of September 20, 1986, GATT BISD 33S/19 (1987), p. 20.

因此，有关SPS措施的规则谈判最初是在农产品贸易自由化议题下开展的。为SPS措施制定专门的规则，这与实现农产品贸易自由化的努力具有内在的联系，并起到了关键作用。尽管，起初的谈判设想只是在SPS措施方面改进和加强《1980年标准守则》的约束力，但随着谈判进程的深入，各谈判方意识到SPS措施问题值得特别关注。在此背景下，各谈判方在农产品谈判组之下设立了"SPS法规和壁垒工作组"(又称SPS措施工作组)。因此，乌拉圭回合谈判议题包含了两个分别独立的协定，即《标准守则》和SPS协定。1990年10月，"SPS法规和壁垒工作组"完成《SPS措施草案》，11月20日由工作组主席发布①。但由于农产品贸易自由化谈判的意见分歧，乌拉圭回合谈判陷入了僵局。1991年12月，GATT总干事邓克尔在《1990年SPS措施草案》的基础上又提交了一份立场折中的"邓克尔草案"(Dunkel text)，在内容上"邓克尔草案"非常接近于SPS协定的最终文本②。

(二)主要参与方及其立场

在SPS协定的起草修改过程中，农产品贸易大国和地区起到了引

① Uruguay Round document, MTN. GNG/NG5/WGSP/7.

② "邓克尔草案"与SPS协定的最终文本存在以下主要区别：(1)最终文本在第3.3条中增加了一个脚注，说明在依据SPS协定的风险评估规则对现有可获得的科学信息进行审查评估后，某成员方认为国际标准、建议或指南不足以达到其认为的适当保护水平，则该成员方所实施的比国际标准更严格的SPS措施可以被认定为具有科学依据。(2)第5.6条的表述从最初的"各成员方应保证此类措施对贸易限制程度最低"修改为"各成员方应保证此类措施对贸易的限制不超过为达到适当的卫生与植物卫生保护水平所要求的限度"。(3)最终文本第5.3条明示在评估动植物健康风险时应考虑经济因素，并进行成本效益分析。这意味着上述要求不适用于人类健康风险评估。(4)将最不发达国家执行SPS协定的过渡期从2年延长至5年。

领作用，如欧盟、美国和“凯恩斯集团”[①]。1988 年 12 月，乌拉圭回合谈判进入中期审议阶段，上述主要参与方就以下五个问题的优先性达成一致意见[②]：(1) 以国际标准为基准统一各国 SPS 措施；(2) 为 SPS 措施的实施制定有效的通知程序规则；(3) 提升多边争端解决机制的效力；(4) 引入科学评价因素和技术专家组；(5) 为双边解决贸易争端规定有效机制。1989 年“SPS 法规和壁垒工作组”建立后，谈判即在这个基础上进行。

各方也普遍同意在 SPS 协定中引入非歧视性原则和不得构成变相贸易限制的要求，以及通过通知程序确保透明度。欧盟和凯恩斯集团提及了对发展中国家的技术援助、特殊和有差别的待遇问题。由于发展中国家希望将其有限的资源集中于贸易利益相关性更高的领域，如农产品和纺织品谈判，因此，很少有除凯恩斯集团外的其他发展中国家参与到 SPS 协定规则的磋商过程中。另外，SPS 协定的技术性特点也阻碍了发展中国家在这一领域的参与。尽管一些发展中国家，如阿根廷和智利在“SPS 法规和壁垒工作组”会议上表现积极，但只有巴西和哥伦比亚以及摩洛哥在农业议题之下提交了 SPS 方面的书面提案。其中巴西和哥伦比亚建议，若进口国在缺乏科学证据的情况下对来自发展中国家的产品实施了较其他国家产品更为严格的 SPS 措施，导致其市场份额下降或者产品被排除出进口国市场的，受损害的发展中国家有权利在争端解决过程中要求同等的补偿。

---

① 乌拉圭回合谈判时，“凯恩斯集团”由以下国家组成：阿根廷、澳大利亚、巴西、加拿大、智利、哥伦比亚、匈牙利、印度尼西亚、马来西亚、新西兰、菲律宾、泰国和乌拉圭。See Denise Pre'vost, Peter Van den Bossche, The Agreement on The Application of Sanitary and Phytosanitary Measures. In Patrick F. J. Macrory, Arthur E. Appleton, Michael G. Plummer (eds.), *The World Trade Organization: Legal, Economic and Political Analysis* (Volume II), Springer Press, 2005, p. 240, footnote 26.

② Ibid., p. 240.

三、SPS 协定的基本特点

虽然，SPS 协定的缔结历史表明该协定的产生是为了防止 SPS 措施异化为贸易保护工具，从而抵消农业谈判成果，但它并未忽视 SPS 措施对各国治理所具有的社会、经济以及生态环境方面的积极作用，在 SPS 协定的基本条款中将“实施必要的 SPS 措施”作为各国的基本权利确定下来，并在附件 A 中通过对“适当的保护水平”的界定明确各国可以自主决定“可接受的风险程度”。

SPS 协定是关于 SPS 措施方面的一个专门协定，尽管其在序言部分指出该协定的产生是“期望对适用 GATT1994 关于 SPS 措施的规定，尤其是第 20 条(b)项的规定详述具体规则”，但 SPS 协定的内容远远超出了“详述 GATT1994 具体规则”的目标。应该说，SPS 协定不仅引入了 GATT1994 中的“非歧视性”“措施的必要性”等基本要求，而且还建立了“以科学为依据”的新规则，并为 SPS 措施的制定和实施规定了诸如“以国际标准为基础”“风险评估”“等效认定”等具体的规范性要求。通过对 WTO 成员方施加“提前通知”等程序性要求力图将 SPS 措施对国际贸易的不利影响最小化。鉴于 SPS 争端可能会涉及技术性事项，SPS 协定的争端解决条款专门规定了技术专家或技术专家组的参与问题。SPS 协定第 9 条和第 10 条分别规定了发展中国家的技术援助和特殊差别待遇问题。

四、SPS 协定与 GATT1994 的关系

在乌拉圭回合之前，与 SPS 措施相关的规则只有 GATT1947 的三个条款以及 1980 年的《标准守则》。就 SPS 措施的适用而言，以 GATT1947 规则为主体的 GATT1994，仍然存在两个方面的局限性：第一，GATT1994 只能适用于歧视性的 SPS 措施，对于具有贸易限制作用

的非歧视性 SPS 措施不适用；第二，GATT1994 是货物贸易领域的通用性规则，其未能对 SPS 措施提供详细具体的规则。

SPS 协定的序言第 1 条重申“不应阻止各成员为保护人类、动物或植物的生命或健康而采用或实施必需的措施，但这些措施的实施方式不得构成在情形相同的成员之间进行任意或不合理歧视的手段，或构成对国际贸易的变相限制。”很明显，这是对 GATT1994 第 20 条序言以及(b)项内容的重述。在澳大利亚鲑鱼案中，上诉机构注意到 SPS 协定序言第 1 条与 GATT1994 第 20 条序言部分的措辞具有关联性。① 此外，SPS 协定在其正文第 2 条关于各方的基本权利和义务规定中重复了“必要性”“不构成任意性或不合理歧视”“变相贸易限制方式”等要求。

---

① 本案的基本事实是：从 1975 年 2 月开始，澳大利亚禁止进口新鲜、冷冻以及冷藏的(未经煮熟)鲑鱼，加拿大鲑鱼也因此被限制进口。澳大利亚实施该禁令的理由是，进口未煮熟的鲑鱼会引入 24 种外来疾病，从而危害澳大利亚鱼类的健康。这 24 种疾病中有 2 种是被世界动物卫生组织列入需通报动物疫情名录的疾病(重要危害类)，另外 4 种属于资料不足但也有潜在危害类。其余的疾病未被其《水生动物健康守则》收录。澳大利亚和加拿大磋商后开展了一次风险评估，并出具了三份报告。包括 1995 年 5 月的报告草案、1996 年 5 月的报告草案和 1996 年 12 月的最终报告。三份报告的倾向性差异很大。第一份报告认为，没有证据表明，人类食用太平洋鲑鱼后会导致疾病传播。它也列举了进口鲑鱼引发外来疾病所必须具备的环节链条。如果链条中的一个或某些环节被阻止或发生概率被降低，疾病传播的风险将会降低至可忽略不计。这份报告建议，在遵守相关条件的情况下，澳大利亚可允许进口野生的太平洋鲑鱼。1996 年 5 月，该报告在参考了澳大利亚检验检疫局的意见后被修改，其未就是否应当允许进口问题发布意见，但确认了一些风险管理措施。1996 年最终报告的立场却与前两份报告大相径庭。其建议保留进口禁令。理由是，虽然疾病传播的概率较小，但其经济后果却非常严重，将会严重威胁澳大利亚的农业和钓鱼工业，并且破坏环境。但加拿大认为，澳大利亚的措施是基于国内利益集团，如塔斯马尼亚鲑鱼生产者的游说，是为了保护国内企业。不仅如此，澳大利亚关于“可接受的风险程度”是不均衡的，尤其表现在，澳大利亚并未采取同样严格的检疫措施进行管理如鱼饵用进口冰冻鲱鱼和活观赏鱼会带来疾病风险。而在加拿大看来，这类风险比进口鲑鱼带来的风险要大得多。专家组和上诉机构最终作出了不利于澳大利亚的认定。即(1)澳大利亚的措施不是以风险评估为依据；(2)澳大利亚的措施违反 SPS 协定第 2. 3 条，构成变相贸易限制；(3)专家组认为澳大利亚关于出口前热处理的要求，将会降低新鲜鲑鱼的价值，其对贸易的限制超出了必要限度，违反了 SPS 协定第 5. 6 条。但上诉机构认为专家组应审查的 SPS 措施是进口禁令，而不是热处理措施。对此，由于缺乏必要的信息，上诉机构无法就此做进一步审查。Appellate Body Report, Australia-Salmon, para. 251.

这在一定程度上意味着，就 SPS 争端案例而言，以往争端解决实践中关于 GATT1994 第 20 条的推理和解释方法具有重要的借鉴价值。

此外，如上文所述，SPS 协定序言第 8 条指明 SPS 协定起草者的意图在于详述 GATT1994 的相关规则，尤其是其第 20 条(b)项。在 WTO 成立后受理的第一个 SPS 协定下的案例，即欧共体荷尔蒙牛肉案中[①]，欧共体曾主张，除 GATT1994 第 20 条(b)项所含规则外，SPS 协定并没有为各缔约方施加其他实体性义务。专家组驳回了欧共体的这一主张，并进而认定诉诸 SPS 协定并不以证明被诉方违反 GATT1994 相关义务为前提。[②] 专家组认为，SPS 协定包含了与 GATT1994 不同的义务规则。这些不同的义务规则体现出 SPS 协定与 GATT1994 的一个重要区别在于，不仅“歧视性”贸易措施将被认定为不符合 SPS 协定的要求，而且，那些“非歧视性但不科学”的贸易措施也构成对 SPS 协定的违反。即 SPS 协定是以科学性和非歧视性的双重标准来甄别 SPS 措施的。

GATT1994 是货物贸易规则中的基本法律规范，其与 WTO 协定附件 1A 下各子协定被同时援引作为法律依据的可能性最大，因此，在《关

---

① 该案起因于欧共体于 20 世纪 80 年代颁布的三个指令，禁止在欧共体市场内销售使用 6 种荷尔蒙作为生长激素饲养的牛肉，其中包括三种人工合成激素：醋酸去甲雄三烯醇酮(trenbolone acetate，一种有雄激素作用的类固醇，以下简称 TBA)、右环十四酮酚(zeranol，商品名“增肉素”)、醋酸美伦孕酮(melengestrol acetate，一种黄体酮，以下简称 MGA)。还有另外三种天然荷尔蒙。该禁令的产生源于 70 年代意大利消费者对法国国内滥用乙烯雌酚(一种人工荷尔蒙激素，英文简称 DES)的关注，儿童食用了含有这种激素残留的牛肉后，导致幼儿提早发育。消费者的压力促使欧盟决定，除医用用途外，禁止饲养时使用上述 6 种荷尔蒙作为生长激素，并规定牛肉中荷尔蒙最高残留限量为零。而当时美国国内除禁止使用乙烯雌酚外，允许在饲养中使用其他荷尔蒙作为生长激素。加拿大只禁止去甲雄三烯醇酮。美加国内的农民广泛使用其他荷尔蒙以减少成本并提高产量。美加两国指控欧共体的立法违反了 SPS 协定的若干条款。双方争议的焦点主要围绕：(1)是否存在相关国际标准以及欧共体的措施是否以其为依据。(2)欧共体的措施是否有科学依据，是否进行了风险评估。(3)欧共体措施的保护水平是否存在武断不合理的差异并导致歧视或变相贸易限制。作为一般性问题，专家组也解释了 SPS 协定与 GATT1994 之间的关系问题。

② Panel Report, EC-Hormones(US), para. 8.41.

于 WTO 协定附件 1A 的一般性注释》中专门就 GATT1994 与附件 1A 下其他协定间的关系做出了说明，即在两者存在冲突的情况下，后者的规定优先。这一规定当然适用于 GATT1994 与 SPS 协定之间的关系。但争端解决机构先后在多个案件中对"协定间的冲突"采取了从严解释的立场，专家组在印尼汽车案中特别提及"国际公法上在条约解释时首先推定条约间不存在冲突"，这一假定应适用于 WTO 多边贸易协定的解释，因为这些多边协定具有"一揽子协定"的特点，是由相同成员方在同一组织框架内同时进行谈判而最终签订的协议，①这些协定应根据有效解释的原则尽可能排除相互间存在冲突的可能性。不仅如此，该案专家组援引相关国际公法学家的观点②，认为在国际公法领域，两个条约间存在冲突的情况只有在三个条件同时满足时才会出现：第一，两个条约具有相同的缔约方；第二，两个条约涵盖相同的实体事项；第三，两个条约的规定为缔约方施加了相互排斥的义务，内容上不可同时兼容是条约间存在冲突的必要条件。

对于何为"冲突"，专家组曾在土耳其纺织品案中指出，只有在不可能同时遵守不同法律文件下的义务时才能认定条约间的冲突是存在的。如果只是一个法律文件规定了比另一个法律文件更严格的义务，而这些义务间并非不可兼容的，那么不能认为冲突存在。而且，如果一个法律文件包含的义务不是强制性的，在自由裁量的空间内完全可能遵守另一个法律文件下的义务，那么也不应认为存在冲突。③ 在危地马拉水泥案中，上诉机构在分析《反倾销协定》与《关于争端解决规则与程序的谅解》（以下简称 DSU）的法律适用冲突时认为"只有存在冲突的

① Panel Report, Indonesia-Autos, para. 14. 28.

② See R. Berndardt, *Encyclopedia of Public International Law*, Vol. 7, Amserdam: North-Holland, 1984, pp. 468 – 471.

③ Panel Report, Turkey-Textiles, para. 9. 92.

情况下,(DSU 之外某个多边协定中的)特别规则才能优先于 DSU 规则得到适用,即遵守其中一项规则将会导致违反另一项规则。"①

上诉机构在韩国奶制品案中认为,如果(WTO 框架下)两个协定所规定的义务不存在相互排斥的情形,则通常这些义务应累积适用,各成员方必须同时遵守这些义务。② 在具体案件中,起诉方可以自主选择起诉的法律依据。但就 SPS 措施而言,由于 SPS 协定较之 GATT1994 对被诉方提出了更严格的要求,因此,若起诉方同时依据两个协定质疑被诉方的措施,那么从司法经济性的角度来看,专家组和上诉机构通常会首先审查该措施在 SPS 协定下的合法性。③

在起诉方同时依据 SPS 协定和 GATT1994 质疑被诉方的 SPS 措施时,如果先审查该措施在 GATT1994 下的合法性,则可能出现以下情形:(1)若该措施违反 GATT1994 一般规则,则被诉方通常会援引 GATT1994 第 20 条(b)项例外,即使审查后认定该措施符合(b)项例外,但若 SPS 协定条款也属于专家组的职权范围,且 SPS 协定的援引不以违反 GATT1994 为前提,所以专家组仍需要启动 SPS 协定下的审查;(2)若被诉方措施不符合 GATT1994 第 20 条(b)项例外,则不排除专家组依司法经济原则停止 SPS 协定下审查的可能性;(3)若该措施符合 GATT1994 一般规则,同样因 SPS 协定的援引不以违反 GATT1994 为前提,而且 SPS 协定在 GATT1994 之外还规定了其他义务,所以专家组仍需要启动 SPS 协定下的审查。

相反,根据上述欧共体荷尔蒙案专家组的观点,在法律适用上,SPS

---

① Appellate Body Report, Guatemala-Cement, para. 65.

② Appellate Body Report, Korea-Dairy, para. 74.

③ 上诉机构在 US-Shirts and Blouses 案中指出,专家组只需要处理解决争端所必须处理的主张。Appellate Body Report, United States-Measure Affecting Imports of Woven Wool Shirts and Blouses from India, p. 19.

协定具有独立于 GATT1994 的特点，如果专家组首先审查该措施在 SPS 协定下的合法性，则(1)若该措施符合 SPS 协定的一般规则，则根据 SPS 协定第 2.4 条的规定，该措施被推定为符合 GATT1994 中与 SPS 措施相关的规则，尤其是第 20 条(b)项。① 因此，除非起诉方提出反证，则无需进一步启动 GATT1994 下的审查；(2)若该措施不符合 SPS 协定的具体规则，则根据司法经济原则，专家组也无需启动 GATT1994 下的审查。此外，在美国禽肉措施案中，专家组认为，一项已经被裁定违反 SPS 协定第 2 条和第 5 条的措施不能依据 GATT1994 第 20 条被证明为合理。②

---

① 这种推定一般被认为是"初步推定"，即允许反证的推定。与第 2.4 条相似，SPS 协定第 3.2 条后半句规定"符合国际标准的 SPS 措施被推定为(be presumed to)符合 GATT1994 相关规定"，上诉机构在欧共体荷尔蒙牛肉案中认为第 3.2 条后半句的"推定"是一种"可辩驳的推定"。See Marceau, G. & Trachtman, J. P., A Map of the World Trade Organization Law of Domestic Regulation of Goods: The Technical Barriers to Trade Agreement, the Sanitary and Phytosanitary Measures Agreement, and the General Agreement on Tariffs and Trade, *Journal of World Trade*, Vol. 48, No. 2(2014), pp. 351－432.

② 该案的背景是，2004 年中美同时暴发禽流感，中方停止进口美国禽肉产品，而中国的禽肉产品此前也从未打入美国市场。为解决中美禽肉贸易问题，当年 4 月，双方经商谈同意同时解除各自的"禁令"，约定在履行相关程序后，美方向中国出口冷冻禽肉产品，中方则对美出口熟制禽肉产品。但美方提出希望先行出口，并保证履行承诺。在这种情况下，中方提前对美国禽肉产品开放了市场。然而，在把本国禽肉产品输入中国后，美方开始千方百计地阻止中国禽肉产品出口到美国。美国农业部以"履行有关法律程序"为由，将此事一拖再拖。直至美国农业部再无任何合适的理由限制中国禽肉产品时，2007 年美国国会众议院通过了《2008 年农业拨款法》，其第 731 条明确规定，"根据本法所提供的任何拨款，不得用于制定或实施任何允许美国进口中国禽肉产品的规则"。由于财政预算不能提供相应资金，美国食品安全检验局就无法完成中国措施的等效性认可程序，而获得等效性认可是其他国家禽肉产品进入美国市场的必要条件。继第 731 条款后，2009 年美国参议院通过的《2009 年综合拨款法》第 727 条款又完全照搬了先前的规定，重申"根据本法所提供的任何拨款，不得用于制定或实施任何允许美国进口中国禽肉产品的规则"。2009 年 6 月 23 日，中国请求成立专家组审查美国限制中国禽肉进口的措施。10 月 21 日，美国总统奥巴马正式签署《2010 年综合拨款法》。该法案的"743 条款"对《2009 年综合拨款法》的"727 条款"作了修正，规定在满足加强检验核查、增强措施透明度等要求后，允许将拨款用于进口中国禽类或禽类制品。专家组裁定美国《2009 年综合拨款法》第 727 条款违反了包括 SPS 协定在内的多个 WTO 规则。参见高田甜：《中国诉美国禽肉限制措施案评析》，载《海关法评论》2011 年第 2 卷。

因此,不难理解,在澳大利亚鲑鱼案中,虽然起诉方加拿大首先是依据 GATT1994 第 11 条提出主张,而指控澳大利亚措施违反 SPS 协定则是其置于第二顺序的主张,但专家组审查却是以 SPS 协定的规则分析作为开端的。[①] 由上文可知,就两个协定的关系而言,一方面,SPS 协定是对 GATT1994,尤其是第 20 条(b)项的详细展开。但这很难得出结论认为 SPS 协定构成 GATT1994 的例外条款,并进而认定两者的关系上是 SPS 协定附属于 GATT1994。另一方面,SPS 协定在法律适用上是完全独立于 GATT1994 的,WTO 争端解决实践已经清楚显示了这一点。这也符合上诉机构一贯认为 WTO 多边协定可以并列适用的观点。只有在 SPS 协定与 GATT1994 所规定的义务是相互排斥的情况下,两者的并列累积适用不再可行,则 SPS 协定的规则才会优先得到适用。[②]

第二节　SPS 协定适用的对象：政府采取的 SPS 措施

在涉及 SPS 协定的案件中,贸易措施的定性对于个案的审理起到关键性的作用,一旦被诉方的行为被划拨到 SPS 协定的调整范围之内,该政府行为就要接受 SPS 协定的严格审查,这对于起诉方而言将会起到事半功倍的效果。SPS 协定的适用对象主要是 SPS 措施。作为协定中的一个

---

① Panel Report, Australia-Salmon, para. 8. 39.

② 关于条约的冲突问题研究,具体可参见廖诗评:《条约冲突问题研究》,中国人民大学 2007 年博士学位论文。Wilfred Jenks, The Conflict of Law-making Treaties, *British Yearbook of International Law*, Vol. 30(1953); Joost Pauwelyn, *Conflicts of Norms in Public International Law: How WTO Law Relates to Other Rules of International Law*, Cambridge: Cambridge University Press (2003); Jan B. Mus, Conflicts between Treaties to International Law. *Netherlands International Law Review*, Vol. XLV(1998); Seyed Ali Sadat-Akhavi, *Methods of Resolving Conflicts between Treaties*, Leiden: Nijhoff(2003); Anja Lindroos, Addressing Norm Conflicts in a Fragmented Legal System: The Doctrine of Lex Specialis, *Nordic Journal of International Law*, Vol. 74(2005).

核心概念,SPS 协定附件 A 中专门对其进行了界定。SPS 措施属于贸易措施之一,GATT 和 WTO 争端解决实践关于贸易措施的解释同样适用于 SPS 措施。本节主要介绍了 SPS 措施的定义,就其构成要件展开论述。

一、卫生与植物卫生措施的定义

SPS 协定全称是《实施卫生与植物卫生措施协定》。全文共 14 个条款,3 个附件。其中第 1 条至第 8 条是实质性条款,其余条款主要是关于技术援助、特殊和差别待遇、争端解决、SPS 协定的管理,执行问题和最不发达国家的过渡期安排。除第 8 条外的核心条款都明确以 SPS 措施为适用对象。

SPS 措施的定义被规定在 SPS 协定附件 A(1)中。根据该定义,SPS 措施是指用于下列目的的任何措施:(a)保护成员领土内的动植物的生命或健康免受虫害、病害、带病有机体或致病有机体的传入、定居或传播所产生的风险;(b)保护成员领土内的人类或动物的生命或健康免受食品、饮料或饲料中的添加剂、污染物、毒素或致病有机体所产生的风险;(c)保护成员领土内的人类的生命或健康免受动物、植物或动植物产品携带的病害或虫害的传入、定居或传播所产生的风险;(d)防止或控制成员领土内因虫害的传入、定居或传播所产生的其他损害。

SPS 措施包括所有相关法律、法令、法规、要求和程序,特别包括:最终产品标准;工序和生产方法;检验、检查、认证和批准程序;检疫处理,包括与动植物运输有关或与在运输过程中为维持动植物生存所需物质有关的要求;有关统计方法、抽样程序和风险评估方法的规定及与食品安全直接有关的包装和标签要求。[①]

---

① 参阅《世界贸易组织乌拉圭回合多边贸易谈判结果法律文本(中英文对照)》,对外贸易经济合作部国际经贸关系司译,法律出版社 2000 年版,第 769 页。

根据欧共体转基因案专家组的理解,附件 A(1)是从三个方面界定 SPS 措施,即实施目的、法律形式(legal form)和类型(nature)。其中(a)项至(d)项提示了 SPS 措施的目的,而法律(laws)、法令(decrees)、法规(regulations)是对 SPS 措施的法律形式要件的要求。从类型上来说,SPS 措施既可以是实体方面的要求,也可以是程序方面的规则。[①]

二、贸易措施的含义

虽然 TBT 协定与 SPS 协定都与技术性贸易措施相关,但 TBT 协定并未将其适用对象笼统称为“技术性贸易措施”,而是将其细化为“技术法规”“标准”和“合格评定程序”。根据 TBT 协定附件 1 的定义,不论其具体法律形式如何,“技术法规”必须是强制性规则,而 TBT 协定中的“标准”只能是自愿遵守的规定,这与国际标准化组织在《ISO/IEC 指南 2:1991》,即《标准化和有关领域的通用术语及其定义》中对标准的定义有很大不同。TBT 协定分别就“技术法规”和“标准”的制定和实施规定了不同的规则。也就是说,自愿性的、非强制性的标准化活动被明确纳入了 TBT 协定的适用范围。

就 SPS 协定而言,其适用对象并没有如 TBT 协定那样明确区分,而是统称为“SPS 措施”。“措施”一词曾出现在多个货物贸易协定中,如《补贴与反补贴措施协定》、《保障措施协定》、《与贸易有关的投资措施协定》(以下简称 TRIMs 协定)、《反倾销协定》以及 GATT1994 第 11 条、第 23 条第 1 款第 2 项等。鉴于 WTO 多边协定属于政府间的国际协定,只有政府和单独关税区才受其约束。因而 WTO 各多边协议中的“措施”一词,原应指政府行为,且通常具有强制性效果,SPS 协定多处将 SPS 措施的实施与成员方联系起来,也可说明这一点。但根据 GATT

① See Panel Report, EC-Biotech, para. 7. 149.

和 WTO 相关案例，在特定情形下，非强制性措施仍可成为专家组审查的对象。

日本半导体案[①]中专家组对 GATT 第 11 条第 1 款中的“措施”一词进行了说明。在专家组看来，该条款中的“措施”一词只是表明了措施的类型，即限制产品的出口或为出口而进行销售，至于措施的法律形式，对于该条款的理解则无关紧要。但专家组也及时指出，并非所有非强制性要求都构成“措施”。只有满足以下两个条件才可以被归因于政府：第一，有合理的依据认为存在充分的理由刺激国内企业遵守非强制性措施，或者抑制企业去违反非强制性措施的要求；第二，非强制性措施发挥实际效果离不开政府的参与和干预。在该案中，虽然日本政府从未明令禁止或限制国内生产商或出口商以特定的价格出口半导体产品，日本政府采取的强制性措施是实施出口许可证制度和要求企业提交生产成本和销售价格信息，出口许可证的发放与出口价格并无挂钩，日本政府更多的是采用发布供需预测的方法引导企业控制产量，经非正式沟通建议和劝说企业不要低价倾销。但专家组最终认定，日本政府的参与和干预活动成功地实现了限制企业以低于本企业成本出口半导体产品的政策目标，从而构成了 GATT1994 第 11 条下的出口限制。

① 该案的背景是 1986 年美国与日本达成《关于半导体产品贸易的安排》，日本承诺采取措施确保国内企业不向美国或者第三国市场倾销半导体产品。专家组确立了两个标准认定非强制性措施是否构成 GATT1994 第 11 条第 1 款下的措施。本案涉及的非强制性措施，更准确地说应该是日本政府为执行日美协议而确立的政策目标，即限制企业以低于成本价格出口半导体产品。关于第一个判断标准，专家组从日本政府实施非强制性措施的背景着手，认为日本企业获悉日美协议的达成，意味着日本对外承担了条约义务，且日本政府有能力获取企业的生产和销售信息。这构成促使日本企业将来遵守日本政府要求的刺激因素。这一因素加上日本政府后来的干预措施，如要求企业提交相关信息使得企业无法“暗箱操作”，为确保公平反而配合政府对违规同行施压，发布供需预测信息，引导企业降低产量，配合出口审批制度最终实现政府的政策目标。See GATT Panel Report, Japan-Semi-Conductor, BISD 35S/116, 154 – 55, paras. 106 – 109.

当这种刺激因素表现为政府给予的其他利益①,如补贴或税收减免等优惠时,非强制性措施发挥实效的结果则更为明显。TRIMs 协定的指示性清单指明,与 GATT1994 第 3 条第 4 款以及第 11 条第 1 款不符的 TRIMs,包括强制性的或依据国内法律法规可执行的措施,也可以是为获取某种利益而需要遵守的措施(如间接的业绩要求)。当然日本半导体案确立的"刺激或抑制"标准不应等同于利益性刺激或者惩罚性抑制。日本电影胶卷案不仅充分体现了这一点,而且进一步发展了半导体案所确立的标准。

在日本电影胶卷案中,根据《简明牛津词典》的解释,专家组认为,"措施"的表现形式不限于法律法规,还应包括其他不具有直接法律效力的政府行为②。例如,该案中出现的日本政府给私人企业制定的各种促进管理指南。但该案专家组也遵循了 GATT 专家组在日本半导体案中的观点,认为并非任何政府官员的发言,经政府要求或支持的非政府机构的研究结论都可被视为政府的措施。本案中,日本政府并未通过法律法规或其他强制性要求,限制外国企业在日本市场的营销活动。日本政府最终构建了一个以生产者为主导的垂直管理分销体系,进而在胶卷和相纸产业建立起排外的市场结构。在这样的市场结构下,外国企业参与竞争的行为受到一种事实上的限制。为达到这一政策目标,日本政府采取了一系列行动:第一,委托其资助设立的研究机构或其他准政府机构提交调查报告,作为政府决策的参考;第二,日本政府机构发布通知或指南,或者由准政府机构发布指导性文件(如基本计划

---

① See GATT Panel Report, EEC-Parts and Components. BISD 37S/132, 197, para. 5. 21. Canada-FIRA, BISD 30S/140, 158, para. 5. 4. 例如在墨西哥软饮料案中,墨西哥政府虽未限制企业选择何种甜味剂,但对使用蔗糖作为甜味剂的产品给予免税优惠,使得甜菜糖和果葡糖浆这两类甜味剂处于不利的竞争地位。See Panel Report, Mexico-Taxes on Soft Drinks, para. 8. 117.

② See Panel Report, Japan-Film, para. 10. 43.

安排)向私人企业表明政府的导向;第三,政府通过指南引导某行业设立行业协会,通过行业协会制定自律性文件(如自律标准,零售商守则),并受政府机构监管;第四,政府委托非政府机构(如商会)制定某行业的“示范合同”。

与日本半导体案相同的是,日本政府既没有为促使企业遵守各种指南提供利益刺激,也没有为背离指南行为规定惩罚性措施。专家组指出,日本半导体案确立的“刺激或抑制”标准有助于分析本案措施的性质,但并非是唯一的标准①。具体言之,包含了刺激因素的非强制性措施能使企业以特定方式行事,因而可以对市场竞争条件造成负面的影响。专家组虽然多处使用“提供了充分的刺激以促使……”但从其论证过程看,专家组实际上更依赖于另一个标准,即政府推行政策的传统以及非强制性措施给企业带来的实际效果。正如日本半导体案专家组所说,政府与企业间的关系紧密程度会因国家、企业和具体情形的差别而不同,从而导致政府推行政策的方式会有很大区别,从直接发布政令到与各种劝谏性委员会进行非正式沟通。② 因此,当政府推行政策主要依靠指南,或其他非正式形式的政企合作,进而构成一个社会的传统时,政府即使使用非强制性的措辞也能对企业施加与强制性措施相同的影响。另外,在判断多个指南的性质时,专家组尤其重视行业协会以及私人企业实际遵守各种指南的结果③。

值得注意的是,该案中还涉及若干非政府机构的行为被最终认定

① See Panel Report, Japan-Film, para. 10. 48.

② See GATT Panel Report, Japan-Semi-Conductor, BISD 35S/116, 154 – 55, para. 108.

③ 例如,在判断 1970 年《规范胶卷贸易条件的指南》的性质时,专家组用于论证的证据主要包括:该指南公布后,日本国际贸易和产业部要求各产业协会以该指南为基础,制定和实施具体的交易条件并向其汇报。不久感光材料批发商协会即按此执行;1972 年商会公布了以指南为基础的示范合同,专门适用于胶卷行业。See Panel Report, Japan-Film, para. 10. 161.

为“可归咎于政府”。[1] 具体而言,这些非政府机构,主要是行业协会以及行业协会所设的自治性组织,制定了一些表面上看来只是行业自律性质的文件,如《零售商公平竞争守则》,且上述非政府机构并未从日本政府机构得到明确的授权以行使某种行政职权,但其与日本政府间有千丝万缕的联系:第一,一些行业协会是在日本政府机构的引导下设立;第二,行业协会制定的规则及其实施机构都需经政府机构批准,一些规则的制定是经政府机构以指南的形式引导后开展的;第三,在被批准机构撤销之前,行业协会制定的规则及其实施机构的行为不受《反垄断法》约束。因此,专家组认为,日本政府与上述非政府机构所制定的规则之间有充分的联系,私人企业极有可能将其视为类似行政指南性质的文件加以遵守。正如此案专家组所说,将私人行为一概排除在外的做法会增加 WTO 多边协议下的义务被规避的风险,因为 WTO 成员方可以将政府职权委托给私人机构来完成[2]。一些貌似私人行为的做法完全可能被归咎于政府,只要政府正式认可该行为或者与该私人行为之间有充分联系[3]。而该案的具体事实也告诉我们,非政府机构的行为被归咎于政府不需要以授权为前提。

就 SPS 协定而言,以上争端解决实践说明,不仅强制性的法律法规和标准的制定实施属于 SPS 措施的范畴,而且在一定条件下,非强制性的标准以及非政府机构制定的 SPS 标准也会受到 SPS 协定的管辖。日本苹果案专家组也认为,SPS 协定附件 A 的定义并未要求 SPS 措施必须是强制性的、具有法律效力的措施。[4]

---

① See Panel Report, Japan-Film, paras. 10.299 – 327.

② See Panel Report, Japan-Film, para. 10.328.

③ See Panel Report, Japan-Film, para. 10.52.

④ See Panel Report, Japan-Apples, para. 8.111. 专家组的这个结论并未被上诉机构审查。

三、SPS 措施的实施目的

（一）为保护特定利益而实施

首先，根据附件 A（1）的规定，SPS 措施的实施目的是保护动物、植物和人类的生命或健康。其中与动物和人类的生命及健康有关的措施称为卫生措施，与植物的生命健康有关的措施称为植物卫生措施。因此，非出于健康因素的考虑，而是基于动物福利、宗教信仰和社会文化差异，对采用不人道的方式捕获屠宰的动物源食品、非犹太教食品、有损于文化禁忌的食品实施的贸易措施，则不属于 SPS 措施。就 SPS 协定而言，动物包括鱼类和野生动物，植物包括森林和野生植物，虫害则包括杂草，污染物包括杀虫剂、兽药残余物和其他杂质。

其次，SPS 措施的实施目的是防范特定的健康风险。概言之，这些风险可分为两大类，一类是检疫性风险，如虫害、病害，这类风险被规定在附件 A（1）的（a）、（c）和（d）项。另一类是食源性风险，如食品、饮料或饲料中的添加剂、污染物、毒素或致病有机体所产生的风险，这类风险被规定在（b）项。[①] 正是这个特点使得 SPS 协定与其他也适用于生命或健康利益保护的协定区别开来。这也意味着，并非所有为保护生命或健康而采取的措施都属于 SPS 措施。比较典型的情形，如对垃圾食品、非有机食品、烟草产品实施的限制性措施，减少空气污染的法律法规，即使是出于保护生命或健康的需要，也不属于 SPS 措施。

最后，关于 SPS 措施所保护的特定利益是否能够涵盖环保利益（例如生物多样性）的问题，迄今 WTO 争端解决机构对此未进行针对性的解释，但在欧共体转基因产品案中，专家组的相关解释却值得思考。

---

① 这个风险分类并非只是出于定义的需要，根据附件 A（4）对“风险评估”的定义，检疫性风险评估和食源性风险评估的规则是存在差异的。

2003 年 8 月，美国、加拿大和阿根廷要求设立专家组，审查欧共体实施的转基因产品措施与 SPS 协定等规则的一致性。根据欧共体的 90/220 指令第 1.1 条和 2001/18 指令第 1 条，转基因产品被投放市场可能会导致转基因物质被释放到环境中，因此，这两部法规的实施目的是保护人类健康和环境。但这两部法规均未能指明其预防的具体风险是什么。欧共体认为，一般性的环境保护措施不在 SPS 协定的管辖之内。因为 SPS 协定与 TBT 协定不同，未将“环境保护”列明为实施 SPS 措施的目的或者合理目标①。欧共体依此主张 SPS 协定的起草者们无意让 SPS 协定处理环境风险问题。为此，专家组对比了《1990 年 SPS 措施草案》和 SPS 协定正式文本，但结果却无助于揭示 SPS 协定的起草者们的真实意图。

《1990 年 SPS 措施草案》前言部分指出，虽然该草案的大部分内容都体现了“SPS 措施工作组”下各方协商一致的意见，但仍有一些问题存在争议。对这些争议性的问题，该草案用加方括号的方式显示建议文本。很明显，这其中就包括了 SPS 协定是否应当适用于环境和消费者保护措施。这些分歧意见清晰地体现在附件 A(1) 的注释文本中。在这段注释中包含了两段立场对立的建议文本，一是“为保护动物福利和环境，以及消费者利益的措施”属于附件 A(1) 定义下的 SPS 措施。②二是“有关产品质量、组成、等级、消费者偏好、消费者知情权、动物福利、环境保护或者伦理道德考虑的要求都不在 SPS 措施的定义之内”。③ 然而，正式的 SPS 协定文本没有在这二者中选择其一，也不存在

---

① TBT 协定第 2.2 条规定：各成员应确保技术规章的制定、采用或实施不得对国际贸易造成不必要的障碍。为此目的，技术规章对贸易的限制不应超过为实现一合法目标所必需的程度，并考虑不实现这些合法目标所带来的风险。这些合法目标尤其指：国家安全要求，防止欺诈行为，保护人类健康或安全，保护动物或植物的生命或健康，或保护环境。

② Uruguay Round document MTN. GNG/NG5/WGSP/7, p. 12.

③ Uruguay Round document MTN. GNG/NG5/WGSP/7, p. 13.

能够明确回答上述分歧的其他条款。

欧共体转基因案专家组没有直接回答这个问题，但根据其将被诉的欧共体措施纳入 SPS 协定适用范围的推理过程，我们不难发现，只要在环境保护措施与 SPS 协定特定的风险致因（risk-causes）之间建立起合理联系，SPS 协定就可以适用于该措施。从该案的具体情形来看，专家组的下列做法引人注目：

第一，专家组并没有赋予“环境保护”或者“生物多样性”独立的价值，相反，环境的损害如生物多样性的破坏，都是对野生动植物造成不利影响后形成的结果。而 SPS 协定注释 4 特别指出，附件 A 定义中的“动物”包括野生动物，“植物”包括野生植物。因此，专家组将欧共体实施的转基因产品措施与保护人类或者动植物的生命或健康的目的联系起来，采取了拆解欧共体指令分别纳入 SPS 协定附件 A(1)a 项至 d 项的方法，最终得出结论：欧共体的大部分措施属于 SPS 措施，应受 SPS 协定管辖。①

第二，尽管欧共体 90/220 指令和 2001/18 指令规定以“人类健康和环境保护”为目的，但为了进一步明确这些措施与 SPS 协定规定的风险致因之间存在合理联系，专家组还进一步考察了：(1)根据上述法规，转基因产品审批时申请人应提交的信息，例如产品对环境的可能影响；(2)关于环境风险评估方法的规定以及列举的一些应特别考察的可能性危害；(3)审批机构做出批准决定时应考察的危害类型等。根据这些具体规定，专家组将这些环境保护措施进一步分解为保护人类健康的措施和保护动植物的生命或健康的措施。②

第三，专家组将转基因产品被投放市场或释放到环境中所产生的

---

① See Panel Report, EC-Biotech, paras. 7.212 – 380.

② 例如，申请人被要求说明转基因产品对生物化学循环的影响。专家组认为这一要求是考察转基因作物通过其根系或者被分解进入土壤后对微生物造成的不利影响。See Panel Report, EC-Biotech, para. 7.220.

各种危害分别归入不同的风险致因，如害虫、污染物、添加剂、毒素等，将本案所涉措施与 SPS 协定中特定的风险致因关联起来。一方面，专家组对一些概念做了扩张性解释[①]。另一方面，专家组在建立二者的合理联系时铺设了较长的因果关系链。在早期的 SPS 案件中，措施指向的产品与风险致因之间通常有直接的物质联系。如进口鲑鱼已经感染的疾病，寄生在进口农作物上的害虫，进口苹果携带的火疫病病毒，进口牛肉上残留的荷尔蒙残留等。但在本案中，不论是害虫还是致病有机物，都不是直接存在于进口转基因产品上的，在二者之间，还需要经过基因漂移后与其他植物杂交、[②]转基因产品无意释放并在户外生长、动物进食后肠道细菌产生耐药性等环节。[③] 这种推理过程不仅有些牵强，而且未能明确指出，措施指向的产品与风险致因之间究竟应具有怎样的合理联系。如依专家组的论证依据，则相当多的环保措施可以被纳入 SPS 协定的适用范围。[④]

---

① 如专家组将"害虫"解释为"包括任何具有破坏性或者令人厌恶的动植物。"另外，根据 SPS 协定注释 4 的规定，害虫还包括"杂草"，因此，未在指定区域生长的转基因作物被认定为"害虫"。See Panel Report, EC-Biotech, paras. 7.240, 247, 255.

② 基因漂移，又称基因漂流、基因逃逸，指的是一种生物的目标基因向附近野生近缘种的自发转移，导致附近野生近缘种发生内在的基因变化，具有目标基因的一些优势特征，形成新的物种，以致整个生态环境发生结构性的变化。转基因作物与其近缘野生种间的基因漂移是目前生物学界最为关注的基因漂移事件。当转基因植物发生基因漂移时，会产生一些难以预料的严重后果，如产生超级杂草、超级害虫、危害生物多样性、诱发新病毒、对非靶标有益生物的影响，这就是所谓的"基因污染"问题。

③ 如转基因产品被人类或者动物食用后，其含有的耐抗生素基因由转基因植物转移给人类或动物消化系统中的细菌，使其成为能抵御抗生素的多重耐药性细菌，当它成为病原体时，人类和动物的医疗效果会受影响。专家组认为，这时接受了耐抗生素基因的细菌就成为 SPS 协定附件 A(1) 中的"致病有机体"。See Panel Report, EC-Biotech, para. 7.282.

④ 例如 Conrad 指出，如果依据转基因案专家组的推理，禁止进口空置的、装运废物的集装箱的措施也可以被视为 SPS 措施，因为这些集装箱的使用将会直接或间接导致疾病的传播和扩散。虽然这些集装箱本身不是病原体，但是它们可以引起病原体感染，继而导致与 SPS 相关的风险。See Conrad, C. R., The EC-Biotech dispute and applicability of the SPS Agreement: are the panel's findings built on shaky ground? *World Trade Review*, Vol. 6, No. 2 (2007), pp. 233 - 248.

第四,专家组并未对 SPS 协定附件 A(1)(d)项所指的"其他损失"进行严格解释。一方面,协定文本表明,这里的"其他损失"只能是因虫害引起。但如上文所述,"害虫"一词本身已被专家组扩张解释,另一方面,专家组认为"其他损失"是除动植物以及人类生命健康损失以外的其他损失,包括通常的财产损失和经济损失;"其他损失"所包含的内容是广泛的,以至于(d)项可以被看作一个"兜底条款",①它包含了(a)至(c)项以外的其他损害,包括且不限于某些环境损害。②

(二)措施实施目的的客观性判断

既然措施的实施目的是用于判断是否构成 SPS 措施的要件之一,那么目的的判断标准则是需要明确的问题。在这方面,具有类比性的是日本酒精饮料案,该案上诉机构认为,在判断一项措施与贸易保护主义动机之间的关联性时,应从实施标准、措施的结构分类、整体实施情况等方面进行评估,而立法机构或执法机构的主观意图并不是必须审查的。换言之,措施的制度设计及其合理性③、相关条款之间的联系、实际实施效果等方面的客观审查才是最重要的。如果措施的实施产生了保护主义的实际效果,即便立法者或执法者的真实意图中并无此意,也并不影响"保护主义目的"的认定④。但立法者或执法者的主观意图并非是毫无关联性的因素,尤其是当保护主义意图被明示地规定在法律

---

① 作为一项立法技术,立法机关通常会将所有其他条款没有包括的或者难以包括的,或者目前预测不到的,都包括在一个概括性的条款中,即兜底条款。它是法律文本中常见的法律表述,主要是为了防止法律的不周严性,以及社会情势的变迁性。

② 对生物多样性造成的损失被认定为是对动植物生命健康造成的损失,因而被认为是与(d)项无关。See Panel Report,EC-Biotech,paras. 7. 372,7. 208 – 209.

③ 例如,进口产品的税率区分是否有合理的依据,实施结果是否导致进口产品和国内产品的税率分布区别明显。在智利酒精饮料案中,智利按每 4 度的酒精含量将酒精饮料分成两档税率,即 27% 的从价税和 47% 从价税。上诉机构认为这种划分结构是明显异常的,该案专家组发现近 75% 的国产蒸馏酒属于低税率产品,而近 95% 的进口类似产品属于高税率产品。See Panel Report. Chile-Alcoholic Beverages,para. 7. 158.

④ See Appellate Body Report,Japan-Alcoholic Beverages II,pp. 27 – 28.

法规的条款中[①],或者政府官员在公开陈述中承认有保护国内产业的意图时[②],这些主观意图都可以用以支持贸易保护主义的结论。

这种强调客观审查的做法在澳大利亚鲑鱼案中也可以看到。该案中,澳大利亚第86A号检疫公告及其后续颁布的一系列细则性文件禁止进口新鲜、冷藏或冷冻的鲑鱼。加拿大和澳大利亚均认为这种措施构成一项SPS措施。但就措施的具体目的进行判断时,澳大利亚指出,相关措施的实施既是为了保护境内的鲑鱼及其他水生动物免受加拿大鲑鱼可能携带的24种疾病的危害,又是为了保护人类和动物的健康,因为加拿大鲑鱼被进口后可以被用作食物,同时经废物处理后又可能成为境内鲑鱼及其他水生动物的饲料,从而危害人类和动物的健康。这意味着SPS协定附件A(1)下的(a)项和(b)项都可以适用。但两类不同风险的区分会影响到后续风险评估的具体要求,所以专家组需要进一步确定澳大利亚措施的实施目的。专家组最终认定,尽管依据澳大利亚的主张,(a)项和(b)项都适用于案件下的措施,但更为适当的结论是86A号检疫公告的目的与(a)项有更多的联系。专家组是根据措施的具体条款(明确其目的)、1996年风险评估报告所评估的风险范围(涉及了病害传播导致的风险)、86A号公告及其相关文件的措辞(都使用了"检疫"的表述)得出上述结论的。[③]

欧共体转基因案专家组的做法则更进一步。专家组认为,在判断一项措施是否符合SPS协定附件A(1)列举的目的时,仅仅依据该措施自身条款规定的目的进行判断是不够的,还应当继续审查该措施真实

① See Panel Report, Mexico — Taxes on Soft Drinks, para. 8.91.

② See Appellate Body Report, Canada-Periodicals, pp. 30 – 32.

③ See Panel Report, Australia-Salmon, paras. 8.35 – 36.

的实施目的是什么。[①] 虽然 2001/18 指令第 1 条已经明示,该指令的实施是为了保护人类健康和环境免受与转基因物质有关的损害,但专家组还是进一步审查了该指令所规定的标签要求与上述明示目的之间是否有合理联系。[②] 借助 2001/18 指令第 20 条的规定[③],专家组认为标签要求不仅仅可以保护消费者的知情权,还有助于转基因产品使用过程中科学信息的收集,有助于政府主管部门及时获得最新的信息。当转基因产品未按照预定计划被使用从而被无意释放到环境中时(如在运输或存储环节),转基因产品未能处于专业人士的掌控之下,标签就可以帮助控制这些产品的人员及时迅速地做出反应。因此,专家组认定在 2001/18 指令所描述的目标与标签要求之间存在合理联系[④]。

(三)利益归属地要求

与实施目的相关的是,SPS 措施所保护的利益归属地有明显的地域限制。从附件 A(1)的表述可以看出,与 GATT1994 第 20 条(b)项明显不同的是,[⑤]SPS 协定所适用的措施只能是用于保护实施措施一方境内的动植物和人类的生命或健康。但这并不妨碍实施措施一方出于防范

---

① "...to the extent the requirement...is applied for one of the purpose enumerated in Annex A (1) of the SPS Agreement, it can be viewed as an SPS measure." See Panel Report, EC-Biotech, para. 7. 167.

② 就此处标签要求而言,专家组应该还有另一层考虑,即从表面上看,对于被认证为安全的转基因释放活动,仍施以产品标签要求似乎很难认定,该措施是出于保护人类健康的目的,更容易将其与消费者知情权保护联系起来,因此有必要做进一步审查。

③ 第 20 条规定,在含转基因成分的产品获批投放市场后,如果主管机构根据所获得的新信息认为该产品对人类健康或环境仍有风险,则其可以视复审结果做出修改或终止同意的决定。

④ See Panel Report, EC-Biotech, para. 7. 389.

⑤ 长久以来,关于 GATT1994 第 20 条(b)项和(g)项的适用,一个悬而未决的问题便是,上述例外的援引是否存在利益归属地的地域限制。该问题在两个金枪鱼案件中第一次被提出来,但两个案件的专家组做出了相反的结论。而在美国虾产品案中,上诉机构通过认定海龟是高度洄游物种从而回避了这个问题的解释。参见 US-Tuna (Mexico), BISD39S/155, paras. 5. 25 - 26; US-Tuna(EEC), DS29/R, paras. 5. 31 - 33; US-Shrimp, WT/DS58/AB/R, para. 133。

特定健康风险、保护本国利益的需要，对其他成员方境内的产品加工和生产活动提出要求。

四、SPS 措施的法律形式和性质

在欧共体转基因产品案中，专家组认为 SPS 协定从实施目的、法律形式和性质三个方面界定了 SPS 措施。专家组将 SPS 协定附件 A(1)第 2 段的表述拆分成两个部分，将法律、法令、法规归入一类，认为这是关于 SPS 措施的法律形式的要求，而将要求和程序归入另一类，将其解释为对 SPS 措施的特性要求。[①] "要求和程序"表明 SPS 措施既可以是实体性的也可以是程序性的。这种解释有其合理的一面，因为从逻辑关系上看，很难用同一个范畴将"法律、法令、法规、要求和程序"归入一类。另外，由于通常情形下，法律、法令和法规的共同特点就是其强制性，那么是否意味着非强制性的措施都不属于 SPS 措施呢？如果将"要求"归入措施的法律形式，依据前述争端解决实践关于"贸易措施"的解释，通过对"要求"做扩大解释就可以将非强制性措施纳入 SPS 措施的范围。就此问题，欧共体转基因案的专家组特别说明，SPS 协定附件 A 关于 SPS 措施法律形式的列举是非穷尽性的，强调附件 A 并没有就措施的法律形式做特别要求，原则上，SPS 措施可以表现为许多不同法律形式。[②] 换言之，SPS 措施也可以采用"要求"的法律形式。这与日本电影胶卷案专家组的观点吻合。[③] 欧共体转基因案专家组通过"非穷尽

① 专家组将"法律形式"和"性质"作为累积适用的两个条件。在分析欧共体成员实施的措施时，专家组的路径是：从法律形式上看，这些措施属于法律、法令或法规。从性质上看，这些措施属于要求。

② See Panel Report, EC-Biotech, para. 7.422.

③ 日本电影胶卷案专家组认为，GATT 第 23.1 条(b)中的"贸易措施"一词与 GATT 第 3.4 条中的"法律、法规和要求"意思相同，且都应从宽解释。See Panel Report, Japan-Film, paras. 10.376 – 377.

性”列举的方法把法律形式意义上的“要求”纳入 SPS 措施,另一方面将 SPS 协定附件 A(1)中的“要求”解释为与“程序”相对应的“实体规则”,用于判断 SPS 措施的性质。专家组的解释似乎可以自圆其说了。

但这一解释尚未接受上诉机构的审查,且招致一些批评。的确,附件 A(1)的句法结构并不能支持该案专家组的观点,非穷尽性解释法律形式的方法,也使得这个构成要件事实上并无存在必要。就措施性质而言,程序法和实体法的分类更是毋庸多言。但是如果否定上述解释方法,仅仅依据附件 A(1)的字面表述,对该段中的“程序”将会有两种不同理解。第一种理解,“程序”仅仅是指程序性规定。这种解释事实上是将 SPS 措施区分为实体性和程序性的,但将其与“法律、法令、法规”相并列,于逻辑上不妥。[①] 因此,最为合理的解释仍是依照上述专家组的方法,将附件 A(1)第 2 段的表述视为从“法律形式”和“性质”两个角度来界定 SPS 措施。第二种理解就是认为“程序”是指实施程序本身。而前述所指“法律、法令、法规”是指法律规范,既可以是程序性也可以是实体性的。根据这种解释,SPS 措施有三种表现形式,即实体性 SPS 措施、程序性 SPS 措施和 SPS 措施的具体实施程序。然而,这种解释最大的问题在于,一方面,欧共体转基因案中,专家组指出,“贸易措施的实施”与“贸易措施”是不同的概念。[②] 另一方面,这一解释与 SPS 协定附件 C(1)的表述相冲突。从第 8 条的规定看,附件 C 是“实施”控制、检验和批准程序时应遵守的规则,换言之,附件 C 是有关程序的实施。各成员方应保证这些“程序”不得违反整个 SPS 协定。由于 SPS 协

---

① 与这一解释相符合的是,附件 A(1)第 2 段在列举 SPS 措施时的表述,“SPS 措施包括所有相关法律、法令……程序,包括……关于相关统计方法、抽样程序和风险评估方法的规定……”

② See Panel Report, EC-Biotech, paras. 7.1449 – 1462.

定的适用对象是 SPS 措施，因此，各成员方的“控制、检验和批准程序”属于 SPS 措施。程序的实施则不属于 SPS 措施。这说明，第二种解释与现行争端解决实践以及文本规定有明显冲突。

五、直接或间接影响国际贸易

一项措施在实施目的、法律形式和性质三个方面都符合 SPS 措施的特征，但这尚不足以让其接受 SPS 协定的审查。作为 SPS 协定适用对象的 SPS 措施必须是“直接或间接影响国际贸易的 SPS 措施”。一项 SPS 措施可以是边境措施，也可以是国内措施。通常情况下，边境措施对贸易的影响更为直接。而国内措施，是否会成为 SPS 协定的适用对象，则需要具体分析其对国际贸易是否有直接或间接的影响。关于“影响”一词的含义，GATT 专家组曾在意大利农机案中指出，就 GATT1947 第 3 条而言，“影响产品生产和销售的法律法规”与“对产品的生产和销售直接进行管理的法律法规”有明显的区别，前者还应包括那些对进口产品和国产产品在国内市场上的竞争条件产生不利影响的法律法规。[①] 在欧共体香蕉案中，WTO 上诉机构在解释“影响服务贸易的措施”这一

---

① 该案是在 GATT 时代发生于意大利和英国之间的一起争端。1952 年，意大利政府立法设立了一个循环基金，用于资助农林部批准的优惠信贷合同。这笔基金的一部分专用于资助贷款购买国产农用机械，购买者可以贷款支付农用机械 75% 的货款，利率为 3%，而当时 5 年期商业贷款利率为 10%。意大利对农用拖拉机的进口关税为约束关税，但上述措施影响了英国农用拖拉机的出口。英国指控意大利违反了 GATT1947 第 3.4 条。该条款规定，缔约方在实施那些对产品销售、运输等方面有影响的法律法规及要求时，不应使进口产品的待遇低于国产类似产品。意大利认为，该条款应适用于那些规制产品销售、运输等条件的法律法规，而意大利的法律与此无关，上述措施主要是关于意大利的经济发展以及劳动就业。但专家组认为，GATT1947 的英文文本使用了 affecting 一词，这意味着，GATT1947 的起草人所希望的是，不仅将那些直接规定购销条件的措施纳入第 3.4 条适用范围，而且还包括那些可能对国产和进口产品在国内市场上的竞争条件造成不利影响的法律法规。See Panel Report, Italy-Agricultural Machinery, BISD 7S/60, para. 12.

概念时重申了上述专家组的意见。[①] 最后,欧共体转基因案专家组还认为,SPS 协定适用的 SPS 措施不限于“对国际贸易有实际影响的 SPS 措施”。[②]

第三节 SPS 协定适用的对象:私营机构的标准

根据上文关于 SPS 措施构成要件的分析可知,SPS 措施应指政府行为,且通常具有强制性效果。只有“可归因于政府”的非强制性措施才可能成为专家组审查的对象。鉴于近年来,私营机构制定的标准对发展中国家尤其是最不发达国家所造成的影响,将相关的私营标准纳入 SPS 协定的适用范围以及路径选择成为各方关注和研讨的热点。本节旨在考察与卫生和植物卫生相关的私营标准的类型、产生原因及其对国际贸易造成的实际影响,介绍 SPS 委员会的相关工作情况,探讨 SPS 协定涵盖私营标准的路径。

一、问题的引出

2005 年 6 月,位于东加勒比海的岛国圣文森特和格林纳丁斯因其香蕉出口英国遭遇私营标准而受阻,第一次在 WTO 的 SPS 协定框架下提出了特别贸易关注。[③] 私营标准问题,尤其是在瓜果蔬菜等农食产品

① See Appellate Body Report, EC-Bananas III, para. 220.

② See Panel Report, EC-Biotech, para. 7.435.

③ 作为非洲加勒比海和太平洋地区国家集团的成员,圣文森特和格林纳丁斯一直受惠于欧共体的优惠政策,向其出口香蕉和其他新鲜农产品,但因 EUREPGAP 认证成为该国产品进入英国超市的必备条件,其出口利益受到影响。牙买加和厄瓜多尔也遭遇了相同的问题。See WTO SPS Committee, Summary of the meeting held on 29 – 30 June 2005, G/SPS/R/37, p. 6.

贸易领域,[1]开始成为国际社会关注的热点。联合国贸易和发展会议、经济合作与发展组织、国际标准化组织、食品法典委员会、世界动物卫生组织等机构在各自体系内展开研讨并同 WTO 建立起信息交流机制[2]。随着我国农食产品出口在全球同类贸易中比重增加,我国成为世界农产品出口增长最快的三个国家之一,2008 年,我国已成为世界第五大农产品出口国。因此,私营标准问题对中国有重要意义[3]。

二、与 SPS 协定相关的私营标准及其产生原因

用私营标准来区分农食产品的品质以及满足不同消费偏好的做法并非新事物,但其数量的激增和影响力的扩展仅仅是近二三十年的

---

① 根据 WTO 秘书处 2008 年的问卷调查,受私营标准影响最大的出口产品主要是新鲜水果(HS Codes 0804,0805,0810),新鲜蔬菜(HS Codes 0701,0710),新鲜或冷藏冷冻的肉类包括牛肉和禽肉(HS Codes 0201,0207)以及其他新鲜或加工食品。See WTO SPS Committee,Effects of SPS-Related Private Standards-Compilation of Replies,G/SPS/GEN/932/Rev. 1,para. 8.

② 参见 UNCTAD 秘书 Ulrich Hoffmann 等编著的 The Implications of Private-Sector Standards for Good Agricultural Practices(2007),available at:https://p166. unctad. org/file. php/54/29feb2008/docs/ImplicationsOfPrivateSectorStandards. pdf,以及 Private-Sector Standards and National Schemes for Good Agricultural Practices(2008),available at:http://unctad. org/en/Docs/ditcted200713_en. pdf。WTO 和 UN 的联合机构国际贸易中心 ITC 关于私营标准的研究系列 The Impact of Private Standards on Global Value Chains-Part I(2011),available at:http://papers. ssrn. com/sol3/papers. cfm? abstract_id = 2184282,The Impacts of Private Standards on Producers in Developing Countries-Part II(2011),available at:http://ssrn. com/abstract = 2184273,The interplay of Public and Private Standards-Part III(2011),available at:http://ssrn. com/abstract = 2184293,When do Private Standards Work? -Part IV(2012),available at:http://ssrn. com/abstract = 2184314。WTO/SPS 委员会于 2008 年 10 月设立"与 SPS 协定相关的私营标准工作组",2011 年该工作组提交的报告(G/SPS/W/256)指出"与 SPS 相关的私营标准已经并将继续对国际贸易产生重要影响"。私营标准问题也是 CAC 第 32 次和第 33 次大会的重要议题。

③ 参见商务部《2010 年农产品出口分析报告》。Available at:http://wms. mofcom. gov. cn/article/ztxx/ncpmy/,2013 年 10 月 1 日访问。中国是 SPS 委员会私营标准工作组的 30 个成员之一,中国和新西兰合作向 SPS 委员会提交了一项"与 SPS 有关的私营标准"定义草案。

事情[①]。私营标准的制定主体多元化。联合国工业发展组织将私营标准分为三种类型[②]:(1)行业协会或者特定部门的企业联盟制定的私人标准,如 GLOBALGAP [③];(2)民间团体,非赢利性组织制定的私人标准,如国际公平贸易标签组织制定的 Max Havelaar 标准[④];(3)个别公司

---

① 例如,GLOBALGAP 认证标准始于 1997 年的 EUREPGAP,GFSI 认证标准(Global Food Safety Initiative)产生于 2000 年,BRC 认证标准(British Retail Consortium)始于 1998 年,1997 年在德国波恩设立的国际公平贸易标签组织 FLO(Fair-trade Labeling Organization International)制定了公平贸易标签 Max Havelaar 的认证标准。英国大型零售商乐购(Tesco)于 1991 年开始实施 TNC(Tesco Nature's Choice)认证。根据 2007 年联合国贸发会议的估测与"有机农产品"认证相关的私营标准数量已经达到 400 种并且仍有增加趋势。See Wouters, J. , Geraets, D. , Private food standards and the World Trade Organization: some legal considerations. *World Trade Review*, Vol. 11, No. 3(2012), p. 480.

② See Wouters, J. , Geraets, D. , Private food standards and the World Trade Organization: some legal considerations. *World Trade Review*, Vol. 11, No. 3(2012), pp. 479 – 489.

③ 全球良好农业规范认证 GLOBALGAP 认证又称作全球良好农业操作认证,更名自 EUREPGAP。1997 年由欧洲零售商协会 EUREP(Euro-Retailer Produce Working Group)发起,其目的在于促进良好农业操作(Good Agricultural Practice)的发展。GLOBALGAP 是欧洲零售商自发组织起来制定的农产品标准,通过第三方的检查认证和国际规则来协调农业生产者、加工者、分销商和零售商的生产、储藏和管理,从根本上降低农业生产中食品安全的风险。GLOBALGAP 标准中对可追溯性、食品安全、环境保护和工人福利等提出要求。GLOBALGAP 的会员包括零售商、农产品供应商和生产者,还包括与农业相关的企业。所有希望向欧洲出口或向德国的麦德龙(Metro)、英国的特斯科(Tesco)、荷兰的阿霍德(Ahold)供应农产品的生产和加工企业必须获得该认证。GLOBALGAP 证书是农产品的生产过程严格遵循欧洲 GAP 的标志,获得认证的企业和个人的相关信息会被发布到秘书处的网站上。如果欧洲零售商对 GLOBALGAP 农产品有需求,他们可以通过用户名和密码登录网站,直接找到相关产品的供应商。获得 GLOBALGAP 证书是实现与国际买家沟通的通行证。没有通过 GLOBALGAP 认证的供货商将在欧洲市场上被淘汰出局。

④ 通过使用公平贸易标签,可以使消费者辨别该产品符合环保、劳动人权以及第三世界的发展利益,也即公平贸易商品,同时将这些商品纳入常规的销售渠道而不减少消费者对公平贸易商品及其来源的信心。最早出现的公平贸易标签就是 Max Havelaar 标签。1988 年,为支援墨西哥咖啡农,在荷兰一家非营利性组织,荷兰禾众基金会(Solidaridad)的倡议下,符合一定标准的墨西哥咖啡被销往荷兰超市,并加贴 Max Havelaar 标签,其名取自一部荷兰小说。马克斯·哈弗拉尔(Max Havelaar)是该小说中反对剥削荷兰殖民地咖啡采摘者的主要人物。20 世纪八九十年代,在欧洲和北美地区,出现了类似该标签倡议的运动,如比利时、瑞士、丹麦、挪威和法国的 Max Havelaar 标签,德国、奥地利、卢森堡、意大利、美国、加拿大和日本的 Transfair 标签,英国和爱尔兰的 Fairtrade 标签等。1997 年国际公平贸易标签组织(Fairtrade Labelling Organizations International, FLO)在德国波恩成立,以统一各国的公平贸易组织,并协调公平贸易标准及其认证。2002 年该组织推出了新的国际公平贸易认证标识。Available at: http://www.fairtrade.net/history-of-fairtrade.html,2015 年 1 月 23 日访问。

制定的私人标准，如英国零售商乐购（Tesco）的 Nature's Choice 标准。[①]不仅如此，私营标准的制定目的也日益多样化，既有食品安全方面的考虑，也有对产品质量、食品加工过程中的社会问题和环保问题的关注。其中部分私营标准在实施目的方面，即防范的风险方面与卫生和植物卫生相关。例如欧洲调味品协会制定的“最低品质和卫生标准”主要关注产品中的沙门氏菌、大肠杆菌、农药、黄曲霉毒素等问题。而 GLOBALGAP 标准则涵盖了食品安全、环保、职业健康、职业安全与福利、动物福利等方面的目标。

私营标准在农食产品贸易部门集中涌现有着多方面的原因[②]。首先，消费者对农食产业私营标准的产生起到了推动作用。一些广受关注的食品安全事件透露出食品生产加工、运输过程中存在的安全风险，由此引发了消费者对国家食品安全监管机制的不信任和危机感。同时发达国家消费者从包装食品转向对新鲜农食产品的偏好也促使消费者更加关注农产品的生产加工过程。销售企业的竞争策略也强化了消费者已经发生改变的食品安全观念。私营标准的出现正是对消费者的这种关注和需求的反应。

其次，这也是农业和食品加工业在全球商品链中所处的类型决定的。美国学者加里杰罗非等将全球商品链分为生产者驱动和采购者驱

---

① 根据 WTO 秘书处 2008 年的问卷调查结果，乐购的自然之选（Tesco Nature's Choice）是被提及最多的由私人企业制定的私营标准，此外不少大型零售商也是榜上有名，例如，德国连锁超市品牌 Aldi（阿尔迪）、Edeka（艾德卡）、rewe、Tegut、Tengelman、Netto、Lidl（利德）、Plus（普鲁斯）、Norma（诺尔玛）和 Metro（麦德龙），法国的零售商 Carrefour（家乐福），美国的 Heinz（亨氏）和 McDonald's（麦当劳），英国的 Marks and Spencer's（玛莎百货）。See WTO SPS Committee, Effects of SPS-Related Private Standards-Compilation of Replies, G/SPS/GEN/932/Rev. 1, para. 13.

② 企业承担社会责任的普遍主张对私营标准的产生也有一定的影响，但这不是本书所要研究的主要问题。

动两种类型[1],生产者驱动型商品链是由生产者来推动市场需求,一般资本和技术密集型产业大多属于这种商品链。采购者驱动型商品链则依靠拥有跨国商品流通网络的大型零售商推动市场需求,传统劳动密集型产业,如农产品生产销售大多属于这种商品链。大型零售商在散布于全球的生产网络的建立和协调中起核心作用,他们通过制定自己的私营标准对分散全球的供应商做出统一要求。随着经济全球化产生的食品市场结构变化,即大型跨国零售商的资源整合强化了采购者驱动型商品链的特点。

最后,在农食产品贸易领域,私营标准的出现也源于发达国家食品安全管理观念和管理方式的转变。经济全球化带来的另一个影响就是国内市场上的食品多样化,单个国家难以应对不同产地的食品问题。于是一些国家开始对食品从业者施加更加严格的责任。早期的例证便是《英国 1990 年食品安全法》,该法第 21 条要求被指控违法者应证明其已经采取了预防措施并已尽合理谨慎义务确保产品的安全性和无害性[2]。一方面,这一责任条款对英国本土、欧洲地区以及世界其他国家产生了深远的影响[3]。越来越多的食品企业把私营标准的制定和实施当作免责抗辩的工具。另一方面,自 20 世纪 80 年代以来,一些国家倾向于将食品安全监管问题从完全的公共决策事项分离出来成为政府和

---

① Gary Gereffi, Miguel Korzeniewicz, *Commodity Chains and Global Capitalism*, Westport, Conn: Greenwood Press, 1994, pp. 96 – 123.

② See UK Food Safety Act 1990. Section 21. Available at: http://www.legislation.gov.uk/ukpga/1990/16/section/21, 2013 年 10 月 1 日访问。

③ 例如,构成欧盟食品安全事务基本法律规范的《2002 年食品安全法》仿照《英国 1990 年食品安全法》的规定为食品从业者设置了严格的法律责任。See Regulation (EC) No. 178/2002, O. J. 1 Feb. 2002, L31/1.

私营机构共管事务[①]。

三、私营标准对国际贸易的影响及其法律规制理由

根据2008年WTO秘书处散发的调查问卷统计结果,[②]私营标准具有以下积极效应:促进企业遵守国家标准和国际标准;提高生产效率和规范生产活动;提升品牌信誉,便利市场准入;快速处理突发风险事件;为采纳国际标准铺平道路。同时,私营标准也有以下负面影响:私营标准种类多样;偏离国际标准,如对农药的最高残留限量要求严于主要国家的国家标准和CAC标准;遵守私营标准带来高成本[③];私营标准的制定缺乏科学依据、透明度;缺少申诉机制;对小型企业的影响太大[④];存在私营标准不针对产品性能(如卫生指标)做要求而是具体针对产品的生产加工过程进行细节描述的问题。客观地说,私营标准的积极功能和负面影响正如硬币的两面,国家的食品安全法规通常对终端产品本身提出各种要求,这虽然符合"关注性能而非细节"和追求"结果等效

---

① Jan Wouters, Axel Marx, Nicolas Hachez, Private standards, global governance and international trade—the case of global food safety governance. In A. Marx et al., *Private Standards and Global Governance*. Cheltenham: Edward Elgar Publishing, 2012, p. 260.

② See SPS Committee, Effects of SPS-Related Private Standards-Compilation of Replies, G/SPS/GEN/932/Rev. 1, pp. 5 – 6.

③ 为遵守这些私营标准,出口企业除了要承担因遵守进口国官方要求而需支付的费用外,还要额外支付下列费用:初期研发费用、基础设施的投资、外部咨询费、培训费、记录保管费、内外审计费、年度认证费以及因私营标准的随时调整而支出的费用。就认证费用来说,虽然具体金额因具体行业而异,但平均年度认证费用在2000美元至8000美元。而且,由于一些发展中国家没有获得认可的微生物和化学分析实验室,出口企业只得将样品送到国外进行检测。另外,保持良好信用记录的出口企业仍需要年度认证,各私营标准之间的协调和等效性认可方面也存在问题。See SPS Committee, Effects of SPS-Related Private Standards-Compilation of Replies, G/SPS/GEN/932/Rev. 1, paras. 30 – 33.

④ 尽管从小型到中等甚至大型规模的企业都有受到私营标准的影响,但中小型企业受到的冲击最大,尤其是发展中国家以种植非本土水果为生的农户,因产品的出口相关度高,其所受影响也很大。See WTO SPS Committee, Effects of SPS-Related Private Standards-Compilation of Replies, G/SPS/GEN/932/Rev. 1, paras. 10, 36.

性”的精神,[①]但却不能为企业如何遵守这些法规提供具体指南,而私营标准的出现正好弥补了这种需要,通过遵守私营标准,出口国的供应商间接达到了进口国的 SPS 措施要求。但正因如此,私营标准产生了两种负面作用,第一,一些私营标准如 GLOBALGAP 包含的“过程投入和体系等效性”的要求,高于 SPS 协定所要求的“性能和结果等效性”标准,对全球分布的供应商生产过程做出具体统一的要求而不考虑不同的生产体系是否能提供风险性相等的食品,如此增加了不必要的生产成本,给发展中国家的中小型企业造成了沉重的贸易负担。第二,一些重要的私营标准不仅高于国家标准,而且偏离国际标准,构成了事实上的 SPS 壁垒[②],因而,不难理解的是,对于私营标准的贸易效果,虽然目前有两种对立的观点[③],但私营标准构成贸易阻碍的主张是目前的主流观点[④]。

以中国为例,根据戚亚梅等 2009 年针对我国茶叶和蜂产品的出口

① 只关注产品性能的例子,如规定防火门必须能经受 30 分钟的燃烧测试,而不是规定其必须由钢铁材料制成,须 2 厘米厚度等。这允许生产企业以最具有成本效益的方式达到产品标准,最重要的是结果,而不是如何实现这一目标。

② 例如,随着 GLOBALGAP 企业的合并扩张势头及其带来的供应商标准的统一要求,自 2003 年 9 月至 2006 年中期,肯尼亚的蔬菜出口业中 60% 的小型农户被出口公司淘汰。在乌干达,由于空运费上涨和 GLOBALGAP 标准的严格要求,出口果蔬的小型农户数量从 2005 年的 2150 户降低至 2006 年 1260 户。See Yuichiro Amekawa, Reconciling Safety and Fairness in Global Agri-Food Standardization. *Sociology Mind*, Vol. 3, No. 1(2013), pp. 32 – 38.

③ Oliver von Hagen, Gabriela Alvarez, The Interplay of Public and Private Standards. *Literature Review Series on the Impacts of Private Standards*, 2011:5. Available at: http://ssrn.com/abstract=2184293, 2013 年 10 月 1 日访问。

④ 加拿大圭尔夫大学的 Spencer Henson 则积极肯定私营标准对食品供应商在市场准入方面的提升作用。Spencer Henson 为 FAO/WHO 准备的一份研究报告中比较了私营标准与 CAC 标准的内容和制定程序,对私营标准的作用给予了肯定,但是该报告在 2009 年提交 CAC 第 32 次大会时遭到大部分成员的否定,后在 CAC 第 33 次大会上 FAO/WHO 再次提交了一份新的研究报告。参见 ALINORM 09/32/REP, paras. 254 – 266。

调查问卷[①],私营标准提高了生产企业的市场竞争力,但私营标准也增加了企业的生产成本,且实施私营标准所带来的企业效率提高、利润增加、社会和环境表现改善等效果尚不明确,受访的大部分企业都认为私营标准构成贸易壁垒,受访企业也忧虑私营标准的大量出现会使他们进一步陷入困境,由此产生的负担是难以承受的[②]。值得一提的是,私营标准通常是自愿性的,虽然在不同行业以及不同国家,食品生产者和销售者因遵守私营标准所承受的商业压力大小不同,但在一些国家这种商业压力几乎是无法抗拒的[③]。因此,在某些领域,私营标准对国际贸易的影响丝毫不亚于政府机构所制定的强制性要求。鉴于私营标准对国际贸易的负面影响及其事实上限制市场准入的作用,阿根廷曾指出,若不解决私营标准问题,将会使 WTO 成员方 20 年的工作努力白费。[④]

私营标准应受到法律规制的另一个理由是,从私营标准的产生可以看出,基于国家食品安全管理方式的转变,政府不再完全依靠自身的

---

① 戚亚梅、白玲、郑床木:《农产品国际贸易中私营标准及其影响研究》,载《标准科学》2010 年第 7 期。

② 宁波检验检疫局在调查中发现,宁波的中小出口企业普遍受到私营标准的影响,有的企业需定期将原料、样品等空运到客户指定的检测机构进行检验合格后方可出口;有的客户对生产加工环境特别重视,每年要组织验厂,有的甚至 1 年被验厂 15 次之多,耗费了大量的精力和财力。私营标准对小公司的影响还表现在,小公司也可能不会利用私营标准或在很长时间之后才从竞争对手那里学到相关私营标准,从而错过进入市场的时机和潜在的市场空间。参见董银果、严京:《私营标准对农产品国际贸易的影响分析》,载《农业经济问题》2010 年第 7 期。

③ 在英国、荷兰、斯堪的纳维亚地区,澳大利亚等地私营食品标准的推行十分普遍。例如在英国,大型超市连锁集团中,除了 Morrisons、ASDA、Marks and Spencers、Sainsburys、Somerfield、Tesco 和 Waitrose 在采购蔬菜水果产品时都遵守 EUREPGAP 标准。

④ 阿根廷代表是在 2005 年的一次 SPS 委员会例会上表达这一观点的。其意指自乌拉圭回合谈判以来,国际社会努力签订国际协定以确保贸易标准不过于严格苛刻以至于成为贸易壁垒,并且各国都花费了时间、财力和人力参加与标准有关的国际会议,如果任由私营标准盛行,而 WTO 不对其合理性进行约束,那么国际社会在此前 20 年关于贸易标准的讨论和努力将付诸东流。See WTO SPS Committee, Summary of the meeting held on 29 – 30 June 2005, G/SPS/R/37, para. 20.

行政管理措施应对食品安全等问题，这种趋势不应被忽视。制定私营标准的企业基本上都是大型跨国公司，他们对国际贸易的影响力不亚于主权国家，这当中不能排除政府借助私人企业的力量实施贸易政策的可能①。

四、SPS 协定涵盖私营标准的可能性：基于 SPS 协定第 13.3 条与 TBT 协定第 3 条和第 4 条的考察

应当指出的是，基于 SPS 协定特定的适用范围，并非所有农食业的私营标准均与之相关，正如 SPS 委员会下设的"与 SPS 相关的私营标准"工作组（以下简称 SPS 委员会）报告指出的，SPS 委员会关于私营标准的讨论仅限于"非政府实体制定或者实施的、为防范 SPS 协定附件 A(1)所规定的四种风险之一的各种要求"②。因此，基于企业社会责任承担而制定的私营标准虽然可以在 TBT 协定框架内加以考察，但不涉及 SPS 协定的适用问题。

与其他 WTO 下的多边协定一样，SPS 协定是一项政府间的国际协定，只有政府和单独关税区才受其约束。这也意味着，通常情况下，WTO 各多边协议中的"贸易措施"一词，是指政府行为。私营标准的制定和实施主体通常是非政府机构。如前文所述，仅在可归因于政府的前提下，私营标准才属于 SPS 措施。因此，私营标准不能直接接受 SPS 协定的管辖。但 SPS 协定第 13 条提及了"非政府实体"遵守 SPS 协定的要求。这正是 SPS 工作组报告所反映的，部分国家主张将私营标准问题纳入 SPS 协定的切入路径之一③。

---

① 例如，欧盟"协调化新方法"所采用的推定：产品只要达到某些私营标准化机构的要求，即被推定为符合某些强制性欧盟指令的核心要求。

② See G/SPS/W/256, para. 14. 载 WTO 官网 www.wto.org，2013 年 10 月 1 日访问。

③ See G/SPS/W/256, para. 10, Action 8.

SPS 协定第 13.3 条规定："各成员方应采取切实可行的合理措施确保其领土内的非政府实体，包括有会员位于其领土之上的区域性机构，遵守本协定的相关规定。"①但此处有两个问题与私营标准的法律规制密切相关。一是"非政府实体"是否特指经政府授权的机构。二是"切实可行的合理措施"的措辞，即最佳努力条款是否构成规制私营标准的法律障碍。

（一）"非政府实体"问题

在 SPS 委员会内部，一些成员方基于以下两个理由，认为 SPS 协定第 13.3 条的"非政府实体"是特指经政府授权的非政府实体。（1）TBT 协定附件 1 第 8 条关于"非政府机构"的列举，包括"有法定权力实施技术规章的非政府机构"，因而认为"非政府实体"应仅限于经过政府授权行使管理职权的、非政府组成部分的私营机构②。（2）根据 SPS 协定第 13.5 条的规定，认为"非政府实体"仅限于受政府委托提供检验检疫服务以执行 SPS 措施的私营机构③。

第一个理由是以 TBT 协定的类似规定为依据，但其没有考虑到 TBT 协定本身与 SPS 协定所存在的差异。虽然同为 WTO 框架下规制技术性贸易措施的规则，TBT 协定与 SPS 协定有一个重要的区别，前者明确将私营标准问题纳入其适用范围。在 SPS 协定下，SPS 措施的定

① SPS 协定第 13.3 条原文：Members shall take such reasonable measures as may be available to them to ensure that non-governmental entities within their territories, as well as regional bodies in which relevant entities within their territories are members, comply with the relevant provisions of this Agreement。

② Grace Chia-Hui Lee, Private Food Standards and Their Impact on Developing Countries [J/OL]. Available at: http://trade.ec.europa.eu/doclib/docs/2006/november/tradoc_127969.pdf, 2013 年 10 月 1 日访问。

③ See G/SPS/W/256, para. 10, Action 8. SPS 协定第 13.5 条原文：Members shall ensure that they rely on the services of non-governmental entities for implementing sanitary or phytosanitary measures only if these entities comply with the provisions of this Agreement。

义并未区分“技术法规”和“标准”。显然,TBT 协定的起草者们充分意识到了这些表面上没有法律强制性的要求在市场准入方面所实际发挥的作用。TBT 协定对标准化活动的涵盖采取了区别对待和间接纳入的方法。区别对待,是指 TBT 协定的适用对象区分了技术法规和标准,并且在其附件 1 中对两个概念进行了界定。根据附件 1 的定义,技术法规和标准最根本的区别在于前者具有强制性,而后者属于自愿性规范。TBT 协定分别规定了各自的适用条款。

间接纳入,是指 TBT 协定并没有采用“直接将适用于技术法规的规则同等适用于标准化活动”的简单处理方式,对于标准化活动而言,其需要遵守的规则是《良好行为守则》(以下简称 CGP),这是作为附件 3 而存在的一个单独规范,但通过 TBT 协定第 4 条被纳入协定中。一方面,WTO 成员方直接承担了确保标准化机构遵守 CGP 的义务;另一方面,标准化机构经遵守 CGP 而间接承受了类似 WTO 成员方在技术法规方面所应遵守的条约义务。这里也可以看出 TBT 协定起草者们对直接将私营标准纳入协定有所顾虑。

TBT 协定第 3 条规定了地方政府以及非政府机构在制定和实施技术法规时 WTO 成员方应遵守的义务。第 4 条是关于标准化机构,包括中央、地方以及非政府标准化机构的标准制定规则。这两个条款分别使用了“非政府机构”和“非政府标准化机构”的概念。因此,附件 1 第 8 条关于“非政府机构”的定义,列举了经政府授权实施技术法规的非政府机构,这符合 TBT 协议赋予技术法规的特点,因为技术法规是有强制效力的,其制定和实施主体通常只能是政府,非政府机构只有经过授权才能参与立法和执法活动。对于不具有强制执行力的“标准”而言,也就不存在需要经过政府授权才能从事标准化活动的情况。但如前文所说,SPS 协定未明示区分有强制性效力的“技术法规”和自愿性的“标准”,因而没有理由认为,SPS 协定第 13 条中的“非政府实体”只能是经过政府授权的非政府机构。

然而,SPS 协定第 13 条的规定不能不说是充满了模糊与矛盾之处。显然,根据本书第一节关于 SPS 措施的分析,私营标准不属于 SPS 措施。SPS 协定第 13 条引入了“非政府实体”的概念却没有对其进行界定。SPS 协定意图约束私人行为,却又没有采用 TBT 协定的做法,即以良好行为守则的形式直接规定私人应遵守的义务,然后为成员方施加监督执行的责任。似乎第 13 条的意义仅仅在于约束 WTO 成员方,使其确保非政府实体遵守 SPS 协定的义务,但无论如何,直接将 WTO 成员方承受的义务移植给非政府实体,这种做法有些反常。

就第二个理由而言,SPS 协定第 13.3 条与第 13.5 条的关系应当是并列适用的关系,第 13.5 条强调各成员方只有在非政府实体遵守 SPS 协定的前提下才能依据其提供的检验检疫服务来执行 SPS 措施。但这不能免除成员方采取切实可行的合理措施,确保上述机构以外的其他非政府实体遵守 SPS 协定的相关规定的义务(第 13.3 条)。第 13.3 条下的“非政府实体”的范围甚至不应被限于卫生检验检疫领域的专门机构,只要非政府实体的业务范围与 SPS 协定相关,或者该实体实施了与 SPS 有关的措施,如贸易协会,该实体都应被视为 SPS 协定第 13 条所指的“非政府实体”①。

总而言之,由于 SPS 协定第 13 条规定本身的模糊之处,可以预见,在 SPS 委员会就此进行澄清或者 WTO 部长会议对其进行解释或修改之前,WTO 争端解决机构在具体案件中极有可能运用“司法经济”方法不予直接回答这个难题。但对于那些受政府行为影响的私人标准化活动,却不排除将其认定为 SPS 措施并适用 SPS 协定的可能。

---

① Rüdiger Wolfrum, Peter-Tobias Stoll, Anja Seibert-Fohr, *WTO: Technical Barriers and SPS Measures*, Leiden; Boston: Martinus Nijhoff Publsihers, 2007, p. 541.

（二）“切实可行的合理措施”的措辞

如前文所述，SPS 协定第 13.3 条是部分国家主张将私营标准问题纳入 SPS 协定的切入路径之一，该条款使用了“各成员应采取切实可行的合理措施”的措辞，透露出“尽力而为”之意，因而被称为“最佳努力”条款。“切实可行的合理措施”的表述方式并非 SPS 协定所特有，在 GATT 第 24 条和 TBT 第 3.1 条，第 4.2 条均有相同表述。因此，下文就“切实可行并合理的措施”的措辞用意展开分析，然后考察 TBT 协定下对于私营标准制定机构，各成员方承担了何种法律责任，以明确将私营标准纳入 SPS 协定管辖所存在的主要法律障碍。

1.“切实可行并合理的措施”的措辞用意

GATT 第 24.12 条规定“每个缔约方应采取切实可行并合理的措施确保其领土上的地方政府机构遵守本协定”。在美国麦芽饮料案中，专家组注意到 GATT 的缔约历史表明，GATT 第 24.12 条的设计是针对以下情形，即根据一国宪法对中央和地方政府权力的划分，某项事务因不在中央政府的管辖范围而使其无权控制地方政府的行动。根据国际法的一般理论，地方政府和中央政府共同构成了一个主权国家，中央政府对外代表国家参与国际关系，包括条约的签订。无论条约在各国国内的适用方式如何，地方政府违反条约义务的行为均可归咎于该国。但条约可以做出相反约定，例如上述包含“最佳努力”措辞的“联邦条款”。

尽管如此，美国麦芽饮料案专家组基于两个理由认为，应当尽可能的限制该条款所赋予缔约方的自由：第一，由《1969 年维也纳条约法公约》第 27 条体现的国际条约法的一般原则，条约一方不得援引其国内法作为其未能履行条约义务的抗辩理由；第二，GATT 第 24.12 条给予联邦制国家一种特权，却没有给单一制成员以对等的补偿安排，为了避免在两类成员间造成权利义务的失衡，应对联邦制成员的特权进行限制[1]。因此,仅存在政治阻力和敏感性并不能成为"没有切实可行并合理的措施"的有效证据。

就非政府机构而言,"最佳努力"条款的出现则是因为私人不直接承受国际法上的义务,国际法不直接调整私人的行为。一国是否规范以及如何规范本国境内的私人行为是一国国内法管辖的事项,但国际条约的特别规定可以使国家承担规范特定私人行为的义务。因此,在规范非政府机构的行为方面,类似于 TBT 协定第 4 条的规定,SPS 协定第 13.3 条实际上加重了各成员方的义务,只不过是以"最佳努力"条款的方式表现出来。

2. TBT 协定第 3 条

TBT 协定第 3 条规定了各成员方应承担何种义务和责任,以确保地方政府和非政府机构在制定和实施技术法规时遵守 TBT 协定。其下各项条款的相互关系是,第 3.1 条规定了各成员方的"最佳努力"义务,但第 3.5 条则明确了各成员方对此承担完全的法律责任。依据字面的理解,第 3 条为成员方偏离 TBT 协定第 2 条的义务留下了空间,但却不能免除其在 WTO 规则下的法律责任。由此观之,在强制性技术法规的立法和执法活动中,TBT 协定第 3.1 条下的最佳努力条款受到了第 3.5 条的限制。

3. TBT 协定第 4.1 条

TBT 协定第 4.1 条的内容是,针对中央和地方政府标准化机构、非政府标准化机构制定和实施标准的行为,各成员方应承担何种义务。但和技术法规的要求不同,在标准的制定实施方面,成员方的义务是分

① See Panel Report, US-Malt Beverages, BISD 39S/206, para. 5.79,该案中专家组认为美国没有证实其没有办法采取切实可行并合理的措施来控制地方政府的行动,因此不能成功援引 GATT 第 24.12 条。

层次的:对于中央政府标准化机构,各成员方应确保其接受并执行 TBT 协定附件三规定的 CGP。在这方面,各成员方的义务是确定的,因为 TBT 协定第 4.1 条第 1 句并未使用“最佳努力”条款的表述。但对于地方政府标准化机构和非政府标准化机构,TBT 协定第 4.1 条第 2 句再次通过最佳努力的措辞对成员方义务作了有条件的规定,即各成员方应采取切实可行并合理的措施使地方政府标准化机构和非政府标准化机构接受并遵守 CGP。

值得注意的是,与第 3.5 条的明确表述不同,TBT 协定第 4.1 条第 4 句没有赋予各成员方在确保地方标准化机构和非政府机构遵守 CGP 方面完全的国家责任①。联系第 4.1 条第 2 句,第 4.1 条第 4 句仅仅是强调,即使某一个标准化机构没有接受 CGP,各成员方有义务采取“切实可行并合理”的措施让其遵守 CGP。但是,TBT 协定第 14.4 条将 TBT 协定第 3 条和第 4 条,即技术法规和标准的制定实施规则,并列列入可以援引争端解决机制的条款,而且特别强调未能遵守 TBT 协定要求的任何机构的行为,均等同于成员方本身的行为。根据这个条款的规定,国家应对地方政府机构和非政府机构的行为承担责任。这就使得成员方对非政府标准化机构所承担的责任,在效果上与其对地方政府的立法执法活动所承担的责任类似。

(三)将私营标准纳入 SPS 协定管辖的主要法律障碍及对策

通过对比 TBT 协定和 SPS 协定的相似规则不难发现,将 SPS 协定适用于私营标准的制定和实施的主要法律障碍不在于“最佳努力”条款,而在于国家责任条款的缺失。结合以上分析可知,在 SPS 框架下约

---

① TBT 协定第 4.1 条第 4 句规定,无论标准化机构是否接受 CGP,各成员方都有义务让其遵守 CGP。而 3.5 条的规定是,在本协定(TBT 协定)下,各成员方对(地方政府和非政府机构)遵守第 2 条所有规定负有完全的责任。

束私营食品标准,比较可行的路径是:第一,由 WTO 部长会议或者 DSB 对 SPS 协定第 13 条中的"非政府实体"概念进行界定。第二,借鉴 TBT 协定的做法,为私营机构的标准化行为制定 CGP,为其标准化活动规定科学性和透明度要求。第三,在 SPS 协定中增加相应的"国家责任"条款,明确成员方在确保私营机构遵守 CGP 方面的法律责任。

五、SPS 委员会关于私营标准问题的工作进程

私营食品标准制定活动的法律规制问题已经引起了 SPS 委员会的重视,但各方的意见还远未达到统一的程度。SPS 委员会于 2008 年 10 月设立"与 SPS 协定相关的私营标准工作组",2011 年,该工作组在其报告中共提出了 12 项建议①,其中 6 项在工作组内部已经达成一致,另外 6 项建议因工作组本身还存在分歧,最终只作为附件被规定下来。2011 年 3 月底,SPS 委员会以决定的形式通过了《与 SPS 有关的私营标准的行动方案》②,工作组达成一致的 6 项建议中有 5 项被采纳。目前 SPS 委员会关于私营标准问题的工作主要集中在这 5 项建议中的第 1 项,即对"与 SPS 相关的私营标准"做出正式界定。为此,2013 年 10 月,SPS 委员会设立了一个电子工作组③,并由中国和新西兰负责具体工作,最终提交一份"与 SPS 相关的私营标准"的定义草案。此后在该工作组内部讨论过程中,各方意见始终未能达成一致。在 2014 年 3 月的

---

① See G/SPS/W/256.

② See G/SPS/55.

③ 这个工作组的成员包括阿根廷、澳大利亚、伯利兹、巴西、布基纳法索、加拿大、中国、欧盟、日本、新加坡和美国。上述成员曾对中国和新西兰共同提交的定义草案(G/SPS/W/272)提出了具体详细的建议或评议意见,因此成为定义工作组的成员。在定义草案形成过程中,该工作组成员特别强调,该定义只是一个用于指导工作的定义,而不是法律定义,不能用于解释 SPS 协定及其措辞。

SPS 委员会会议上,中国和新西兰依职责主动提交了一份新的定义草案①,但这份新的定义草案在定义工作组内部未能获得一致同意,各方于 2015 年 3 月的 SPS 例会上同意暂缓该事项。②

其他大部分实质性的建议更是有待将来解决。其中第 8 项建议和第 12 项建议最为关键也相互联系,即 SPS 委员会应就 SPS 协定第 13 条的实施发布指南,应澄清 SPS 协定是否适用于与 SPS 有关的私营标准问题。委员会关于第 13.3 条"非政府实体"的解释具有重要意义。SPS 协定能否适用于私营标准取决于在 SPS 协定下,WTO 成员方对其境内的非政府实体的行为应履行何种义务、承担何种责任。第 9 项建议触及到了私营标准的透明度问题,主要是涉及通知义务的问题。但是透明度义务的内容除通知义务外,还应包括公开义务,必要时的提供文件义务,接受评论义务等。另外,基于可行性的考虑,在 TBT 协定下,最高级别的地方政府机构和非政府机构在技术法规方面无须履行通知义务。与 TBT 协定规则几乎一致的 CGP 也免除了标准化机构的通知义务。这是由于通知义务的执行会涉及许多具体问题,如通知机构,时间,财政支持等。可见第 9 项建议在重要性和可行性方面都不如第 8 项。最后该报告第 10 项建议,即 SPS 委员会应制定一个类似于 TBT 协定附件三的"良好行为守则"。根据前文的分析,这项建议具有一定的可行性,但对于约束私营标准化活动还需有国家责任条款配合实施。

---

① 原文是"An SPS-related private standard is a written requirement or a set of written requirements of a non-governmental entity which are related to food safety, animal or plant life or health and for common and repeated use."(Optional footnote:"This working definition or any part of it shall be without prejudice to the rights and obligations of Members under the WTO Agreement on the Application of Sanitary and Phytosanitary Measures or the views of Members on the scope of this Agreement.")与原定义草案相比,新定义增加了"单一要求""书面"和"普遍和多次使用"的表述,此外脚注增加了"不影响成员方关于 SPS 协定适用范围的观点"。See G/SPS/W/276.

② 参见 WTO 官方网站,载 https://www.wto.org/english/news_e/news15_e/sps_26mar15_e.htm,2017 年 2 月 15 日访问。

第四节 SPS 措施所涉的主要合法性问题

SPS 措施的合法性问题包括以下两个方面:第一,WTO 成员方实施的一项 SPS 措施,在与 SPS 协定的规则保持一致性方面,应当满足哪些基本要求。第二,在 WTO 框架下,这些具体的合法性要求是通过哪些渠道或者机制被用于监督成员方实施的 SPS 措施。就第一个方面而言,这些合法性要求分别关系到 SPS 措施本身或者 SPS 措施的执行过程。SPS 协定里所指的"实施"实际上包含了措施的制定和执行两个方面。因此,SPS 措施的合法性问题不仅与措施本身,即具体法律法规的制度设计以及内容有关,而且也与措施的执行方式有关。

SPS 协定的具体条款与 SPS 措施的合法性要求并不是一一对应的关系。有的条款并不是包含单一的法律义务。根据这些条款的主要义务类型以及条款所欲实现的目标,本书将 SPS 措施的合法性要素归结为五个基本要求,分别是科学性要求、非歧视性要求、必要限度要求、以国际标准为基础要求、贸易便利性要求。就第二个方面而言,SPS 委员会的特别贸易关注机制、贸易政策审议机制以及争端解决机制是成员方可以利用的监督和补救机制。这三大机制的运作过程事实上也就是上述合法性要求被具体运用的过程。因此,监督和补救机制的运作及其完善是促使成员方的 SPS 措施与合法性要求相一致的制度保障。

科学性要求是一项 SPS 措施获得合法性的首要要求。这一要求源自 SPS 措施与其他类型的贸易措施的显著区别。SPS 措施所欲防范的特殊健康风险,如病害、虫害、食品卫生等与自然科学有着密切的联系。科学性要求的核心在于以合格的风险评估为基础实施 SPS 措施。与科学性要求有关的合法性问题,主要包括:什么是合格的风险评估,预防原则的适用路径,缺乏充分科学证据的认定及其与科学不确定性的关系,偏离科学性要求的 SPS 措施的合法性构成要件,不同情形下 SPS 措施满足科学性要求的时间截点。

非歧视性要求和必要限度要求是用于评判贸易措施合法性的传统方法。SPS 协定下的非歧视性要求和必要限度要求既体现了对传统理念的继承,又结合了 SPS 措施的特点。就非歧视性要求而言,这体现在差别待遇的比较基础不在于产品是否类似,而在于两国的 SPS 状况或者不同情形下的保护水平是否相似。就必要限度要求而言,这体现在 SPS 措施的实施应适应出口成员方的地区条件,不能完全以国家为单位实施 SPS 措施,即必要限度要求也体现在区域化管理的方法方面。与非歧视性要求有关的合法性问题,主要包括:SPS 措施违反非歧视性要求的构成要件及其具体含义,SPS 委员会制定的相关指南对非歧视性要求所做的进一步阐释,SPS 协定与 GATT1994 在非歧视要求方面的差异,SPS 协定下的非歧视性条款与 GATT1994 第 20 条序言中相似概念的关联性。与必要限度要求有关的合法性问题,主要包括:SPS 措施违反必要限度要求的一般性构成要件及其具体含义、比例原则和关于必要性要求的 GATT1994 争端解决实践与 SPS 协定下必要限度要求的关联性、成员方在适应地区条件条款(SPS 协定第 6 条)下的义务的理解、第 6 条下三个条款的法律关系、SPS 委员会制定的相关指南对适应地区条件义务所做的进一步阐释、SPS 委员会指南与相关国际标准所存在的主要不足。

就 SPS 措施的合法性与国际标准的关系而言,所涉及的主要问题包括:SPS 协定下国际标准的范围,国际标准的法律效力,成员方以国际标准为基础实施 SPS 措施义务的含义,成员方遵守国际标准的法律后果,成员方偏离国际标准时应满足的条件以及 WTO 关于国际标准制定的监督机制存在的问题。

SPS协定关于等效性认可、透明度要求的规定,以及针对成员方实施控制、检验和批准程序所提出的要求,都与SPS措施的实施方式有关,其目的在于便利国际贸易,降低交易的成本。与贸易便利性要求有关的合法性问题主要包括:进口成员方在等效性认可方面的基本义务,SPS委员会相关决定对等效性认可程序的具体要求,透明度义务的主要内容,成员方在实施控制、检验和批准程序时承担的义务内容。

在WTO框架下,SPS委员会、贸易政策审议机构以及争端解决机构三大机构职能的发挥,对于增强SPS措施合法性要素的实效有着重要意义。与此相关的问题包括:SPS委员会的主要职能及相关的工作机制,与SPS措施相关的贸易政策审议工作及存在的问题,争端解决机构在SPS措施案件中采用的审查标准及存在的问题等。

本章小结

近现代以来,SPS措施的使用频率有明显的增加,成为一种常见的贸易措施。SPS措施对国际贸易的影响虽然难以量化,但其对国际贸易存在的显著负面影响却得到了普遍的认同。自20世纪20年代以来,国际社会尝试在约束SPS措施方面加强合作,但取得的成果却非常有限。在乌拉圭回合谈判中,各方普遍担忧农产品贸易自由化的谈判成果将会被各国实施的SPS措施所抵消,从而促成了SPS协定的产生。协定序言第8条指明SPS协定起草者的意图在于详述GATT1994的相关规则,尤其是其第20条(b)项。就SPS协定与GATT1994的关系而言,SPS协定是完全独立于GATT1994的,诉诸SPS协定并不以证明被诉方违反GATT1994相关义务为前提。SPS协定包含了与GATT1994不同的义务规则,两者在不冲突的情况下可以同时适用。如果存在冲突,

SPS 协定应得到优先适用。但争端解决机构对"协定间的冲突"采取了从严解释的立场。就 SPS 措施争议而言,由于争端解决机构对司法经济原则的适用,SPS 协定具有了事实上的优先适用性。

贸易措施的定性是判断 SPS 措施合法性的前提。SPS 措施属于贸易措施之一,GATT 和 WTO 争端解决实践关于贸易措施的解释同样适用于 SPS 措施,即多边协定所约束的贸易措施不仅限于政府行为和强制性措施。在特定情形下,"可归因于政府"的非强制性措施仍可成为专家组审查的对象。对 SPS 措施的认定,应从措施的实施目的、法律形式和性质以及是否影响国际贸易四个方面展开。SPS 措施不仅是出于保护健康的考虑,而且用于防范特定的健康风险,这一特征将 SPS 协定与 TBT 协定的适用区别开来。就保护环境和消费者权益的贸易措施而言,只要在环境保护措施与 SPS 协定特定的风险致因之间建立起合理联系,SPS 协定就可以适用于该措施。现有争端解决实践对 SPS 措施的法律形式并无特殊要求。具体的实施程序需受 SPS 协定附件 C 的约束,但其本身并不属于 SPS 措施。

鉴于近年来私营标准对发展中国家,尤其是最不发达国家所造成的影响,将其纳入 SPS 协定的适用范围以及路径选择成为各方关注和研讨的热点。基于 SPS 协定第 13.3 条与 TBT 协定第 3 条和第 4 条的考察可知,TBT 协定的起草者们充分意识到了这些表面上没有法律强制性的要求在市场准入方面所实际发挥的作用,因此,TBT 协定明确地将私营标准问题纳入其适用范围。目前,在 SPS 框架下约束相关的私营标准,比较可行的路径是:第一,由 WTO 部长会议或者 DSB 对 SPS 协定第 13 条中的"非政府实体"概念进行界定。第二,借鉴 TBT 协定的做法,为私营机构的标准化行为制定 CGP,为其标准化活动规定科学性和透明度要求。第三,在 SPS 协定中增加相应的"国家责任"条款,明确成员方在确保私营机构遵守 CGP 方面的法律责任。

CHAPTER 02 >>

第二章

SPS 措施的合法性与科学性要求

一项贸易措施被定性为 SPS 措施后，其合法性的评判标准之一就是是否具备 SPS 协定所要求的科学性。虽然，非歧视性作为评判贸易措施合法性的传统标准，仍然适用于 SPS 措施。但是，因科学性要求的确立，导致了 SPS 措施需要接受更为严格审查。贸易措施即使没有违反非歧视性要求，不具有贸易保护主义动机，该措施仍有可能因违反科学性要求而被认定为与 SPS 协定不一致。[①] 这种超歧视性规则[②]（Post-discriminatory rules）的引入是国际经济法领域的一次

① 在 EC-Hormones 案中，上诉机构否定了专家组关于欧共体措施具有贸易保护主义动机的结论，但最终以风险评估结论针对性不强而认定，欧共体未能满足 SPS 协定第 5 条规定的风险评估要求。See Appellate Body Report, EC-Hormones, paras. 245, 253.

② See Robert E. Hudec, Science and post-discriminatory WTO law. *Boston College International and Comparative Law Review*, Vol. 26, No. 2 (2003), p. 185.

范式[①]转换,SPS 协定所展现出来的统一各国立法的方式较之传统货物贸易规则更为主动。[②] 虽然,国际标准对于 SPS 措施的合法性认定有重要意义,但 SPS 协定也允许成员方在风险评估的基础上,出于实现更高保护水平的需要而偏离国际标准。[③] 由此可见,科学性要求对于 SPS 措施合法性评判的重要性。本章探讨了 SPS 协定下科学性要求的具体含义及时效要求、合格风险评估的判断方法、预防原则在 SPS 协定下的法律地位及临时性 SPS 措施的实施要件。与 WTO 争端解决机构一贯的文本主义风格相一致,本章在结构安排上以 SPS 协定中与科学性要求有关的三个条款,即第 2.2 条、第 5.1 条和第 5.7 条作为各节的研究对象。[④]

---

① 范式的概念和理论是美国著名科学哲学家托马斯·库恩提出并在《科学革命的结构》(1962)中系统阐述的。在库恩看来,范式是一种对本体论、认识论和方法论的基本承诺,是科学家集团所共同接受的一组假说、理论、准则和方法的总和,这些东西在心理上形成科学家的共同信念,是常规科学所赖以运作的理论基础和实践规范,是从事某一科学的研究者群体所共同遵从的世界观和行为方式。

② Henrik Horn, Joseph HH Weiler, European Communities—Trade Description of Sardines: Textualism and its Discontent. In Henrik Horn and Petros C Mavroidis(eds.), *The WTO Case Law of* 2002. Cambridge University Press, 2005, p. 251.

③ 根据第 3.2 条,遵从国际标准的 SPS 措施是为保护人类和动植物健康所必需的,且推定其符合 SPS 协定和 GATT1994 的相关条款。根据第 3.3 条,如果存在科学正当性或者根据成员方所确定的,符合第 5 条第 1 款至第 8 款的适当保护水平,成员方可实施或维持比国际标准更严格的 SPS 措施。

④ SPS 协定中与科学性要求相关的关键性条款主要有三个:(1)第 2.2 条要求 WTO 成员方确保在保护人类、动植物的生命和健康的必要限度内实施 SPS 措施,且该 SPS 措施应以科学基本原理为依据。除属于 5.7 条情形外,在没有充分科学证据支持下不得继续实施该措施。(2)第 5.1 条要求成员方根据具体情形实施风险评估,并参考相关国际组织的风险评估技术,以风险评估为依据实施 SPS 措施。(3)第 5.7 条,若无充分科学证据,WTO 成员方可以依据可获得的相关信息实施临时性的 SPS 措施,包括来源于相关国际组织及其他成员方所实施 SPS 措施的信息。但在此情形下,该成员方应尽力收集其他必要信息以实施更客观的风险评估,且在一段合理期间内根据风险评估结果对该 SPS 措施进行审查。

第一节　科学基本原理要求

第2.2条虽然被视为科学性要求的关键条款，但其却含有科学性以外的要求。一项SPS措施要通过第2.2条的审查，应满足以下三个构成要件：第一，必需性（necessary to）要求。各成员方应当在保护人类、动植物的生命和健康所必需的限度内实施SPS措施。第二，各成员方实施SPS措施须以科学基本原理为依据。第三，各成员方在缺乏充分科学证据时，除第5.7条规定情形外，不得维持SPS措施。[①] 这三个构成要件应同时满足，被诉方只要被专家组认定没有满足任何一项要件的要求，就会被裁定违反第2.2条。准确地说，只有第二和第三个构成要件是与科学性要求相关的。从第三个构成要件中可知，第2.2条不仅适用于SPS协定生效后实施的措施，也适用于协定生效前实施但至今有效的措施。

① 例如，为防止口蹄疫传入，保护我国畜牧业安全和人体健康，国家质检总局和农业部曾先后发布公告，禁止从口蹄疫国家或地区进口有关动物及其产品。2010年9月，根据风险分析评估结果，我国取消因口蹄疫而对奶制品采取的禁止进口措施，允许从发生口蹄疫的国家和地区进口来自健康动物且经过加工处理不能传带口蹄疫病毒的奶制品。2010年7月22日，我国参照世界动物卫生组织的有关标准，经科学评估，有条件恢复进口疯牛病国家牛油脂，即符合我国检验检疫要求的仅限于工业用途的疯牛病国家牛油脂（不溶性杂质含量不超过0.15%）及其产品。参见国家质量监督检验检疫总局、农业部《关于允许从口蹄疫国家进口相关产品的公告》（联合公告2010年第99号）、《关于有条件恢复进口疯牛病国家牛油脂的公告》（联合公告2010年第73号），载http://www.aqsiq.gov.cn，2014年10月2日访问。

一、科学证据的充分性

在日本农产品案中,①上诉机构指出,"充分"一词是用于描述 SPS 措施与科学证据之间的关系的,它要求 SPS 措施与科学证据之间有充分的联系。就第 2.2 条而言,这种充分联系要求是指二者之间要有合理客观的联系。② 该案中虽然有证据证明同类不同种的农产品在检测结果上存在差异,但这种差异究竟是由于统计方法造成,还是基于生物学上的结果却不得而知。专家组认为品种差异与检测结果差异之间的因果关联性未经证实,日本所提供的证据只是在暗示二者间可能存在联系。而上诉机构也认为,二者间因果关联性的缺失则显示 SPS 措施与科学证据之间缺乏合理联系。

日本苹果案③则显示,在具体个案中"充分性"的理解可能与"成比例要求"(proportionality)有关。该案专家组是从两个方面得出结论认

---

① 该案日本政府的措施与 8 种水果有关,分别是杏、樱桃、李子、梨、温柏、桃、苹果和胡桃,这 8 种植物都是苹果小卷蛾的潜在宿主植物。为防止该虫害的传入,日本要求上述每种水果的进口都应申请许可。这 8 种水果所包括的不同品种应分别申请许可,分别提交检疫处理测试证明。日本要求进口水果在进口前应接受溴甲烷消毒,需接受小剂量致死率测试和大剂量致死率测试以及现场审核。美国对检疫处理措施没有异议,即溴甲烷消毒并且由出口方证明其有效性。但美国质疑以下措施,即日本要求每一品种,如科特兰苹果和富士苹果都分别申请进口许可,各自的测试结果不能在同一种水果内的不同品种间通用。

② See Appellate Body Report, Japan-Varietals, paras. 73 - 84.

③ 为防止火疫病的传入,日本对美国出口苹果实施了 10 项检疫措施:(1)在指定的非火疫疫区果园中生产,出口果园由美国农业部根据果园主的申请指定。该区域检查中只要发现一棵病树就取消出口果园的资格。(2)出口果园必须无火疫感染植物和无火疫寄生植物(苹果之外的),不论其是否被感染。(3)非疫区果园必须为一个方圆 500 米缓冲地区所环绕。在此区域内发现一棵病树或植物即取消出口果园的资格。(4)对非疫区果园及其环绕区的检查每年至少进行三次。开花和结果期,美国当局对此应实地检查两次,收获时由日本和美国联合进行实地检查。强暴风雨之后还要求增加检查。(5)采摘的苹果必须按指定方法进行表面消毒。(6)装载果实的容器必须经氯处理消毒。(7)包装设施内部必须经氯处理消毒。(8)运往日本的水果在采摘之后必须与其他采摘后的水果隔离。(9)美国的植物保护机构必须出具证明,表明水果无火疫病且采摘后经过氯处理消毒。(10)日本当局必须确认美国机构的证明,并检查包装设施。

定日本的 SPS 措施与风险不成比例的。一方面,专家组同意不当操作和非法行为可导致未成熟苹果进入日本境内,日本可以考虑因此可能引发的植物卫生风险。由于未成熟苹果能够被感染而成为火疫病菌的宿主,被感染苹果上的病菌经过产品处理、存储和运输环节后仍能存活。但无论如何产品的货箱不构成传播疾病的媒介,且火疫病菌不能在货箱上存活。不仅如此,即使其存活下来,火疫病在日本被传播至宿主植物还需要其他媒介。而在专家组看来这种风险虽然不是"理论上的风险",但也属于"可忽略的风险",因此不足以支持苹果构成火疫病传入日本的媒介的观点。因无充分科学证据支持,所以该措施与风险不成比例。① 但是这种解释不是引入"比例原则"来说明何为"充分科学证据支持",相反却用后者来论证前者。

另一方面,专家组将日本针对进口苹果实施的全部检疫措施与这种"可忽略风险"进行比较,可以认为目标和手段效果是极不成比例的,故而 SPS 措施与可获得的科学证据之间缺乏合理联系。② 换言之,在专家组看来,就本案涉及的植物卫生风险而言,日本的 SPS 措施是不适当的。但专家组的这种观点是有其局限性的。这是因为,风险的大小不仅仅与风险概率有关,还应考察风险造成损失的严重性,例如损害的不可逆转性等。正因如此,对专家组这种解释方法,上诉机构有保留的给予了肯定,认为应结合个案对第 2.2 条中的"充分科学证据"要求进行解释,本案专家组对日本措施的分析是与该案的具体事实相适应的,但这不是唯一的解释方法。③

① See Panel Report, Japan-Apples, paras. 8.172 – 173.
② See Panel Report, Japan-Apples, para. 8.181.
③ See Appellate Body Report, Japan-Apples, para. 164.

二、第 2.2 条与第 5.1 条的关系

上诉机构在欧共体荷尔蒙案中将第 5.1 条视为是对第 2.2 条下基本义务的具体实施,并强调应将这两个条款放在一起来解读,第 2.2 条的内容可以为第 5.1 条的规则赋予含义。欧共体转基因案专家组则进一步说明,第 5.1 条是对第 2.2 条中第二个和第三个构成要件的具体实施。在日本农产品案中,上诉机构认为第 5.1 条和第 3.3 条以及第 5.7 条共同构成了理解第 2.2 条下"充分性"的具体上下文。因此第 2.2 条和第 5.1 条之间有一种互相指引的关系。上诉机构对第 2.2 条中的"充分性"和第 5.1 条中的"以风险评估为基础"的解释均是强调一种合理客观的联系,即在 SPS 措施和科学证据之间存在合理客观的联系,在 SPS 措施与风险评估结果之间存在合理客观的联系。

在澳大利亚鲑鱼案中,上诉机构明确指出如果 SPS 措施未能满足第 5.1 条的要求,以风险评估为依据,那么也意味着这项措施不符合第 2.2 条的要求。[①] 这主要是指不符合第 2.2 条的第二个和第三个构成要件。但相反,如果一项措施符合第 5.1 条的要求,却不能推断其必然符合第 2.2 条的规定。从具体构成要件上看,第 2.2 条的义务范围大于第 5.1 条,第 2.2 条下的第一个构成要件是第 5.1 条无法涵盖的,其与第 5.6 条的关系更为密切。但由第 2.2 条的第二个和第三个构成要件所体现出的科学证据要求应该与风险评估要求紧密联系。

---

① See Panel Report, Australia-Salmon, para. 8.52, Appellate Body Report, Australia-Salmon, para. 138. 尚不清楚这种推定是否为一种初步推定。

第二节　风险评估要求

一、风险与风险评估

毫无疑问,对“风险”一词的不同理解必然会影响到风险评估的考量因素。目前,相关文献分别从科学技术、经济学、心理学和社会学等角度对“风险”这个概念进行了阐释,其中尤以科学技术学派和心理学学派的观点与 SPS 协定最具有关联性。科学技术学派是从概率和损害后果两个方面来界定风险的。同时,该学派认为风险是一个客观存在的现象,是可以为人们观察到并可以通过适当的风险管理工具加以确认、计算和控制的。这种理解决定了风险评估的方法必然是依赖统计资料、科学信息和概率计算的。这个学派重视区分“客观存在的风险”与“主观感受的风险”。在科学技术学派看来,“主观感受的风险”在技术推算上没有依据,因此是一种错误的感知。风险评估和管理者的任务就是教育普通大众如何认识真实的风险以消除不理性的恐惧。

与此相对应的是,心理学学派从个体感知功能的角度来定义风险。这个学派认为风险是离不开人的心理感知和文化差异的,风险不是绝对的客观存在,而是因人而异的。风险是一个多维度的概念,除了概率还应考虑人的心理感知。风险是不同的人们对科学技术学派所指的风险进行个体消化的结果。因此,普通大众对风险的理解可能完全不同于科学专家。这个学派对“风险”的理解,即风险具有外部性(客观性)和内部性(社会性和心理认知性),决定了风险评估的过程不能仅仅考察科学专家的意见,公众的风险感知是风险评估的组成部分。

20 世纪 70 年代出现的风险分析概念促使各国的风险规制方法从危害控制转向风险控制。完整的风险分析程序包括只有纯粹科学分析的风险评估、涉及价值判断的风险管理以及风险沟通三个环节。根据风险分析的概念,风险本身只能由科学来界定,风险分析模型将无法用科学方法检测出来的风险排除在外。但在风险管理阶段,决策机构可以通过确定特定社会的风险偏好和可接受风险水平来考虑各种非科学因素。随着人类科学技术的进一步发展,如爱因斯坦所言"我们知道的越多便越无知"。因此,风险管理和风险沟通对风险的预防具有重要意义。但 SPS 协定中只有风险评估的概念,要求 SPS 措施以风险评估为依据。根据附件 A(4)的规定,风险评估被区分为检疫性风险评估和食源性风险评估。[①]

(一)检疫性风险评估的含义及其构成

检疫性风险评估又称为害虫及疾病风险评估,是指依据即将实施的卫生措施对某种虫害或病害在进口成员方境内的引入(entry)、定殖(establishment)或传播(spread)的可能性(likelihood)进行性估测,并对可能随之产生的生物学后果和经济损害进行估测。

根据澳大利亚鲑鱼案中上诉机构的解释,检疫性风险评估应当进行三个阶段的分析,首先,是信息资料的确认阶段,评估者应对进口国试图防止进入的害虫和疾病进行确认,对随着害虫或疾病的进入而来的生物学或经济上的不利影响进行确认。其次,对上述虫害或病害的进入以及由此发生生物学或经济不利后果的可能性(likelihood)进行判断。最后,结合可能实施的 SPS 措施判断已经确认的害虫或疾病进入、建立或扩散的可能性(likelihood)。[②] 日本苹果案的专家组认为第三阶段中"可能实施的 SPS 措施"不仅包括案发时已实施的措施,还包括在当时情形下能够实施的所有措施,因此,在风险评估的第三阶段还需要

① 参见 SPS 协定附件 A 第 4 条关于风险评估的定义。

② See Appellate Body Report, Australia-Salmon, para. 121.

对可供选择的其他替代性 SPS 措施进行评估。这一观点被上诉机构所认同。[①]

(二)食源性风险评估的含义及其构成

食源性风险评估是指对食物、饮料和饲料中的添加剂、污染物、毒素或致病生物可能对人类和动物健康造成不利影响的可能性(potential)进行估测。

欧盟荷尔蒙案专家组认为食源性风险评估应分两步进行:第一步,对食物、饮料和饲料中的某种物质对人体或动物的健康可能造成的不利影响进行确认。第二步,对上述不利影响发生的可能性(potential)进行评估。该案上诉机构虽然认为这一结论尚可商榷,但基本上认同专家组的结论。[②] 在美加继续中止减让案中专家组将上述第一阶段做以下进一步划分:(1)对食物、饮料或饲料中的添加物、污染物、毒素或致病物质进行确认;(2)对上述物质对人体或动物健康可能造成的任何不利影响进行评估。[③]

很明显,从 SPS 协定附件 A(4)对"风险评估"概念的定义看,SPS 协定是从"概率(可能性)"和"后果"两个方面来界定风险的。SPS 协定下的三大国际标准化组织,Codex、OIE、IPPC 也采用了类似的方式。[④] 至少从这一点看,SPS 协定下的风险评估义务是以科学技术学派的观点为基础,也即公众的风险感知结果与 SPS 协定下的风险评估是无关的。但是 SPS 协定的其他条款在一定程度上也包含了风险心理学的观点,

---

① See Panel Report, Japan-Apples, para. 8. 283, Appellate Body Report, Japan-Apples, para. 208.

② See Pane Report, EC-Hormones(US), para. 8. 98, Appellate Body Report, EC-Hormones, para. 184.

③ See Panel Report, US-Continued Suspension, para. 7. 507.

④ See Codex, Procedural Mannual. OIE, Terrestrial Animal Health Code, Glossary. International Standard for Phytosanitary Measures(ISPM) No. 5, Glossary of Phytosanitary Terms.

例如,第 5.5 条要求各成员方在类似情形下实施的 SPS 措施的保护水平应当一致,但在一定范围内允许成员方以“人们自愿承担的风险”作为实施不同保护水平的依据。[①]

二、合格的风险评估

如上文提及,SPS 协定在其附件 A(4)中对风险评估规定了正式的定义。在对第 5.1 条进行分析时,我们应结合上述定义来判断何谓合格的风险评估。值得一提的是,SPS 协定并没有为 WTO 成员方施加独立的风险评估程序要求,不要求成员方亲自开展风险评估,换言之,成员方据以实施 SPS 措施的风险评估可以由其他国家或者国际组织实际完成,而该成员方仅仅是借用这些国家或国际组织的评估报告或学术性论文的观点即可。[②] 另外,一项风险评估要被专家组认定为是符合第 5.1 条要求的风险评估,评估者的逻辑推理过程应能体现出评估结论的客观性和一致性,[③]换言之,在风险评估过程中,评估者对科学证据的运用和论证过程应能支持最终的风险评估结论。

(一)不以“零风险”或“理论上的不确定性”为检疫性风险评估的对象

SPS 协定附件 A(4)要求两种风险评估都要对特定风险发生的可能性进行估测,但分别使用了不同的措辞。对于检疫性风险,评估者需评估的“可能性”为“likelihood”,而食源性风险评估则用了“potential”这个词语。在欧共体荷尔蒙案中,上诉机构引用字典的通常释义,否定了专家组将“potential”解释为“probability”的做法,认为“potential”的含

---

① 参见本书第三章“SPS 措施的非歧视性要求”相关内容。

② See Appellate Body Report, EC-Hormones, para. 190.

③ See Appellate Body Report, Australia-Apples, paras. 251 – 259.

义更接近于"possibility"。[①]"probability"比"possibility"的可能性更高。[②]在澳大利亚鲑鱼案中,上诉机构又特别指出,"likelihood"和"potential"这两个词语有着实质上的差别,[③]认为"likelihood"等同于"probability"。[④]对于澳大利亚作为措施依据的报告——其基础工业和能源部于1996年发布的关于鲑鱼进口风险分析的最终报告,上诉机构认为,这份报告只是评估了风险的一般可能性(possibility)而未能就概率的大小或高低(probability)做出评估。[⑤]澳大利亚的1996年最终报告不是一个合格的风险评估。

仔细研究该案的案情可知,澳大利亚1996年最终报告是以1995年的草案报告为蓝本加以修改的,但其最终评估结论与1995年草案报告截然不同,从"有条件的允许进口新鲜鲑鱼产品"到"不建议允许进口新鲜鲑鱼产品"。其关于风险的描述更多关注一些未知、不确定的因素,在许多情形中使用"风险可能(possible)存在""很难确认这种可能性"

---

① See Appellate Body Report, EC-Hormones, para. 184.

② 在英语里,possibility发生的概率较probability要低。

③ See Appellate Body Report, Australia-Salmon, para. 69. 该案欧共体作为第三方曾主张,在进行可能性评估时,检疫性风险评估不应该比食源性风险评估有更高的可能性要求,因为两类风险评估均可能涉及人类和动植物的生命和健康,但上诉机构否定了欧共体的主张。考虑到有些动物疾病如疯牛病,也有可能导致人类健康风险,对于同样的价值目标应采取相同的保护水平,因此,上诉机构对likelihood的解释并不妥当。

④ See Appellate Body Report, Australia-Salmon, para. 123.

⑤ See Appellate Body Report (Art. 21. 5), Australia-Salmon, para. 7. 45 (In the original dispute... and the Appellate Body agreed, that 1996 Final Report evaluated *possibility*—instead of *likelihood* or *probability*—of disease entry, establishment or spread.) 同样在欧共体转基因案中,奥地利依据维也纳大学教授Hoppichler的研究报告,针对T25玉米实施了禁令措施。但专家组认为这份研究报告只是一般性分析了风险的可能性(possibility),而没有显示高概率的可能性(probability),因此不构成附件A(4)下的检疫性风险评估。最后该案专家组认为,除了欧共体内首次受理申请的主管机构和欧共体植物科学委员会实施的评估外,奥地利没有符合SPS协定的风险评估活动。

的措辞。① 只有在对杀鲑气单胞菌等两种疾病进行风险评估时，该报告才是用定性描述的方式对疾病传播的风险进行了评估。② 也就是说，澳大利亚的风险评估报告既有一般可能性评估，也有少量的确切可能性（probability）分析，前者所占比重大于后者。专家组在判定该报告是否构成一份合格的风险评估报告时表现出了一定的犹豫，最终假定（to assume）而不是认定（without making a finding）该报告是一份合格的风险评估报告。③ 但上诉机构明确指出，成员方只是在一定程度进行了确切可能性（probability）分析，这还不足以让一份报告成为合格的风险评估。上诉机构的理由是，第 5.2 条要求成员方在风险评估时应参考可获得的科学证据，第 2.2 条规定，如果没有充分的科学证据，除第 5.7 条规定的情形外，成员方不得维持 SPS 措施。④

综上所述，上诉机构认定澳大利亚 1996 年最终报告不是一个合格的风险评估，其关键因素是，澳大利亚的风险评估只是对风险的一般可能性（possibility）进行了分析。而风险评估应以确切的科学证据为基础，不能以“理论上的不确定性”或“零风险”作为评估对象，应准确把握其概率的大小。目前 SPS 协定的争端解决实践并没有说明风险概率为多大数值时才构成“很可能”（probability）。相反，现有争端解决实践多次说明风险评估可以采用定量分析，也可以采用定性分析的方式进行，

---

① 1996 年最终报告经常使用的表述是：“某种风险可能（possible）存在，尽管可能性（probability）很小。但这种可能性（possibility）不应被忽视”“减少风险的因素对风险的发生有一定影响，但由于缺乏必要的资料，澳大利亚难以准确的确认某种疾病发生传染的可能性（probability），但总有未知的可能性”（unknow-chance）“用于人类消费的动物产品最终真正被食用或与动物直接接触的可能性（probability）无法确定，难以量化。虽然机会较少，但确实存在，而且考虑到可能发生的后果，这种机会不应被忽视”。See Panel Report, Australia-Salmon, para. 8. 82.

② 该处明确使用 the likelihood of... would be consequently low 或者 the likelihood is considered to be very low 的措辞。See Panel Report, Australia-Salmon, para. 8. 82.

③ See Panel Report, Australia-Salmon, para. 8. 83.

④ See Appellate Body Report, Australia-Salmon, para. 130.

即采用文字而非数字，如（非常）高、（极）低、可忽略等来描述风险的程度。尽管建立在实验的方法基础上的现代科学对定量分析情有独钟，但在较为复杂的情形下，纯粹的定量分析却会因为数据的不可获得而无法实现。在欧共体荷尔蒙案中，上诉机构认为，两种风险评估都不限于那些易于通过实验方法量化分析的事物。[①] 在澳大利亚鲑鱼案中，上诉机构认为可能性（likelihood 和 probability）可以用量化或者定性的方式进行评估。[②] 也就是说，定性分析和定量分析两种方法的选择并不是评价风险评估是否合格的依据。

这种一般可能性（possibility），也就是“理论上的不确定性”或“零风险”，是指科学不能百分之百地确定某种物质永远具有安全性。从这个方面讲，理论上的不确定性永远存在。“理论上的不确定性”是科学的内在属性，源于科学家解释某种现象时采用的工具、方法或实验本身所固有的局限性。[③] 在欧共体荷尔蒙案中，上诉机构认同专家组的结论，即“理论上的不确定性”并非第 5.1 条所指的风险。[④] 上诉机构认为，风险必须是可确定的。[⑤]这就直接影响到被诉方的论证方式。

从理论上说，风险的存在可以用两种方式进行论证，其一，直接正面的论证风险是否存在；其二，反面论证即如果无法证实某种事物的安全性，则可推定其存在风险。很显然，WTO 争端解决实践否定了第二

---

① See Appellate Body Report, EC-Hormones, para. 187.

② See Appellate Body Report, Australia-Salmon, para. 124. (The likelihood may be expressed either quantitatively or qualitatively.)

③ See Appellate Body Report, Japan-Apples, para. 241.

④ See Appellate Body Report, EC-Hormones, para. 186.

⑤ See Appellate Body Report, US-Continued Suspension, para. 569. 欧共体转基因案专家组认为，并非只有那些明白无误的表明风险存在的风险评估活动才是合格的，风险评估的结果可能是产生大量可信的证据，这些证据表明风险的存在还无法确定。也就是说，风险评估结果可能是不确定的，但这不妨碍其构成 5.1 条下的风险评估。这一解释尚未经过上诉机构审查，但是显然与以往争端解决实践有出入。See Panel Report, EC-Biotech, para. 7.3244.

种论证方式,不承认"推定的风险"。要求实施 SPS 措施的成员方提交正面论证的证据,而不能仅说明无法证明某种特定危害永远不会发生,后者只是一种"理论上的不确定性"。SPS 协定允许成员方将其可接受的风险程度设定为"零风险",但不允许成员方以"零风险"作为风险评估的对象,不能仅仅根据一般可能性的结论来制定或实施 SPS 措施。否则,SPS 协定的科学性要求就不能发挥应有的制约作用了,因为一般性风险无处不在,万事皆有可能。

这里所指的"理论上的不确定性",不应被理解为风险评估的结论必须是完全一致的,科学意见的分歧表明一种不确定性,但这种科学上的不确定性不同于前者。① 在欧共体荷尔蒙案中,专家组在判断 SPS 措施是否以风险评估为依据时采用了比较的方法,即 SPS 措施所蕴含的科学依据与风险评估结论是否一致。上诉机构认为尽管这不失为一个可取的方法,但是风险评估中可能会出现观点不统一的情况,风险评估的结论可能既包含主流观点也有少数派的不同观点,SPS 协定并未要求风险评估的结果必须是主流观点,政府既可以根据主流观点也可以根据少数派观点实施 SPS 措施。关键在于 SPS 措施与风险评估之间应有合理的联系。而采纳少数派观点本身不足以说明这种合理联系的缺乏。②

(二)检疫性风险评估需在不同方案间进行权衡取舍

如上文所述,根据 SPS 协定附件 A(4)的定义,检疫性风险评估需要根据可能实施的 SPS 措施对虫病害风险进行评估。日本苹果案的专

① See Appellate Body Report, EC-Hormones, para. 194.

② See Appellate Body Report, EC-Hormones, paras. 193 – 194. 该案第一次面临风险评估中的非主流科学家的意见问题。依据少数派意见实施 SPS 措施,一方面,其要求其有专业权威的来源;另一方面,上诉机构的观点似乎隐含了一种"成比例要求"的思想,即"在某种风险可能会危及生命,确将对公共健康和安全造成迫在眉睫的威胁时,尤其不能认为以少数派意见为依据实施的 SPS 措施与风险评估间缺乏合理联系"。

家组认为,“可能实施的 SPS 措施”不仅包括案发时已实施的措施,还包括在当时情形下能够实施的所有措施。这与相关国际组织的风险评估技术是一致的,例如世界动物卫生组织 OIE 的风险评估指南将“减少风险的相关因素”纳入风险评估的事项。所谓“减少风险的相关因素”就是可用于降低或消除风险的技术性卫生措施。这些因素既有普遍适用于主要动物疫情的措施,也有针对某种特定疾病的措施(分别被规定在动物卫生守则的具体章节)。前者包括:选择商品的原产地、限制商品的目的地、装运前后的检疫、诊断测试、疫苗、规定相应的存储处理时间和温度设定、一定时间的热处理、使用抗生素以及化疗、消毒、控制盐度或酸碱度、限制进口规模和频率。[①] 因此,风险评估通常需要在不同的措施方案之间进行利弊权衡,进口成员方甚至需要根据每一种措施方案对每种危害展开分析和评估。

(三)针对特定的风险进行评估

风险评估所针对的风险必须是特定的,不是普遍意义上的某种风险。在欧共体荷尔蒙案中,专家组认为,欧共体用于支持其措施的科学证据基本上构成了 SPS 协定第 5.1 条下的风险评估,但这些证据中没有一份研究报告或者学术论文可以充分支持欧共体的主张。其原因并不在于这些研究结果的非相关性或者是研究结论对荷尔蒙致癌性的否定,而关键在于没有证据表明,当涉案的特定荷尔蒙被用作生长激素且残留于食物中时,其具有致癌性或基因毒性。上诉机构认为,关于荷尔蒙致癌性的一般性研究虽然与本案相关,但不足以充分证明特定风险的存在。[②] 与上述针对性风险评估要求相一致,在日本苹果案中,风险评估的对象应该是,从美国进口的苹果作为一种特定的传病媒介引起

① See Panel Report, Australia-Salmon, para. 8.88.

② See Appellate Body Report, EC-Hormones, para. 200.

火疫病传入、定殖和传播的风险。① 在美加继续中止减让案中,风险评估应针对用生产激素饲养的牛肉产品中残留 17β 雌二醇引起的特定健康风险。② 在澳大利亚鲑鱼案中,专家组要求澳大利亚分别评估其欲防范的 24 种病害可能引起的风险。③

(四)风险评估与具体情形相适应

SPS 协定第 5.1 条要求 WTO 成员方应根据具体情形,确保其 SPS 措施以风险评估为依据,并参考相关国际组织制定的风险评估技术。何为"与具体情形相适应",或者"根据具体情形"实施风险评估?在澳大利亚鲑鱼案中,出口利益受到影响的加拿大向澳大利亚出口的鲑鱼品种有五种,④澳大利亚的进口限制措施适用于全部进口鲑鱼,但其仅针对第一种产品,即成年野生深海太平洋鲑鱼进行了风险评估。澳大利亚认为,SPS 协定第 5.1 条虽然提出了以风险评估为依据的要求,但也允许 WTO 成员方根据具体情形来实施风险评估。就其与加拿大之间的争议而言,澳大利亚的措施是以 1996 年最终报告为依据,该报告的评估范围仅限于成年野生深海太平洋鲑鱼。这是因为 1994 年年底,经美国和加拿大两国的请求,澳大利亚同意首先对美加有重要出口利益的成年野生深海太平洋鲑鱼做风险评估。尽管加拿大认为其只是同意首先对成年野生深海太平洋鲑鱼进行风险评估,对其他鲑鱼产品的风险评估可以随后进行,但此后加拿大再未要求扩展风险评估的产品范围。这一谈判背景被澳大利亚视为"当时的具体情形",换言之,澳大

① See Appellate Body Report, Japan-Apples, para. 200.

② See Panel Report, US-Continued Suspension, para. 7.513.

③ See Panel Report, Australia-Salmon, para. 8.74.

④ 分别是成年野生深海太平洋鲑鱼、成年野生淡水太平洋鲑鱼、成年太平洋海岸养殖太平洋鲑鱼、成年太平洋海岸养殖大西洋鲑鱼和成年大西洋海岸养殖大西洋鲑鱼。这五种鲑鱼在出口比例分别占到 58%、3%、12%、15% 和 12%。See Panel Report, Australia-Salmon, p. 3. table 1.

利亚无须对所有鲑鱼产品开展正式的风险评估。①

对此，该案专家组进行了正面回应，其分析对于正确理解"与具体情形相适应"的风险评估具有重要的启示性。专家组认为，首先，第5.1条所指的"与具体情形相适应的风险评估"应是就风险评估的方法而言，并非要免除某些情形下的风险评估义务。除了第5.7条规定的情形外，风险评估的义务不应受到影响。其次，如果WTO成员间的争议涉及多种产品，或者多种病害、虫害，例如10种疾病，5种鱼类，那么进口成员方没有必要一定要开展50次不同的风险评估。是否需要就所有产品和虫病害展开全面的、正式的风险评估，或者针对各种产品实施什么程度的风险评估，这就要根据具体情形来加以决定。例如，本案中，澳大利亚虽然没有针对其他四种鲑鱼产品实施风险评估，但其1996年最终报告的部分证据和结论与其他鲑鱼产品的风险评估是相关的。这意味着，一方面，澳大利亚没有必要就其他鲑鱼产品重新开展正式的风险评估。另一方面，为遵守第5.1条下的义务，澳大利亚需要结合1996年最终报告，对其他鲑鱼产品开展必要的风险评估。具体而言，由于1996年最终报告的产品范围仅限于成年野生深海太平洋鲑鱼，澳大利还需要就这些产品的不同之处，例如，野生和人工养殖种类、野生淡水鲑鱼和野生深海鲑鱼的差异性进行相应的风险评估。② 最后，如果争议涉及多种健康危害因素，例如本案澳大利亚指控进口鲑鱼可能与24种病害有关。那么原则上，风险评估是需要针对每一种疾病展开分析，而不能针对全部疾病做整体性风险评估。但是针对某种疾病进行风险评估的内容可以用于另一种疾病的评估，因此不同疾病的风险评估内容可能会重叠。更为甚者，如果某种疾病的风险评估结果可以为SPS

---

① See Panel Report, Australia-Salmon, para. 8.53.

② See Panel Report, Australia-Salmon, paras. 8.57 – 58.

措施提供全部的科学支持,那么就没有必要再为其他疾病做风险评估。①

总而言之,根据具体情形实施风险评估,实际上是要求根据风险评估的客观需要,来决定具体的评估方法,而不能将与科学性判断无关的因素,视为“具体情形”。

(五)风险评估应考虑相关因素

在 SPS 协定的第 5.1 条、第 5.2 条及第 5.3 条都规定了风险评估时应被加以考虑的因素。这些因素包括:(1)相关国际组织制定的风险评估技术;(2)可获得的科学证据、相关的生产和加工方法、相关的检查、抽样和检测方法、特定虫害和病害的流行性、无虫害或病害区域、相关的生态和环境状况、检疫或其他处理方法;(3)在评估与动植物生命或健康有关的风险以决定采取何种措施实现适当保护水平时,各成员方应考虑以下经济因素:由于虫害或病害的传入和传播可能引起的生产或销售损失、进口成员方为控制或消除危害所付出的成本、替代方法的成本和效益。

日本苹果案专家组指出,考虑上述因素的义务不同于基于这些因素实施 SPS 措施的义务,或者是使 SPS 措施符合这些因素的义务。例如在第 5.1 条下,未遵守国际组织制定的风险评估技术本身并不导致风险评估违反第 5.1 条。②

如前文所述,上诉机构在欧共体荷尔蒙案中认为,第 5.2 条所列举的因素清单不应是穷尽式的,不应当将这些因素限定于那些易于通过实验方法量化分析的因素,例如,基于控制措施不严密所引发的风险虽然不是每个案件下都应被考虑的,但若存在这种风险,评估者是可以将

① See Panel Report, Australia-Salmon, para. 8. 74.

② See Panel Report, Japan-Apples, para. 8. 241.

其列入风险评估时加以考虑的范围的。这种解释与上诉机构反对在“风险评估”和“风险管理”、“科学”和“政策”之间做严格区分的观点是有关联的。

另外,经济因素和替代措施往往也是风险评估时应加以考虑的因素。这在第5.3条中规定得很明确。[①] 但第5.3条只适用于与动植物生命或健康有关的风险的评估活动,从性质上看,“与动植物生命或健康有关的风险”既包括检疫性风险,又包括食源性风险。这意味着,在第5.3条下,无论检疫性风险评估还是食源性风险评估,只要是涉及动植物生命或健康问题,就应考虑经济因素和替代措施。但依据附件A(4)的规定,只有检疫性风险评估中应确认因害虫或疾病的进入引起的经济上的不利影响,并考察替代措施问题。不仅如此,检疫性风险评估既涉及动植物的生命或健康风险,还包括与人类的生命或健康有关的风险。

由于第5.3条是SPS协定下的基本条款,而附件A是对协定中重要术语的定义,这一定义应统一适用于整个SPS协定。此外,第5.3条下的义务与风险评估有关,附件A(4)是对“风险评估”的含义进行界定。因此,解决上述问题的合理方法应该是结合附件A(4)来理解第5.3条,即将5.3条中的“与动植物生命或健康有关的风险”进行限定解释,指的是“与动植物生命或健康有关的检疫风险”。[②]

综上可知,SPS协定对检疫性风险评估的要求高于食源性风险评估。这主要表现在:(1)检疫性风险评估需要考察当时情形下的各种可

---

① 第5.3条要求成员方在评估与动植物生命健康有关的风险时应考虑相关的经济因素,包括因虫害病害引起的产量和销售损失,因控制和消除虫害病害的成本,控制风险的替代方法的成本效益分析。

② See Joanne Scott, *The WTO Agreement on Sanitary and Phytosanitary Measures: A Commentary*, Oxford University Press, 2007, p. 103.

能实施的 SPS 措施,既包括最终实施的措施亦包括各种替代性措施。这一要求可以有效防止进口成员方在为其卫生措施进行辩护时事后量身定做风险评估结论。[①] (2)检疫性风险评估需要估测由于虫害或病害引起的生物学和经济上的不利后果。(3)争端解决机构将"likelihood"等同于"probability",将"potential"等同于"possibility",这导致在检疫性风险评估时,不能以理论上的不确定性或零风险,即一般意义上的可能性作为评估对象,而应准确把握其概率的大小,但是不需要为这个概率设定一个有具体范围的数值,甚至可以用定性的方式加以表述。

(六)对风险评估与风险管理不做严格区分

欧共体荷尔蒙案中,欧共体主张,就荷尔蒙残留的安全性而言,还应注意由于饲养者未能遵守良好兽药操作规范(以下简称 GVP)导致激素滥用以及激素使用管理上的困难共同引起的健康风险。专家组认为这主要涉及荷尔蒙的使用控制问题,与遵守 GVP 的前提下食品中残留荷尔蒙导致的风险问题相比,它是一个共性的问题。而且,荷尔蒙的使用控制可能会涉及社会因素或者经济方面的考虑,例如,如何消除饲养者滥用激素的经济效益动机等。这些社会因素以及经济因素的考虑不属于 SPS 协定下风险评估的内容。在专家组看来,风险评估仅仅涉及科学因素的考量,非科学因素是在风险管理阶段应加以考虑的。[②] 通过这种推理方式,专家组对 SPS 协定下的风险评估概念进行了狭义解释,目的在于将欧共体提出的上述风险的控制问题纳入风险管理范畴,进而将其从风险评估的对象中加以排除。

作为一个先决问题,上诉机构首先指出,SPS 协定文本中并没有使

① See Appellate Body Report, Japan-Apples, para. 208.
② See US Panel Report, EC-Hormones, para. 8. 146.

用"风险管理"这一概念,通过将二者相区分的方法对"风险评估"进行狭义界定是错误的。[①] 尽管被上诉机构否定,但专家组将风险评估与风险管理相区别的做法却和目前流行的风险分析理论是一致的,SPS 协定认可的"三姐妹"国际标准制定机构——Codex,IPPC,OIE 也将风险管理界定为与风险评估不同的环节,[②]前者基于价值判断而做政策取舍(例如,各国依据风险评估结果确立"可接受的风险程度"),而后者是纯粹的科学和事实认定。由于风险管理环节是一个对科学和非科学因素进行权衡的政策取舍过程,因此上诉机构对专家组解释的否定隐含着另一个问题,即 SPS 协定下风险评估过程中应考虑的因素是否仅限于科学方面?从上诉机构报告的内容看,风险评估应讲究科学方法,但不应认为风险评估只限于量化分析。从上诉机构的阐释可以看出,很明显,"监管风险"本不属于风险评估的对象,而是风险管理环节应考虑的事项,但这并不妨碍"监管风险"这种无法用实验量化的风险被进口成员方在进行风险评估时加以考虑,似乎 SPS 协定下的"风险评估"概念的外延突破了风险分析理论中的同名概念。

但基于一贯的严格遵循文本解释的做法,上诉机构也认为 SPS 协定第 5 条是关于风险评估的规则而不涉及风险管理。[③] 这说明,既不能严格依据现行风险分析理论来解释 SPS 协定第 5 条的风险评估概念,也不能将风险评估和风险管理混为一谈。

---

① See US Panel Report, EC-Hormones, Para. 206.

② Codex, Procedural Manual (20th edn., 2011) 112; ISPM No. 5, Glossary of Phytosanitary Terms(2007); OIE, Terrestrial Animal Health Code(21th edn., 2012), Glossary.

③ 美加继续中止减让案中,欧盟主张 SPS 协定第 5.1 条既包含风险评估规则也有风险管理的规则。上诉机构没有支持欧盟的这一主张。Appellate Body Report, US-Continued Suspension, para. 534.

三、以风险评估为基础

虽然现有争端解决实践并没有明确提及 SPS 协定第 5.1 条的构成要件，但争端解决机构通常会从两个层面来展开分析。其一是判断进口成员方是否存在合格的风险评估。其二是判断进口成员方的 SPS 措施是否以风险评估为基础。在上诉机构看来，结合第 2.2 条的规定来看，第 5.1 条要求，风险评估的结论应充分支持涉案的 SPS 措施。“以风险评估为基础”是一个实质性的义务，其含义是要求风险评估与 SPS 措施之间存在合理客观的联系。[①] 就具体方法而言，在欧共体荷尔蒙案和澳大利亚鲑鱼案中，专家组都采用了比较的方法。例如，将被诉 SPS 措施所隐含的科学依据（热处理措施能抑制病菌的活性）与风险评估的结论（没有充分的数据说明热处理能抑制病菌的活性，相反一些数据显示低温热处理措施甚至可能促进病原体的生长）进行比较。[②] 上诉机构认为这种方法是可行的，但不认为这是唯一的方法。在欧共体转基因案中，就奥地利针对 T25 转基因玉米实施的 SPS 措施（禁止进口）而言，专家组认为仅有首次受理申请的主管机构和欧共体植物科学委员会所

---

① See Appellate Body Report, EC-Hormones, para. 193. 另外，欧共体荷尔蒙案上诉机构还认为第 3.1 条中“以国际标准为依据”的含义不同于“与国际标准一致”。

② 澳大利亚 1996 年最终报告仍旧使用模糊的言辞来描述热处理措施对风险的影响：病原体耐热性的资料缺乏，大部分病原体应该会因热处理失去活性，但也有明显的例外，如传染性胰坏死病毒（IPNV）。没有充分数据证明所有病原体都会失去活性，但经热处理后能存活的病原体数量应该会有所减少。对 13 种疾病而言，没有公开信息显示热处理能降低风险，对其他 7 种疾病而言，只有一些信息显示热处理可能会降低风险。只有 4 种疾病采用热处理是由显著效果的，对有些疾病的病原体，冷冻和热处理都有一定的效果。加拿大举证指出，根据澳大利亚措施所设定的热处理温度，有些病原体不仅能存活甚至还能生长。See Panel Report, Australia-Salmon, para. 8.98. 需要指出的是，该案上诉阶段，上诉机构指出，该案引起双方争议的 SPS 措施不是热处理措施，而是禁止冰鲜鲑鱼进口的措施。不仅如此，上诉机构断然否定澳大利亚 1996 年的最终报告是一份合格的风险评估报告。因此，就第 5.1 条而言，上诉机构无须再分析该进口限制措施是否以风险评估为依据。See Appellate Body Report, Australia-Salmon, para. 130.

实施的风险评估构成第5.1条下的“风险评估”，但是这些评估的结论是“就人类健康和环境影响而言，T25转基因玉米并不比传统的同类作物存在更大的风险”。这个结论不能支持奥地利的SPS措施。[①]

第三节　无充分科学证据与预防原则

根据上文可知，通常情形下，SPS协定要求SPS措施有充分的科学证据支持，以风险评估为依据。风险评估应以可确定的风险为对象，这不包括“零风险”或“理论上的不确定性”。然而，自然科学研究领域存在的不确定性，除了“理论上的不确定性”以外，还有多种类型。根据不确定性产生的原因，科林克和雷恩将其分为五种类型。[②] 其中，第二种和第三种类型，即由于个体差异引起的不确定性和统计不确定性，并不会妨碍风险评估的开展，这些不确定性经过一些特殊的技术处理，如保守估算或者做最坏打算的方法（worst-case scenario approaches）即可使风险具有可确定性。在由相反的理论导致同组数据的多种解释性情形下，WTO成员方仍然可以通过选择主流理论或者少数派理论来实施风险评估。但是在第四种类型和部分第五种类型下，这些不确定性将导致风险无法确定，在此基础上进行的风险评估，要么无法得出有价值

① See Panel Report, EC-Biotech, paras. 7.3064 – 3070.

② 这五种类型分别是：(1)理论的不确定性；(2)不同群体对相同刺激因素的反应，由于年龄、性别、饮食和新陈代谢等个体差异而表现出的变化，导致的不确定性；(3)由于系统的或随机测量误差导致的不确定性；(4)随机的不确定性，或者被称为“非确定性”（indeterminacy），是由于因果关系的真正随机性，非线性和无秩序性导致的不确定性；(5)由于知识的缺乏而导致的不确定性，包括缺乏数据、事实上不可测量性、由相反的理论导致同组数据的多种解释性等。See Klinke, A., & Renn, O., A New Approach to Risk Evaluation and Management: Risk-based, Precaution-based, and Discourse-based Strategies. *Risk Analysis*, Vol. 22, No. 6 (2002), pp. 1071 – 1094.

的科学结论,要么根本无法完成风险评估。此时,WTO 成员方通常会主张其可以依据预防原则来制定或实施 SPS 措施。下文将简要介绍预防原则的来源及其含义,结合争端解决机构的观点,论述 SPS 协定下预防原则的适用路径,并就 SPS 协定第 5.7 条的相关法律问题展开分析。

一、预防原则概述

(一)产生

国内外有不少关于预防原则的研究成果,研究的学科领域包括了法学、政治学和经济学。但至今关于预防原则还没有统一的定义。有学者认为,该原则于 1974 年首次被规定在《德国联邦排放保护法》中。也有学者指出,早在 1906 年美国《联邦食品和药品法》中就规定有预防原则的要求。[①] 最初,《德国联邦排放保护法》引入预防原则的目标在于,当危害与其潜在损害之间缺少清晰的因果关系时,该原则可为风险规制行为提供合理的依据。随后,无论在国内法还是国际法层面,该原则逐渐成为各国在环境和健康风险规制领域管理不确定性的主要工具之一。对于预防原则最早于何时在国际法层面出现,目前尚无统一定论。1982 年联合国大会通过的《世界自然宪章》第 12 条 b 款规定,应采取特殊预防措施,防止向自然系统排放放射性或有毒废料。20 世纪 80 年代通过的一些环境保护文件,如 1985 年《保护臭氧层维也纳公约》及 1989 年《关于消耗臭氧层物质的蒙特利尔议定书》都体现了预防原则的精神。1992 年《里约环境与发展宣言》第一次对预防原则的实质进行了

---

① Jonathan B. Wiener, Whose precaution after all? A comment on the comparison and evolution of risk regulatory systems. *Duke Journal of Comparative & International Law*, Vol. 13 (2003), pp. 207 - 211.

准确的表述:“凡有可能造成严重的或不可挽回的损害的情形,不能把缺乏充分的科学确定性作为推迟采取防止环境退化的有效措施的理由”。该定义迅速成为广为接受的蓝本,自此许多多边条约都采用了预防条款,如1992年《联合国气候变化框架公约》、1993年《生物多样性公约》、2000年《卡塔尔生物安全议定书》、2001年的《关于持久性有机污染物的斯德哥尔摩公约》等。

(二)定义

上述文件包含的预防条款基本相似,都要求在风险被科学证据确认之前采取积极的措施来预防风险。但考察相关条款的具体内容,就会发现上述文本对预防原则的定义存在不少差异。这表现在:(1)预防条款得以适用的前提条件不同。《里约环境与发展宣言》的规定是“存在严重或不可挽回的损害的情况下”。《卡塔尔生物安全议定书》则只提及“转基因生物可能造成的潜在不利影响”。《生物多样性公约》规定“存在生物多样性显著减少的威胁”即可启动预防措施。(2)关于科学不确定性的程度要求不同。上述文件对不确定性的描述包括缺乏充分的科学确定性、未能在科学上建立起充分的因果关系、存在尚未被人类充分理解的不利影响。这意味着,不同的文件给予各国的自由裁量空间不同。(3)是否要求成本—效益分析存在区别。《里约环境与发展宣言》要求采取有成本效益的措施。《卡塔尔生物安全议定书》则要求考虑技术和经济因素。(4)对预防措施有无临时性要求,各自规定不同。

(三)法律地位

正是由于这些差异的存在,关于预防原则的法律地位,学术界尚存争议。一些学者认为,预防原则仅仅只是一种理念,而不是一个被清晰界定的概念,将其称为预防方法更为妥当。① 而另一些学者则主张,关于预防原则的阐述有多种版本,这是因为预防原则的采用需要视具体情形而定,没有能够适用于全部情形的统一定义。这种统一阐述的缺乏并不必然影响预防原则取得习惯国际法或一般法律原则的地位。② 就 WTO 争端解决实践而言,上诉机构在欧共体荷尔蒙案中提及,在一些学者看来,预防原则已经成为习惯国际环境法的一般原则。但上诉机构认为该原则是否被 WTO 成员接受为国际法一般法律原则或者习惯国际法,这尚不明确。③

二、SPS 协定下预防原则的适用路径

理论上,预防原则可以在以下两种情形中被引入 WTO 争端解决实践:

1. 作为一般法律原则或习惯国际法规则被适用于 WTO 争端。尽管学术界关于 WTO 法与国际法的关系尚存争议,尤其是 WTO 成员方是否可以援引其他国际法规则为其违反 WTO 规则的行为辩护,以及当 WTO 法与其他国际法规则发生冲突时,二者关系的处理。但至少,WTO 法律体系不再被视为一个封闭自足的体系,④相反,WTO 法是国际法的整体组成部分之一。作为一般国际法的组成部分,习惯国际法

---

① Majone, G., What Price Safety? The Precautionary Principle and its Policy Implications. *Journal of Common Market Studies*, Vol. 40, No. 1(2002), pp. 89 – 109. Segger, M. C., & Gehring, M. W., The WTO and Precaution: Sustainable Development Implications of the WTO Asbestos Dispute. *Journal of Environmental Law*, Vol. 15, No. 3(2003), p. 289.

② Lukasz Gruszczynski, *Regulating Health and Environmental Risks under WTO Law: A Critical Analysis of the SPS Agreement*, Oxford university press, 2010, p. 164.

③ See Appellate Body Report, EC-Hormones, para. 123.

④ Pauwelyn, J., Enforcement and countermeasures in the WTO: Rules are rules—toward a more collective approach. *The American Journal of International Law*, Vol. 94, No. 2 (2000), pp. 335 – 347.

和一般法律原则应对全体国家有约束力。一般国际法可以填补国际条约留下的空白。只有在WTO协定明确排除适用的情况下,一般国际法才不能被用于WTO争端解决实践。[①] 事实上WTO争端解决机构曾多次援引一般国际法规则来说明争端实践所遇到的法律问题,如关于私人律师能否出庭的问题[②]、举证责任的问题[③]、国内法的地位问题[④]、国家不法行为的法律责任问题[⑤]。上诉机构在美国虾产品案中曾结合善意原则和禁止权利滥用原则来论述GATT1994第20条的目标和宗旨。[⑥] 此外,正当程序原则[⑦]、比例原则[⑧]以及司法经济原则[⑨]、法不溯及既往原则[⑩]、条约有效解释原则[⑪]、疑义从轻解释原则[⑫]等一般法律原则都曾被WTO争端解决机构采用,而且,这些一般国际法已经不限于那些与条约解释有关的国际习惯法。这说明,WTO争端解决机构事实上会依据一般国际法解决WTO成员方之间的争议。一旦获得一般法律原则或国际习惯法的地位,预防原则应可以适用于WTO争端解决实践。

---

① See Bossche, Peter van den, *The Law and Policy of The World Trade Organization: Text, Cases and Materials*, 2nd ed., Cambridge; New York: Cambridge University Press, 2008. p. 56.

② See Appellate Body Report, EC-Bananas III, para. 10.

③ See Appellate Body Report, US-Wool Shirts and Blouses, para. 14.

④ See Appellate Body Report, India-Patents (US), para. 65.

⑤ See Decision by the Arbitrators, EC-Bananas III (Article 22.6 – EC), para. 63. Decision by the Arbitrators, Brazil-Aircraft (Article 22.6 – Brazil), para. 3.44, footnotes 46, 48.

⑥ See Appellate Body Report, US-Shrimp, para. 158.

⑦ See Appellate Body Report, US-Shrimp, para. 182.

⑧ See Appellate Body Report, US-Shrimp, para. 141. See Appellate Body Report, US-Cotton Yarn, para. 120.

⑨ See Appellate Body Report, Australia-Salmon, paras. 219 – 226.

⑩ See Appellate Body Report, Brazil-Desiccated Cocunut, para. 179. Appellate Body Report, EC-Bananas III, para. 235. Appellate Body Report, Canada-Patent term, paras. 71 – 74.

⑪ See Appellate Body Report, US-Gasoline, para. 16. Appellate Body Report, Korea-Dairy, para. 81.

⑫ See Appellate Body Report, EC-Hormones, footnote 154.

2. 经《维也纳条约法公约》的指引被适用。上诉机构在美国标准汽油案中指出,DSU 第 3.2 条指示专家组和上诉机构应根据国际公法上关于条约解释的习惯法规则来解释 WTO 规则。这里“国际公法上关于条约解释的习惯法规则”指的是《维也纳条约法公约》第 31 条和第 32 条。其中,《维也纳条约法公约》第 31.3(c)条规定条约解释应参考适用于各方之间关系的相关国际法规则。欧共体转基因案中,专家组将此处的“各方”解释为“被解释条约的全体缔约方”,而不是“争端各方”。同时,专家组认为,在争端双方明示同意的情况下,只适用于争端双方的国际条约可以用于解释 WTO 规则。① 换言之,就 WTO 各协定的解释而言,只有对全体 WTO 成员方都适用的其他条约才能用于 WTO 各协定的解释。这一结论遭到众多质疑。一些学者从文本考察的角度指出,《维也纳条约法公约》本身有 12 处使用“全体缔约方”(all parties)的表述,如果专家组的解释正确,那么“全体缔约方”的措辞便是多余。② 另外,美国杜克大学的约斯特·鲍威林教授认为 WTO 各协定下的义务主要是一种互惠性的双边义务,而不是一种集体性义务。③ WTO 成员方虽然不能以 WTO 多边协定之外的条约作为起诉依据,但 WTO 成员方之间发生的争议如果涉及非 WTO 多边协定下的义务,只要不减损 WTO 其他成员方的权利,争端双方可以援引该非 WTO 多边

---

① 专家组基于以下三个理由做出上述结论:(1)《维也纳条约法公约》第 31.3(c)条的措辞是“各方”(parties)而不是“争端各方”(parties to a dispute);(2)确保 WTO 争端解决实践在法律适用上的一致性;(3)国家不受未明示同意的规则的约束。如果要保证 WTO 争端解决实践在法律适用上的一致性,而将根据某些国家间的国际条约进行解释的 WTO 规则适用于其他 WTO 成员方,将会违反国家同意原则。See Panel Report, EC-Biotech, paras. 68 – 71.

② McGrady, B., Fragmentation of International Law or “Systemic Integration” of Treaty Regimes: EC—biotech Products and The Proper Interpretation of Article 31 (3) (c) of The Vienna Convention on the Law of Treaties. *Journal of World Trade*, Vol. 42, No. 4(2008), pp. 589 – 618.

③ Pauwelyn, J., A Typology of Multilateral Treaty Obligations: Are WTO Obligations Bilateral or Collective in Nature? *European Journal of International Law*, Vol. 14, No. 5 (2003), p. 907.

协定为其偏离 WTO 义务的行为辩护。[1] 更为重要的是,欧共体转基因案专家组对《维也纳条约法公约》第 31.3(c)条的上述解释会将 WTO 法律体系重新推回到国际法上自足制度[2]之列。即使将来会出现能够涵盖全体 WTO 缔约方的国际条约,这类条约在数量上也是屈指可数的。如果将来 WTO 争端解决实践推翻了上述解释,而将《维也纳条约法公约》第 31.3(c)条解释为"条约解释应参考适用于争端各方之间关系的相关国际法规则",那么规定有预防条款的条约就有可能被引入 WTO 争端解决机制。

在目前的阶段,WTO 争端解决机构认为,预防原则并没有被明确写入 SPS 协定中。[3] 这应被理解为,就文本而言,SPS 协定并未规定形式意义上的预防原则。但这并不意味着 SPS 协定就不存在实质意义上的预防条款。由上文可知,目前并不存在统一的、关于该原则的定义,但 SPS 协定中适用于风险无法确定情形的条款确实体现了预防原则的核心要义,同时也有自身的特点。上诉机构在欧共体荷尔蒙案中承认,SPS 协定第 5.7 条是预防原则的明显体现,不仅如此,其他相关条款,如序言第 6 段以及第 3.3 条在一定程度上也都包含了预防原则的思想。[4]

三、SPS 协定第 5.7 条的相关法律问题

SPS 协定第 5.7 条规定,当缺乏充分的科学证据时,成员方根据可

---

① Joost Pauwelyn. ,*Conflict of Norms in Public International Law:How WTO Law Relates to other Rules of International Law*, Cambridge University Press,2003,pp. 473 - 491.

② 国际法自足制度是指某些国际法的次级体系或特别制度,在实施、国际责任的追究和争端解决方面完全排除或严格限制其他国际法的法律适用。其法律特征主要包括对某类国际法事项具有全面专门的初级规则和制度机构、在实施和国际责任的追究方面严格限制一般国际责任法的法律适用、在争端解决方面严格限制其他国际法初级规则的法律适用以及其自足的程度具有一定的幅度。参见陈喜峰《国际法的自足制度之研究》,载《政法论坛》2009 年第 2 期。

③ See Appellate Body Report,EC-Hormones,para. 124.

④ See Appellate Body Report,EC-Hormones,para. 124.

获得的相关信息可采取临时性的 SPS 措施，这些信息既可以来源于相关国际组织，也可以来源于其他成员方实施的 SPS 措施。在这种情况下，成员方应寻求其他必要的信息以进行客观的风险评估，并据此在合理期间内对 SPS 措施展开复审。与其他文本对预防原则的表述相比，SPS 协定第 5.7 条的特点是：(1)没有损害后果的要求。(2)对不确定性的程度要求是"缺乏充分科学证据"。(3)预防措施必须是临时性的。(4)成员方还必须承担寻求额外信息和定期复审 SPS 措施的义务。

(一)第 5.7 条的法律性质

日本苹果案中，上诉机构认为，如果从整体上考虑 SPS 协定第 5 条下各款项，应将第 5.7 条中的"缺乏充分的科学证据"要求与第 5.1 条联系起来。这里的"缺乏充分科学证据"是指可获得的科学证据资料不足以从数量上或质量上支持一次充分的合乎第 5.1 条要求和附件 A 定义的风险评估。① "缺乏充分的科学证据"，应该从数量和质量两个方面加以考察，无法获得足够数量的科学证据以进行风险评估，这固然属于可以援引第 5.7 条的情形，但上诉机构亦指出，即使有大量科学证据存在，但这些证据无法推导出可靠的或者令人信服的结论，这也构成科学证据的"不充分"。② 从这些观点可以看出，在缺乏充分科学证据的情形下，成员方实施的 SPS 措施不可能符合第 2.2 条(以科学证据为基础，无充分科学证据不得维持)以及第 5.1 条(以风险评估为基础)的要求。从这个角度看，第 5.7 条无疑是对 SPS 协定这两个重要条款下相关义务的免除。这在 WTO 争端解决实践中引发了第 5.7 条的法律地位问题。

究竟第 5.7 条是一项例外条款还是一项免予遵守某种义务的豁免

① See Appellate Body Report, Japan-Apples, para. 179.

② See Appellate Body Report, Japan-Apples, para. 185.

权条款,这个问题直接关系到争议双方的举证责任问题。若将第5.7条定性为例外条款,则由被诉方援引第5.7条并证明其措施符合例外条款的规定;但如果第5.7条被定性为豁免权条款,则应由起诉方承担证明被诉措施与第5.7条规定不符的责任。在欧共体关税优惠措施案[1]中涉及印度和欧共体在授权条款下的举证责任问题,上诉机构的观点对如何区分例外条款和豁免权条款提供了参考:如果A条款所允许的某种行为C将会违反B条款下的义务,这两个条款之一提及了另一个条款,那么只有在B条款规定其义务不适用于C行为的情况下,才应由原告举证证明被诉方的行为不符合A条款的要求。在其他情况下,A条款则构成一项例外条款,应由被诉方援引并证明其行为符合A条款的规定。[2]

---

① 欧共体关税优惠案起因是欧共体于2001年12月10日通过了理事会条例第2501/2001号。该条例就向发展中国家提供优惠关税做出了包括一般安排和反毒品生产和反走私安排在内的五种安排,给予列于该条例附件一的12个国家以优于其他发展中国家的关税待遇,其中包括巴基斯坦,而不包括印度。印度认为欧共体条例违反了GATT1994第1.1条最惠国待遇的规定,且不能以授权条款,即GATT缔约方大会于1979年11月28日通过的《关于发展中国家差别和更优惠待遇、互惠和更充分参与的决定》作为抗辩理由。专家组于2003年12月1日公布报告支持印度的指控,裁定欧共体的反毒品生产安排构成对印度在GATT1994下利益的丧失或减损。该案专家组认为,授权条款是GATT1994第1.1条的例外,在发生冲突时授权条款应优先适用。就可适用的问题而言,两个条款应可以同时适用。但就实际适用的结果而言,二者通常只会适用其一。但授权条款也须遵守非歧视性要求。欧共体的优惠关税应给与全体发展中国家。上诉机构基本上肯定了专家组的观点,但在欧共体能否对发展中国家有区别的实施普惠制的问题上,上诉机构并不认为授权条款所指的发展中国家应是全体发展中国家,即欧共体可以只为符合客观条件的部分国家提供优惠关税,但应给与全体发展中国家相同的机会。由于欧共体的反毒品生产安排的适用仅限于12个发展中国家,缺乏如何选择这些受惠国的标准和条件,也没有关于调整受惠国名单的标准。该安排的修订机制显示,即使其未能解决受惠国的反毒品生产和反走私问题,或是现有的受惠国已经解决了其面临的问题,该安排也不会被修改,受惠国的名单也不会发生变化。欧共体条例中也没有审议反毒品生产安排是否符合相关发展中国家需要的机制。最终欧共体的特殊安排被认定为不符合授权条款的要求。

② 上诉机构据此认定授权条款构成对GATT1994第1.1条"最惠国待遇"义务的例外。因此,论证欧共体的普惠制措施是否符合授权条款的举证责任主要应由欧共体承担,但上诉机构进一步指出,作为起诉方的印度仅仅初步证明欧共体违反GATT1994第1.1条是不够的,还应指出欧共体违反了授权条款的何种要求。由此上诉机构引入了"起诉方引出辩护条款的法律责任"这一概念。See Appellate Body Report, EC-Tariff Preferences, para. 88.

据此,从第 2.2 条和第 5.7 条文本即可得出如下结论:第 5.7 条是独立的豁免权条款。

在欧共体转基因案中,关于第 5.7 条与第 2.2 条的关系问题再次引起争端双方的争议。专家组正是基于上诉机构在欧共体关税优惠措施案中的结论,肯定了欧共体的主张,认定第 5.7 条是独立的豁免权条款,而非第 2.2 条和第 5.1 条的例外,两者的关系与第 3.3 条和第 3.1 条的关系相似。① 也就是说,如同第 5.1 条赋予成员方在风险评估基础上实施 SPS 措施的权利一样,第 5.7 条赋予成员方在科学证据并不充分的情况下实施临时 SPS 措施的权利。

(二)第 5.7 条的适用要件和合法性构成要件

第 5.7 条的法律地位问题,即其与第 2.2 条和第 5.1 条的法律关系问题,不仅关系到争端双方的举证责任承担问题,也关系到二者能否同时适用的问题。欧共体关税优惠措施案上诉机构认同专家组的观点:授权条款是 GATT1994 第 1.1 条的例外,就可适用的问题而言,两个条款应可以同时适用。但就实际适用的结果而言,二者通常只会适用其一,即在发生冲突时授权条款应优先适用。② 这说明,作为例外条款的授权条款并不排斥作为一般条款的 GATT1994 第 1.1 条的适用。

而在欧共体荷尔蒙案中,上诉机构推翻了专家组关于第 3.1 条与第 3.3 条关系的结论。上诉机构认为,与 GATT1994 第 1 条(最惠国待遇)和第 3 条(国民待遇)与第 20 条(一般例外)的关系不同,第 3.3 条不是第 3.1 条的例外,而是包含成员方独立主权的豁免权条款,③即成员方可以在一定条件下,偏离第 3.1 条(以国际标准为依据制定或实施

---

① See Panel Report, EC-Biotech, paras. 7.2968 – 3000.

② See Appellate Body Report, EC-Tariff Preferences, para. 102.

③ See Appellate Body Report, EC-Hormones, paras. 104 – 172.

SPS 措施）的义务，可以实施比国际标准所体现的保护水平更高的 SPS 措施。上诉机构指出，第 3.1 条将第 3.3 条适用的情形排除在外。① 也就是说，这两个条款分别适用于不同情形，一旦某个成员方实施的 SPS 措施所体现的 ALOP 比现有国际标准的保护水平更高，那么第 3.1 条就不应适用。违反第 3.3 条的要求并不能得出“该措施与第 3.1 条不符，未以国际标准为依据制定或实施 SPS 措施”的结论。

同理，第 2.2 条及第 5.1 条和第 5.7 条应分别适用于不同情形，前者适用于“存在科学证据”的情况，而后者则适用于“缺乏充分科学证据”的情形。两者不能同时适用于同一个 SPS 措施。但 WTO 争端解决实践并未一贯遵循上诉机构在欧共体荷尔蒙案中的结论。在欧共体转基因案中，专家组区分了适用要件和合法性构成要件。前者是指在什么条件下可以启动第 5.7 条，而后者是用于判断 SPS 措施与第 5.7 条是否一致的问题。专家组认为，“缺乏充分科学证据”既是第 5.7 条的适用要件，也是其合法性构成要件之一。② 如果专家组坚持“适用要件”和“合法性构成要件”的区分，即意味着违反第 5.7 条构成要件的后果是争议措施与第 5.7 条不符，而不会得出“第 5.7 条不适用”，转而适用第 2.2 条或第 5.1 条的结论。但令人遗憾的是，该案专家组认为，只有在争议措施完全符合第 5.7 条的四个构成要件的情形下，第 2.2 条的义务才不能适用于该措施。③ 换言之，一个 SPS 措施只有完全符合第 5.7 条的四个构成要件，才能排除第 2.2 条的适用。这使得“适用要件”和“合法性构成要件”的区分变得没有意义。与转基因案相似的争端解决实践还包括了日本农产品案和日本苹果案。④

---

① See Appellate Body Report, EC-Hormones, para. 104.

② See Panel Report, EC-Biotech, para. 7.2942.

③ See Panel Report, EC-Biotech, paras. 7.2974 – 2975.

④ See Panel Report, Japan-Varietals, paras. 8.59 – 61. Panel Report, Japan-Apples, para. 8.214.

但是,应该看到,无论在逻辑上还是与以往争端解决实践保持一致性方面,这三个案件关于第 5.7 条与第 2.2 条和第 5.1 条关系的解释结论都是存在问题的。不仅如此,根据这种解释,在缺乏充分科学证据的情形下,如果成员方实施了临时性 SPS 措施,但没有遵守第 5.7 条的其他要求,如寻求额外信息以进行客观风险评估,将会导致该措施重新接受第 2.2 条或第 5.1 条的审查。那么对于那些原本就因缺乏充分科学证据而实施临时措施的成员方而言,如何确保其措施以充分的科学证据和风险评估为基础呢? 上诉机构在美加继续中止减让案的说明可以说是对上述三个案件的观点进行了纠正,即第 2.2 条不适用于相关科学证据不够充分的情形。在这种情形下,应适用的条款是第 5.7 条。[①] 这说明两者是相互排斥的条款。[②]

尽管转基因案专家组关于第 5.7 条与第 2.2 条和第 5.1 条关系的解释不尽如人意,但其将“适用要件”和“合法性构成要件”相区分的做法无疑是正确的。根据第 5.7 条的内容来看,其合法性构成要件应当包括四个方面:(1)缺乏充分科学证据来完成风险评估;(2)成员方实施的 SPS 措施是以可获得的相关信息为依据的;(3)成员方应寻求其他必要的信息以进行客观的风险评估;(4)成员方应在合理期间内对临时性 SPS 措施展开复审。

(三)缺乏充分的科学证据

1. 缺乏充分科学证据与不确定性

如前文所提及,日本苹果案上诉机构将“缺乏充分科学证据”解释为:可获得的科学证据资料不足以从数量上或质量上支持一次充分的、

---

① See Appellate Body Report, US-Continued Suspension, para. 674.

② 值得一提的是,第 2.2 条包含了多层法律义务。第 5.7 条所豁免的应仅限于以科学证据为基础,无充分科学证据不得维持 SPS 措施这两项义务。至于必需性的要求,则应同样适用于临时性 SPS 措施。目前尚未有与此相关的争端解决实践。

合乎第5.1条要求和附件A定义的风险评估。[①] 因此，SPS协定第5.7条适用的前提条件——缺乏充分的科学证据，是与能否进行风险评估联系在一起的。WTO争端解决实践一贯认为，缺乏充分科学证据不能等同于“不确定性”。两个概念不可互换。“不确定性”不是启动第5.7条的适用要件。[②] 但是，严格来说，关于什么是“不确定性”没有一个整齐划一的定义。学者往往会根据不同的标准对其进行分类，例如方托韦茨的四分法，拉韦茨的三分法，[③]以及前文提及的科林克和雷恩的五分法。这些分类起因于不同的标准，但所指的对象大致相似。结合学者们关于“不确定性”的阐述，可以发现，从外延上看，“缺乏充分科学证据”与“不确定性”存在一定的交叉。并非所有类型的“不确定性”都不能启动SPS协定第5.7条。相比之下，美加继续中止减让案的专家组的措辞则更为谨慎：“科学不确定性的存在并非当然的等同于缺乏科学

① See Appellate Body Report, Japan-Apples, para. 179.

② See Appellate Body Report, Japan-Apples, para. 184.

③ 例如，方托韦茨（S.O. Funtowicz）认为专家知识中的不确定性可以分为风险、不确定性、无知和非决定性（indeterminacy）。“风险”表明人们了解对象系统的行为和可能的后果，且可以用概率值表示。“不确定性”则是知识系统的主要变量，也是知识可能的后果的范围，但是出现某种后果的概率不能被可靠地定量化。“无知”指人们甚至不确知系统的一些主要变量，以及一些可能的结果，即其特征是“我们不知道我们不知道什么”。多数我们熟悉的技术风险都源自这个范畴。“无知”可能就是简单地不知道事物之间的某些联系。“非决定性”出现在包含了社会或人类因素的“开放系统”中，即“问题、条件和因果链条都是开放的，其结果依赖于（非决定性的行为过程中的）中间行动者的行为”。前三者体现了一定的不确定程度之分，且原则上在很多情况下，可以通过改进研究技巧和深入研究而完善，最后一个类别体现了不确定性的成因和表现上的更深刻的不同。“非决定性”的一个重要来源，是问题本身的开放性。其并不能通过更多的研究来削减，这向科技专家主导的科技决策和风险评估提出了挑战。拉韦茨（J.R. Ravetz）则认为，具体问题面对着从低到高三类不确定性。技术性的不确定性指不精确性，是关于数据的质量和匮乏的概念，通常可用有效数字或误差棒等来表示。其来源如因人的或自然的内在随机性造成的随机误差；或由少数样本向全体的推断；或由于太昂贵、太漫长或实际不可行的实验，造成所需数据实际上无法取得等。方法论的不确定性指一种不可靠性，可以用统计学的置信水平来表示。系统误差是其重要来源，而系统误差往往是一种基于历史经验的判断，这例示了方法论的不确定性对历史因素和判断的依赖性。认识论的不确定性有关现象的概念，即总体和现有图景。它发生在知识与无知的交界处，是关于现有知识的局限性/完备性的判断。参见徐凌：《科学不确定性的类型、来源及影响》，载《哲学动态》2006年第3期。

证据”。[①]

以科林克和雷恩的分类为例,第二种和第三种类型,即由个体差异引起的不确定性和统计不确定性,经过一些特殊的技术处理即可使风险具有可确定性。在由相反的理论导致同组数据的多种解释性情形下,WTO 成员方仍然可以通过选择主流理论或者少数派理论来实施风险评估。但在第四种类型和部分第五种类型下,这些不确定性将导致风险无法确定,无法完成 SPS 协定第 5.1 条和附件 A(4)意义上的风险评估。这两种情形,即(1)由于因果关系的真正随机性、非线性和无秩序性导致的不确定性;(2)由于知识的缺乏而导致的不确定性,包括缺乏数据、事实上不可测量性,应当属于第 5.7 条所指的“缺乏充分科学证据”。WTO 争端解决实践所强调的、不能作为第 5.7 条的适用要件的“不确定性”应该是科林克和雷恩的分类中的前三种以及第五种的部分情形。需要指出的是,无论根据“不确定性”的何种分类,“理论上的不确定性”既不是第 5.1 条风险评估的对象,也不是第 5.7 条的适用要件。[②]

2. 缺乏充分科学证据的评定

“缺乏充分的科学证据”,应该从数量和质量两个方面加以考察。从质量方面看,如果可获得的大量科学证据却无法推导出可靠的或者令人信服的结论,这也构成科学证据的“不充分”。[③] 但科学证据的结论

---

① See Panel Report, US-Continued Suspension, para. 7.631.

② 但有时对于特定的不确定性应被划归到哪种类型却是仁者见仁的事情。在欧共体转基因案中,转基因生物安全性被欧共体认定为构成“非确定性”(indeterminancy)但在美国和加拿大看来,这应属于“理论上的不确定性”。同样,在美加继续中止减让案中,欧共体认为一系列的不确定性阻碍了风险评估的进行,但 Codex 的食品添加剂联合专家委员会(JECFA)却认为,通过采用一些安全因素的考虑,所有不确定性都可以被妥当地处理。See Panel Report, EC-Biotech, para. 7.3297. Panel Report, US-Continued Suspension, Annex F, F-8.

③ See Appellate Body Report, Japan-Apples, para. 179.

性并不完全是纯粹的科学判断,不同的科学家对相同的科学证据,有时会得出完全不同的结论。但目前争端解决实践中,专家组通常会将是否缺乏充分科学证据的判断视为一个客观绝对的技术性过程。这一点在欧共体转基因案中尤为突出。该案中,法国和德国分别对转基因油菜 MS1xRF1 及转基因玉米 Bt-176 采取了预防措施。专家组希望技术专家能帮助其判断,上述情形下是否存在充分的科学证据以使法国和德国开展风险评估。就法国的措施而言,四位技术专家中有三位认为存在“缺乏充分科学证据”的情形,该结论与生物分子工程委员会——为法国评估转基因油菜 MS1xRF1 数据的机构的观点是一致的。就德国的措施而言,技术专家的结论也极不一致。[①]

从上文可以看出,同样的数据在数量上和质量上是否能够支持风险评估,即使在科学界也会有不同的看法。进言之,同样的数据,对法国和德国而言,不足以开展风险评估,但其他的机构或者其他成员方却可能依此展开风险评估,相关国际组织甚至有可能依据风险评估的结果制定国际标准。事实上在转基因案中,就法国的措施而言,尽管法国认为缺乏充分科学证据,但欧共体的植物科学委员会和首次在欧共体境内受理转基因油菜 MS1xRF1 的英国主管机构就曾开展风险评估。因此,该案专家组认为,在欧共体层面存在风险评估的事实足以排除欧盟成员方主张科学证据不充分的可能。[②] 这是否意味着,一旦其他 WTO 成员方已经实施了风险评估,那么其他成员方就丧失了援引第5.7条采取临时性 SPS 措施的权利呢?

同样值得注意的是,相关国际标准化组织在制定国际标准之前往往都会对相关科学证据进行审查以评估特定的风险。那么,国际标准

① See Panel Report, EC-Biotech, Annex H, paras. 780-795, 921-933, 937-941.

② See Panel Report, EC-Biotech, para. 7.3300.

的存在是否构成充分科学证据存在的理由呢？对此，美加继续中止减让案中，专家组认为，在这种情况下，成员方只有提出“足以削弱（undermine）之前结论的关键性新证据和信息”才能认定缺乏充分科学证据。换言之，新的证据必须对原有知识的基本原理提出质疑。不仅如此，新的科学信息应引起科学界关于某个问题已有认识的转变（at the origin of a change in the understanding of a scientific issue）。①在该案专家组看来，根据已有相关国际标准的事实就可以从法律上推定科学证据是充分的，第 5.7 条的适用情形不存在。② 因此，在举证责任的分配上，应由欧共体证明缺乏充分科学证据以实施风险评估。

上述两个案件专家组的观点有两个地方需要关注。其一，专家组认为，缺乏充分科学证据的认定，纯粹是一个科学技术问题，因此其结论必然是绝对的；其二，专家组认为，科学证据的充分与否只与科学技术的发展更新有关，因此其结论只与时间有关。专家组所忽视的是，科学证据是否充分是一个相对的，而不是绝对的结论，其既与时间相关，也与评估科学证据的主体有关。同理，风险评估也是一个相对的概念。对一个特定的国家而言，科学证据可能是充分的，可以完成 SPS 协定意义上的风险评估。而对另个一国家来说，结论却可能完全相反。

在美加继续中止转让案中，就专家组关于已存在的国际标准对“缺乏充分科学证据”的认定有何影响，上诉机构修正了专家组的结论。首先，对用于证明科学证据不充分的新证据的要求，应介于科学知识的增加与范式转换两者之间。其中，科学知识的增加被解释为“填补知识空白”。在上诉机构看来，新的科学证据不必然使早期的科学数据变得无

① See Panel Report, US-Continued Suspension, para. 6.141.

② 在该案中，这个结论甚至被适用到尚在制定过程中的国际标准（醋酸美仑孕酮 MGA）。SPS 协定与 TBT 协定不同之处在于，前者并不考虑尚在制定过程中的国际标准的相关性。See Panel Report, US-Continued Suspension, para. 7.813.

用,只要对其是否仍旧能够支持风险评估产生怀疑即可。[①] 同时,科学证据不仅会因为国际标准被采纳后的科技进步而变得不充分,而且也会因为不同主体对科学信息数据的认识差异而变得不充分。[②] 其次,已存在的国际标准只是存在特定科学信息的证据,这有助于初步证明第5.7条的适用要件不存在,但该证据不是决定性的。[③] 最后,在澳大利亚苹果案中,上诉机构指出,实施风险评估的前提是存在充分的科学证据,如果成员方认为没有充分的科学证据以实施风险评估,则其可以根据第5.7条实施临时性的SPS措施。就澳大利亚而言,其实施了风险评估并以此作为SPS措施的依据,这一事实说明澳大利亚认为,可获得的科学证据足以用于实施风险评估。[④] 这一推理过程间接透露出以下观点,即科学证据的充分与否需要视具体的评估主体而定。

在欧共体转基因案中,通过专家组报告附件K,即《2006年5月8日专家组给当事方的一封信》,专家组表达了下述观点:科学研究是一个动态发展的过程,新的科学证据一旦产生,各成员方有权利在情况需要时实施加速风险评估程序。即使新的科学证据不足以支持一项符合第5.1条要求的风险评估活动,那也足以影响原风险评估的有效性,使得现有科学证据被认定为“不充分”从而启动第5.7条下的临时措施。[⑤]

---

① See Appellate Body Report, US-Continued Suspension, para. 703.

② See Appellate Body Report, US-Continued Suspension, para. 686. 上诉机构认为,来源于相关国际组织的信息并不必然就是充分的、可以支持风险评估的。另外,从上诉机构对两位技术专家的客观公正性的质疑,也可以得出这一结论。布瓦索(Boisseau)博士和布比斯(Boobis)博士曾参与了FAO/ WHO食品添加剂问题联合专家委员会对涉案的6种荷尔蒙所做的安全性评估。专家组认为这不能成为怀疑他们公正性的理由。但上诉机构却认为,对这两位技术专家的任命及与之进行的咨询,损害了专家组的司法独立性和公正性。食品添加剂问题联合专家委员会与这两位技术专家之间的机构性关联是质疑他们公正性的重要因素,科学家所属的机构可能会实质性地影响其观点。

③ See Appellate Body Report, US-Continued Suspension, para. 697.

④ See Appellate Body Report, Australia-Apples, paras. 238 – 241.

⑤ See Annex K to the Panel Report, EC-Biotech, Page K – 3, WT/DS291/R/Add. 9.

就对新证据的严格要求程度而言，该案专家组的观点与美加继续中止减让案上诉机构的结论是一致的。

（四）以可获得的相关信息为依据

援引第 5.7 条实施临时 SPS 措施虽然不需要开展严格的风险评估，但应有一定的相关信息做依据。这里的相关信息包括来源于相关国际组织和其他 WTO 成员方实施的 SPS 措施的相关信息。这里的国际组织不应限于 SPS 协定附件 A(3)所列举的"三姐妹"国际组织，即国际食品法典委员会、国际植物保护公约、世界动物卫生组织。这是因为，一方面，SPS 协定附件 A(3)列举的国际组织是为了定义"国际标准、指南和建议"的含义，而第 5.7 条所要求的国际组织只限定了与可获得信息"相关"的国际组织。另一方面，附件 A(3)并未将其定义局限于列明的"三姐妹"国际组织，其定义还可包括在获得 SPS 委员会确认的情况下，其他对 WTO 成员方开放成员资格的国际组织。

相关信息不同于科学证据。通常，科学家会采用各种方法不断求证某些猜想，使之成为可信的科学证据。相反，很多信息未能经过同行评议、未被其他研究佐证或者不完全符合相关的理论。这些信息也有可能只是针对特定风险的一般性研究。因此，第 5.7 条使用了"以相关信息为依据"的措辞，说明对缺乏充分科学证据情形下实施 SPS 措施的要求低于以科学证据为基础。但基于 SPS 协定的特点，即其对风险评估的定义偏向于科学技术学派，相关信息应该是与自然科学有关的信息。

在判断相关信息是否为"可获得"的信息时，根据 SPS 协定关于透明度义务的规定，各成员方通过 SPS 委员会的信息通报机制提供的相关信息应属于"可获得的相关信息"。但是对于那些处于保密状态的信息，如专有技术，欧共体荷尔蒙案的上诉机构倾向于将其认定为不可获得的信息。[①]

另外,考虑到启动第5.7条的前提条件是科学证据的不充分性,因此在解释何为以可获得的相关信息"为依据"时,"合理客观联系"的解释方法并不适用,因为即使存在相关信息,这些信息也无法充分支持SPS措施,否则也没有必要援引第5.7条实施临时措施了。不过,在欧共体沙丁鱼案中,上诉机构在解释TBT协定第2.4条时指出,"以国际标准作为技术法规的基础"意味着二者间存在密切联系,如果措施和国际标准之间相互矛盾,则可以断定二者间缺乏这种密切联系。[②] 就这个角度而言,要满足第5.7条下的"以可获得的相关信息为依据"要求,相关信息和临时措施之间至少不应存在矛盾之处。

(五)寻求额外信息以完成客观的风险评估

第5.7条的第三个构成要件是以风险评估的形式审查获得的相关信息,而不仅仅是考虑这些信息。但是这种风险评估仍有可能因为资料不足而不能满足SPS协定附件A(4)的定义以及第5.1条的要求。另外,上诉机构在美加继续中止减让案中指出,争端解决机构应适当考虑到,一些发展中成员方在寻求额外信息以完成风险评估方面存在的特殊困难,[③]例如有限的科研能力、处理SPS风险的优先次序、科研经费的分配等。

(六)合理期间内复审临时性SPS措施

"合理期间"的概念在其他WTO多边协定都也有出现,例如《反倾销协定》第6.8条,DSU第21.3条。而且WTO争端解决机构多次说

---

① 欧共体荷尔蒙案中,美国和加拿大拒绝提交任何与MGA荷尔蒙有关的评估资料,理由是这些信息是专有信息,处于保密状态。因此上诉机构认定,就MGA荷尔蒙而言,缺乏相关科学证据。See Appellate Body Report, EC-Hormones, para. 201.

② See Appellate Body Report, EC-Sardines, para. 248.

③ See Appellate Body Report, US-Continued Suspension, footnote 1398.

明,合理期间的确定应视具体个案而定。就 SPS 协定第 5.7 条而言,上诉机构在日本农产品案中曾确认一些(而非全部)因素,用于评估"合理期间"的长短。这些因素包括:收集新信息的难度以及临时性 SPS 措施的特点。[①] 这说明,"合理期间"的确定与具体时间长短关系不大,但与科学知识的发展有更大的关系。科学研究进展缓慢则"合理期间"可能会更长。另外,结合 DSU21.3 条下确定"合理期间"的争端解决实践,SPS 协定第 5.7 条"合理期间"的确定还可以考虑到成员方国内的具体情况,包括预算限制、政治体制等方面。至于临时性 SPS 措施的特点如何影响到"合理期间"的长短,这应当从措施的严格程度来考虑。

四、从我国的实践看第 5.7 条的作用

第 5.1 条风险评估条款是 SPS 协定下科学性要求的核心条款。但人类科学技术的发展是一个渐进的过程,在这个过程中一些新技术的出现,可能会使人类面临种种"不确定",除去"理论上的不确定",仍有大量的风险无法确定的情形。第 5.7 条正可以起到平衡保护人类、动植物生命健康和防止贸易保护主义的作用。第 5.7 条虽然不如第 5.1 条严格,并不要求 WTO 成员方以风险评估为基础实施 SPS 措施,但在补充信息和持续审查 SPS 措施方面,第 5.7 条的要求要严格于第 5.1 条,从而有助于 WTO 成员方以负责的态度实施 SPS 措施。在面临意外的、非常规的事件时,第 5.7 条的规则可以为进口成员方保护国内动植物生命健康提供一个缓冲期,并且逐渐建立起科学的 SPS 措施。因此第 5.7 条对风险控制具有特殊价值。这一点可以从中国和欧盟关于酒类产品中邻苯二甲酸酯类物质的残留限量纠纷中得以体现。

2012 年 11 月底,中国国家质检总局发布了《关于进一步加强进出

---

① See Appellate Body Report, Japan-Varietals, para. 93.

口蒸馏酒邻苯二甲酸酯类物质检测的警示通报》[①]，对报检进出口蒸馏酒，报检时进出口商应提供有资质检测机构出具的塑化剂检测报告。对进出口蒸馏酒中邻苯二甲酸酯类物质检测结果实施临时管理限量值。该措施导致数个知名干邑品牌（人头马、卡慕、法拉宾）在中国深圳口岸被拦截。根据欧盟提供的信息，中国实施该措施的过程中同时组织技术专家研讨会，并制定食品中邻苯二甲酸盐的最高残留限量标准。显然中国实施的临时标准不是建立在风险评估的基础之上的，正如欧盟所说，中国事实上是将食品接触材料中邻苯二甲酸盐的迁移限量标准作为白酒和葡萄酒中该物质的最高残留限量标准来实施的。[②]

但这并不意味着中国的措施不是以现有可获得的信息为依据的。邻苯二甲酸酯类物质并不是食品原料，也不是允许使用的食品添加剂，但该物质是食品包装材料中常用的增塑剂，中国和欧盟都有关于食品接触材料，如塑料中邻苯二甲酸酯类物质的特定迁移量（specific migration limit，SML）的标准，且中国的国家标准《食品容器和包装材料用添加剂使用卫生标准》（GB9685—2008）在制定时还参考了欧盟2002/72/EC指令食品接触材料等法规。这说明邻苯二甲酸酯类物质被人体摄入后是存在健康风险的。

但是，因邻苯二甲酸酯类物质无助于提高白酒的感官质量，同时白酒生产工艺不需添加邻苯二甲酸酯类物质，在白酒生产过程中自身发

① 载http://www.gsfs.gov.cn/new.asp?id=1527&cl=5%7C，2014年10月1日访问。

② G/SPS/GEN/204/Rev.14，para.2.47.2011年中国台湾地区发生塑化剂污染事件后，我国卫生部将邻苯二甲酸酯类物质列为食品中可能违法添加的非食用物质，将《食品容器和包装材料用添加剂使用卫生标准》中规定的特定迁移量作为食品中邻苯二甲酸类物质的最大残留量标准，规定食品、食品添加剂中的邻苯二甲酸二（α－乙基已脂）（DEHP）、邻苯二甲酸二异壬酯（DINP）和邻苯二甲酸二正丁酯（DBP）最大残留量分别为1.5mg/kg、9.0mg/kg和0.3mg/kg。载http://www.scwst.gov.cn/index.php/gg/3080－2011－06－22－01－56－56，2014年10月1日访问。

酵环节不应该产生塑化剂。因此世界上大多数国家和 Codex 都没有关于酒类产品中邻苯二甲酸酯类物质的最大残留限量的标准。因此,在各方尚未意识到应该为食品中邻苯二甲酸盐制定最高残留限量标准之前,已有的科学证据资料很有可能无法从数量上和质量上支持实施第 5.1 条意义上的"风险评估"活动。在检测出产品中含有有害物质的情况下,不采取相应措施则无法防止健康风险;若一味等待风险评估结果再继续通关程序则构成"不合理的迟延",从而违反 SPS 协定附件 C(1)条(a)项下的义务。在这种情况下,比较可行的做法就是依据 SPS 协定第 5.7 条实施临时措施并且依据附件 B 的规定进行紧急通报,如此方可解释欧盟关于"未提供过渡期"的质疑。

第四节 科学性要求的时效考察

众所周知,现代自然科学的庞大体系是在经历人类几千年的探索历史过程中逐渐发展起来的。科学的发展有着积累性、渐进性、继承性和有序性的特点,并由此构成它的循序渐进的规律。科学发展的过程就是实践、认识、再实践、再认识的过程。SPS 协定所规定的科学性要求必须考虑到科学发展的特点。各成员方实施贸易措施时依据的风险评估结论或者其他科学证据,随着科学探索活动的深入,很有可能在将来被最新的研究成果修正或者推翻。SPS 协定不同条款中存在的科学性要求是一种持续性的义务还是以一定期间为限?若有期限限制,那么其适用的期限是否仅限于实施 SPS 措施当时?

日本农产品案中,专家组曾表示,就第 5.1 条而言,专家组的任务是审查到目前为止(即专家组设立之日)日本是否违反其义务,而不是审查将来是否会有新的科学证据产生以支持日本措施的合法性。在欧共体转基因案中,专家组事实上分析了两个问题:第一,成员方能否以SPS措施实施后的风险评估结论证明第5.1条下的义务?第二,就第5.1条中的“以风险评估为基础实施SPS措施”而言,判断成员方是否遵守这一义务的时间界限应在什么时候?对于前一个问题,专家组的回答是肯定的。而对第二个问题,专家组认为在措施被“维持”期间都应以风险评估为依据。这意味着第5.1条下的义务是一种持续性的义务。该案专家组进一步将设立专家组的日期,而不是采纳SPS措施的日期,作为成员方用于证明其措施是以风险评估为依据的时间点。① 与第5.1条不同的是,该案专家组认为在第5.7条下,判断科学证据是否不够充分以及考察成员方是否依据可获得的相关信息实施临时SPS措施,则应以采纳该措施的时间为标准。②

欧共体转基因案专家组的这一观点尚未经过上诉机构审查,学界对此态度亦有分歧。③ 但考虑到作为SPS协定科学性要求的基本条款

---

① See Panel Report, EC-Biotech, paras. 7.3030 – 3034. 针对T25转基因玉米实施的进口禁令,奥地利曾提供一份2004年1月的文件作为该措施的实施依据,但专家组认为作为SPS措施依据的风险评估证据应截止到2003年8月29日,即专家组设立的时间,但因上述文件中的一份研究报告已经于2003年8月公开发布,因此专家组将其纳入考虑范围。不过最终因这份报告是以转基因食品的风险评估程序为评估对象,而不是对转基因食品的毒性和致敏性进行评估,所以被专家组认定为不构成SPS协定下的风险评估。

② See Panel Report, EC-Biotech, para. 7.3255.

③ 例如乔安妮·斯科特(Joanne Scott)就认为第5.1条风险评估义务应做静态解读。一方面,实施措施时无风险评估依据,但在专家组设立时能提供证据证明相关风险评估结论与措施间存在合理联系的,被诉成员方应可以依据后来的风险评估结论作抗辩。但另一方面,如果实施措施时依据的风险评估结论与措施间存在合理联系,即使在专家组设立时又有新的风险评估结论,它也不能成为原诉方指控被诉措施违反第5.1条的有效证据。See Joanne Scott, *The WTO Agreement on Sanitary and Phytosanitary Measures: A Commentary*, Oxford university press, 2007, p. 125. 对此,L. Gruszczynski认为由于第5.1条下的风险评估义务并不是一项独立程序性要求,成员方可以采纳其他风险评估结果作为实施SPS措施的依据,因此,应认为措施实施后取得的科学证据是有效的。See L. Gruszczynski, Science in the Process of Risk Regulation under the WTO Agreement on Sanitary and Phytosanitary Measures, *German Law Journal*, Vol. 7, No. 4 (2006), pp. 371 – 398.

是第 2.2 条,由上文可知,就第 2.2 条与第 5.1 条的关系而言,第 5.1 条是对第 2.2 条中第二个和第三个构成要件的具体实施,但同时第 2.2 条和第 5.1 条在内容的理解上可以相互指引。一方面,第 2.2 条的解读可赋予第 5.1 条某种含义;另一方面,第 5.1 条构成了理解第 2.2 条下“充分性”的具体上下文。第 2.2 条的科学性要求主要由两个不同的构成要件组成,其一是 SPS 措施应以科学证据为依据;其二是无充分科学证据时不得维持 SPS 措施。显然,后者的义务应被理解为是一种持续性的义务,无论何时,只要没有充分科学证据支持,WTO 成员方都应修改或撤销 SPS 措施,除非依据第 5.7 条实施临时性 SPS 措施。即使如此,在第 5.7 条下,成员方仍有持续性义务收集其他科学信息以实施客观的风险评估并依其结果审查临时性 SPS 措施。因此,将第 5.1 条下的风险评估要求理解为持续性的义务与 SPS 协定中的其他科学性要求并不冲突,也不会实质上加重成员方的义务。

本章小结

科学性要求是 SPS 措施合法性评判的首要标准。SPS 协定下的科学性要求主要表现为科学基本原理要求、风险评估要求以及缺乏充分科学证据时的临时性措施要求。

就科学基本原理要求而言,科学证据的充分性要求措施的严格程度与风险大小成比例。科学证据要求与风险评估要求有紧密联系。SPS 协定中只提及风险评估,没有风险管理和风险沟通的概念。SPS 协定下的风险评估条款是以科学技术学派的观点为基础,也即公众的风险感知结果与 SPS 协定下的风险评估是无关的。但是 SPS 协定的其他条款在一定程度上也包含了风险心理学的观点。SPS 协定并不要求

WTO成员方亲自开展风险评估。

风险评估要求包括两个方面的内容:其一,存在合格的风险评估行为;其二,风险评估的结论应充分支持SPS措施。合格的风险评估是指:(1)评估结论具有客观性和一致性。(2)不以“零风险”或“理论上的不确定性”为检疫性风险评估的对象。(3)检疫性风险评估需在不同方案间进行权衡取舍。(4)针对特定的风险进行评估。(5)根据风险评估的客观需要来决定具体的评估方法,而不考虑与科学性判断无关的因素。(6)风险评估应考虑相关因素。第5.3条中的“与动植物生命或健康有关的风险”应被限定解释,其指的是“与动植物生命或健康有关的检疫风险”。(7)不应严格区分风险评估与风险管理。

SPS协定第5.7条被一些学者视为预防原则在SPS协定中的集中体现。对此,上诉机构的观点是,目前预防原则是否被WTO成员接受为国际法一般法律原则或者习惯国际法,这尚不明确。预防原则并没有被明确写入SPS协定中。这导致直接以预防原则作为SPS措施的合法性依据无一例外被DSB驳回。但这并不意味着SPS协定就不存在实质意义上的预防条款。另外,如果改变欧共体转基因案专家组关于《维也纳条约法公约》第31.3(c)条的解释方法,那么规定有预防条款的条约就有可能被引入WTO争端解决机制。第5.7条不是第2.2条和第5.1条的例外条款,而是直接规定成员方权利的条款。这不仅影响到争端双方的举证责任,还意味着第5.7条与第2.2条等有不同的适用条件,SPS措施被认定为不符合第5.7条后,不能被退回到第2.2条或第5.1条的审查之下。“缺乏充分科学证据”与“不确定性”之间是一种交叉关系。从已有风险评估活动以及相关国际标准的存在对认定“缺乏充分科学证据”的影响来看,欧共体转基因案和美加继续中止减让案的专家组的结论值得注意,上诉机构对此进行了一定的修正。

第5.7条虽然不如第5.1条严格,并不要求WTO成员方以风险评估为基础实施 SPS 措施，但在补充信息和持续审查 SPS 措施方面，第 5.7条的要求要严格于第 5.1 条，从而有助于 WTO 成员方以负责的态度实施 SPS 措施。

最后，从科学性要求的时效方面看，现有争端解决实践表明，在 SPS 措施被"维持"期间都应以风险评估为依据。在第 5.7 条下，判断是否缺乏充分的科学证据以及成员方是否依据可获得的相关信息实施临时 SPS 措施，则应以采纳该措施的时间为截点。

CHAPTER 03 >>

第三章

SPS 措施的合法性与非歧视性要求

从本书第二章可知,科学性是评判 SPS 措施合法性的重要标准。这一标准体现了 SPS 协定对传统货物贸易规则所做的发展。而作为与科学性标准并行适用的非歧视性要求,则反映了 SPS 协定对传统规则的继承。在具体适用上,其又不同于传统规则。SPS 协定下的非歧视性要求不以“产品类似性”作为比较差别待遇的基础。在 SPS 协定下,保护水平的不一致性与差别待遇密切相关。SPS 协定下的非歧视性要求与 GATT1994 第 20 条的序言既有措辞及概念上的相似性,亦有文本结构上的不同。这要求我们以文本为依据借鉴以往争端解决机构对 GATT1994 的解释方法和结论。本章首先介绍 SPS 协定关于非歧视要求的具体条款,结合争端解决实践分别论述各条款的构成要件。第二节考察 GATT 第 20 条序言的缔结历史,以揭示其目的和宗旨,通过美国虾产品案和印度农产品案说明 SPS 协定下非歧视性要求与 GATT 第 20 条序言相关概念之间的联系。

第一节 SPS 协定下的非歧视性规则

一、非歧视性要求的基本条款——第 2.3 条

SPS 协定第 2.3 条是关于非歧视性要求的基本条款。它要求实施 SPS 措施时,在卫生和植物卫生状况相同的国家之间不能造成武断的或不合理的歧视。该措施也不能以变相贸易限制的方式实施。也就是说,SPS 措施的内容和实施方式都应与特定地区的 SPS 状况相适应,相同或相似状况需要同等对待。例如,地方性虫病害引起的风险与外来虫病害不同,对外来虫病害,进口成员方针对进口产品和国产产品实施不同的 SPS 措施,这是合理的,因为外来风险对一个国家具有更大的威胁性。如果进口成员方与出口成员方的 SPS 状况相似,则适用于出口方的 SPS 措施应与进口成员方境内的 SPS 措施相同。同样的,如果不同出口成员方境内的 SPS 状况相同或相似,则进口成员方适用于这些出口方的 SPS 措施应相同。

澳大利亚鲑鱼案上诉机构认为,第 2.3 条所包含的两个句子分别代表了该条款的两大主体义务。[①] 该案第 21.5 条专家组认为,第 2.3 条第 1 句应由三个违法性构成要件组成:第一,措施在成员方之间造成歧视,包括其他成员方之间以及在进口成员方与其他成员方之间;第二,该歧视是武断的或不合理的;第三,比较相关成员方的领土上是否存在相同或类似的状况。

在欧共体荷尔蒙案和澳大利亚鲑鱼案中,上诉机构指出,SPS 协定第 5.5 条是对第 2.3 条非歧视性要求的具体化,违反第 5.5 条将被推定

① Appellate Body Report, Australia-Salmon, para. 252.

为违反了第 2.3 条,同时也指出,对第 2.3 条的分析不一定非得从第5.5 条入手,[①]毕竟第 2.3 条是 SPS 协定中关于非歧视性规则的基本条款。尽管如此,近期的大多数案件,如澳大利亚鲑鱼案第 21.5 条专家组程序、欧共体转基因案、美国禽肉案以及澳大利亚苹果案专家组都是采用了先第 5.5 条后第 2.3 条的解释顺序。这也造成了争端解决机构对第 5.5 条的阐释较为丰富,而与第 2.3 条相关的解释经验较为缺乏的状况。

迄今为止,唯一的例外是印度农产品案。该案是 WTO 争端解决实践中首个对 SPS 协定第 2.3 条进行独立解释的案件。[②] 这是由于一方面,原被告双方都对先第 2.3 条后第 5.5 条的分析顺序没有异议。而且美国的论证是根据这一顺序进行组织的,并将第 5.5 条的指控作为一个独立的、替代性主张提出。[③] 另一方面,专家组考虑到上诉审查的可

---

① Appellate Body Report, EC-Hormones, para. 212. Appellate Body Report, Australia-Salmon, para. 252.

② 该案件的背景是:2011 年 7 月,印度政府依据《牲畜法》颁布了第 1663(E)号行政法规,禁止进口来自报道过"须通报禽流感"疫情的国家的部分农产品,包括活禽、活鸟、雏禽、新鲜禽肉制品以及孵化用蛋、蛋产品、羽绒、活猪等。该禁令在出口国向 OIE 通报为非疫区时停止适用。"须通报禽流感"包括低致病性禽流感和高致病性禽流感。印度是一个经常爆发高致病性禽流感的国家,但未曾向 OIE 通报过低致病性禽流感疫情。而美国是一个多次向 OIE 通报低致病性禽流感的国家,却属于高致病性禽流感非疫区。印度《2012 年国家行动计划》规定,如果国内爆发了"须通报禽流感",那么疫情发生地 1 公里范围内是感染区,10 公里范围内是监管区,起到缓冲区的作用。感染区内外的活鸟贸易是禁止的。缓冲区内的贸易在卫生措施完成后是允许的,但缓冲区内的产品不能被输出,同时禁止人员和车辆进出缓冲区。控制措施完成后 3 个月内实施后续监控措施,包括定期消毒。如果 3 个月内没有暴发疫情或者没有阳性检测结果出现,即可宣布为非疫区。美国认为:(1)OIE《陆生动物卫生守则》的相关建议允许有条件地维持国际贸易,而印度的措施禁止了国际贸易。因此,印度未能以国际标准为依据实施 SPS 措施。(2)印度没有实施符合 SPS 协定要求的风险评估。(3)印度的措施体现了内外有别:对内,即使暴发了疫情,疫区 10 公里内禽类产品仍然可以贸易;对外,只要出口国暴发疫情,则该国产品不得进入印度市场。因此,印度的措施在 SPS 状况相似的国家间造成了歧视,在类似情形下体现了不同的保护水平。(4)印度的措施对国际贸易造成的限制超出了必要限度。(5)印度以整个出口国为单位实施禁令措施,未能适应出口方的地区条件,不符合 SPS 协定第 6 条。

③ 但上诉机构并不认为专家组必须依照起诉方要求的顺序进行解释。专家组可以根据对法律条款的正确解释和适用来决定具体的解释顺序。See Appellate Body Report, US-Zeroing (Article 21.5 – EC), para. 277.

能性,考虑到需要留给上诉机构足够的事实和记录以完成必要的分析,所以专家组最后选择了一种非常规的解释顺序。有鉴于此,下文主要结合印度农产品案对第 2.3 条展开分析。

(一)措施在成员方之间造成歧视

该案中,印度实施的《牲畜法》和第 1663(E)号行政法规适用于农产品的进口贸易,而《2012 年国家行动计划》则适用于国内农产品贸易。根据这两类措施,一旦某成员方向 OIE 通报了"须通报禽流感"疫情,印度即全面禁止自该成员方的进口贸易。但国内发生禽流感疫情时,禁止农产品流动的范围仅限于疫区 10 公里范围内。此谓"第一种类型的歧视"。不仅如此,虽然《2012 年国家行动计划》对国内贸易有所限制,但由于印度不存在有效的监测措施,因此事实上不可能对国内产品实施禁令。此谓"第二种类型的歧视"。[①]这两个方面的事实被专家组认定为印度就相同的风险(低致病性禽流感病毒)分别对进口产品和国内产品提供了差别待遇,在印度和其他成员方之间造成了歧视。

(二)该歧视是武断的或不合理的

就第二个构成要件而言,印度农产品案专家组显然受到了以往争端解决机构关于 GATT 第 20 条序言解释的影响。概言之,专家组认为印度是否能为歧视性措施给出合理的解释,所给出的理由与措施的目标之间是否有合理的联系,这至关重要。并且,如果措施的实施方式机

---

① 在判断印度是否存在有效的监管和监测制度时,专家组主要采用了书面审查的方式,即根据《2012 年国家行动计划》具体章节的文字表述。但可以发现,其措辞大量使用"建议"等非强制性的表述。另外关于样品送检的规定与美国的指控是相符的,即只要求在"出现异常疾病和致死率,并被怀疑与 AI 有关"时才可以送交样品进行检测。另外专家组还咨询了技术专家以确认印度的上述措施是否能够有效监测 LPNAI。三位技术专家均认为印度的现行制度不能对 LPNAI 进行有效的监测。根据印度的监管现状无法确认印度是否存在 LPNAI。技术专家 Dr. Honhold 和 Dr. Guan 都认为印度没有针对健康禽类开展长期的、主动的 LPNAI 监测,目前的监测主要是对疫情通报进行回应式监测,即使能够检测到相关病毒也只是出于偶然。See Panel Report, India-Agricultural Products, paras. 7.414 – 425.

械僵化、不留有余地,这也会使原本具有一定合理性的解释变得不合理。例如,对于第一种类型的歧视,印度提出国内疫情的防控风险和国外疫情的输入风险难易程度不同。但专家组认为印度全面禁止进口贸易的做法过于绝对。因此这种解释不构成合理的解释。对于未能在国内实施有效的监测措施(第二种类型的歧视),印度提出的理由是低致病性禽流感属于外来病害,但因其提供的证据未能获得专家组的认可最终导致印度的措施被认定为造成武断或不合理的歧视。

GATT1994 第 20 条序言部分所使用的措辞与 SPS 协定第 2.3 条非常类似,而且欧共体石棉案专家组指出,GATT1994 第 3 条与第 20 条序言中的非歧视性要求应有不同的含义。违反了 GATT1994 国民待遇或者最惠国待遇要求,在类似产品间造成差别待遇的措施并不必然违反 GATT1994 序言的非歧视性要求。否则只要违反 GATT1994 第 1 条或第 3 条,就不可能寻求一般例外的救济。[①] 关于 GATT1994 第 20 条的争端解决实践与 SPS 协定第 2.3 条的关系及关于印度农产案专家组的详细分析,本书将在本章第二节中再做展开。

---

① 就 GATT1994 第 3.2 条第 2 句而言,情况却有可能的确如此。GATT1994 第 20 条序言是对措施的实施方式的要求,具体项是针对措施本身。第 20 条下的审查应先从具体项开始,而具体项多半是要求措施的实施目的是为实现正当的政策目标或者是与某种正当的政策目标有关。另外,GATT1994 第 3.2 条第 2 句的构成要件有三:(1)进口产品与国产产品是直接竞争或可替代产品;(2)二者承受的税负有明显差异;(3)为了保护国内生产。就第三个构成要件而言,上诉机构在日本酒精饮料案中认为应采用客观审查标准,即主要是从措施的设计、构成以及体系结构、实施效果等方面进行审查,立法者的主观意图则不是必须审查的。第三个构成要件是与措施的实施方式而不是与主观意图有关的问题。换言之,第三个构成要件强调的是贸易措施客观上是否造成保护国内产业的效果。第 20 条具体项需要审查措施的政策目标,考虑主观意图。从这点上看,一项客观上造成保护国内产业效果的贸易措施,其追求的政策目标却有可能与第 20 条具体项相符合。但由于第 20 条序言的审查不再考虑措施的政策目标,而侧重措施的实施方式和客观效果,这就导致该措施不能通过序言的审查。具体内容可以参见本章第二节。欧共体香蕉案上诉机构指出,GATT1994 第 3.4 条与第 3.2 条第 1 句一样,无须将第 3.1 条中的"为保护国内生产"作为一项构成要件加以审查。因此 GATT1994 第 1 条和第 3 条其他条款不存在这个问题。

(三)相关成员方的领土上是否存在相同或类似的 SPS 状况

SPS 协定第 2.3 条下的非歧视性要求与 GATT1994 下的国民待遇和最惠国待遇要求最大的不同在于,"产品是否类似"不是第 2.3 条的构成要件。这里强调的是具有相同或类似(卫生)状况的成员方之间是否存在歧视。第 2.3 条强调以国家为基础的比较,而不是以产品为基础进行比较,这也不同于第 5.5 条以"情形"为基础的比较。

GATT1994 的非歧视性条款的基本要求是,同类产品(以及直接竞争或可替代产品)所受待遇相同。"产品引起不同的健康风险"是认定非同类产品的因素之一。换言之,健康风险不同,产品就不构成"类似产品"。如石棉纤维(致癌性)和 PCG 纤维(非致癌性)。反之,健康风险相同,产品却未必构成"类似产品"。[①] 但在 SPS 协定下,无论什么产品,只要可能引起相同或相似的健康风险,所受待遇应当相同,而不论产品是否类似。因此,第 2.3 条下的歧视可以表现为对不同国家的同类产品区别对待,如加拿大的鲑鱼和新西兰的鲑鱼,加拿大的鲑鱼和澳大利亚的鲑鱼。也可以表现为对不同国家的不同产品给予不同待遇,如加拿大鲑鱼和澳大利亚境内的死鱼(非鲑鱼)。[②]

就第三个构成要件而言,现有争端解决实践表明,病虫害的流行程度无疑是具有相关性的。在澳大利亚鲑鱼案(第 21.5 条)中,专家组认为,由于进口鲑鱼上可能携带的疾病在澳大利亚并不存在,因此,澳大利亚和加拿大这两个国家之间并不存在相同或类似的(卫生)状况。印度农产品案专家组据此也认为,第 2.3 条第一句所指的"状况"应是指

---

① GATT1994 第 3 条第 2 款意义上的"同类产品"通常需要考虑产品的物理特征和性质、特定市场上的最终用途、消费者偏好,世界海关组织的 HS 编码等。因此,包含相同健康风险的两种产品,例如活的观赏鱼和供食用的鲑鱼,不属于"同类产品",不具有 GATT1994 非歧视性条款下的可比性。但在 SPS 协定下却会因为会引发相似的健康风险而具有可比性。

② See Panel Report, Australia-Salmon (Article 21.5 – Canada), para. 7.112.

某个成员方领土内疾病状态及其传播风险。[①] 病虫害的流行程度既与一国的地理、气候、生态环境以及社会习俗等先天条件有关,也与一国的科技水平以及管理能力等后天条件有联系,例如一国的兽医、实验室等基础设施的运作状况以及监管法律制度是否完善等。

在印度农产品案中,就第一种歧视而言,由于印度的措施规定,在出口国通报了"低致病性须通报禽流感(LPNAI)"疫情的情况下,禁止相关农产品的进口;在国内发生 LPNAI 疫情时,只是暂停疫区 10 公里内相关农产品的贸易。两种措施适用的条件相同,但处理结果有区别。专家组认为,两种措施所规定的"发生 LPNAI",这一触发条件表明印度的措施在具有相同 SPS 状况的两个国家,即美国和印度之间造成了歧视。[②]就第二种歧视而言,专家组认为印度针对内外产品的两种措施都是为了防范相同的风险,即 LPNAI。专家组不认为该风险会因产品的原产地不同而有所不同。因此,这种相似的风险构成了"相同或类似状况"。[③]

问题在于,如上文所述,第三个构成要件强调的是以国家为基础的比较,而不是以产品为基础进行比较,也不同于第 5.5 条以"情形"为基础的比较。专家组上述结论不仅与澳大利亚鲑鱼案的做法相左,也与自身的观点前后不一致。

一种疾病在某个国家是地方性的,而在另一国家却是外来的,这可以说明两个国家的 SPS 状况是不同的。印度农产品案专家组曾反复强调其只能认定印度未能证实 LPNAI 是外来疾病,印度实施的监测措施不能有效监测 LPNAI 疫情,至于事实上 LPNAI 是外来还是本土就存在

---

① See Panel Report, India-Agricultural Products, para. 7.460.

② See Panel Report, India-Agricultural Products, para. 7.463.

③ See Panel Report, India-Agricultural Products, para. 7.469.

的,专家组没有做出任何结论。如此一来,专家组如何认定印度与美国存在相似的卫生状况呢?值得注意的是,专家组将印度措施的适用条件,即发生 LPNAI 疫情,当作第 2.3 条第一句下的"相同或类似状况",这种解释方法显然不符合文本措辞。

(四)第 2.3 条第 2 句:变相的贸易限制

第 2.3 条第 2 句的关键之处在于如何判定措施以"变相贸易限制"的方式实施。在印度农产品案中,专家组根据以往案件中上诉机构对 SPS 协定第 5.5 条以及 GATT 第 20 条序言的解释方法,基于三个理由认定印度的措施构成 SPS 协定第 2.3 条第 2 句的"变相贸易限制":[①]第一,印度的措施没有科学依据。这主要是指印度没有提供合格的风险评估,且其措施与世界动物卫生组织的国际标准不一致。第二,印度针对内外产品实施措施的严格程度不相同。第三,印度违反第 2.3 条第 1 句,其措施构成武断或不合理的歧视。此处可以看出,专家组的解释深受以往争端解决实践关于第 5.5 条下"变相贸易限制"的解释的影响。但令人不解的是,如下文所述,在欧共体荷尔蒙案中,上诉机构已明确指出,GATT1994 第 20 条的序言与 SPS 协定第 5.5 条在语法结构上是不同的,GATT1994 第 20 条的序言中"武断的歧视""不合理的歧视""变相的贸易限制"这三个要件只需满足其一就可以,而且这三个词语可以相互解释。但 SPS 协定第 5.5 条中,"武断的或不合理的差别"与"歧视或变相贸易限制"是并列要件,是需要累积适用的,"武断的、不合理的差异"不能引出"歧视或变相贸易限制"的结论。

---

① See Panel Report, India-Agricultural Products, paras. 7.475 – 477. 该案专家组依据上诉机构在澳大利亚鲑鱼案中的观点,认为未以风险评估为基础实施 SPS 措施,甚至根本未曾实施风险评估,这是一个明显的贸易保护主义信号。并且,当专家组对被诉方针对内外产品的措施在严格程度上是否相似,产生了怀疑的时候,这也将影响到"是否构成变相贸易限制"的判断。另外,根据上诉机构在美国汽油案中关于 GATT 第 20 条序言的解释,认为在 SPS 协定下,变相限制国际贸易的措施可以被类似的解释为包括了构成武断或不合理歧视的措施。

这种“语法结构”上的区别同样适用于第2.3条。因此，印度农产品案专家组的第三个理由值得反思。就第二个理由而言，借鉴以往争端解决机构关于第5.5条“变相贸易限制”的解释，以存在“贸易保护主义动机”来论证“变相贸易限制”是可行的路径。但专家组的论证过于单薄，未能采用客观审查和主观审查的方法对印度的措施进行全面分析。尽管该案专家组报告接受了上诉机构的审查，但印度在上诉过程中一再变更其上诉请求，将其范围缩小至专家组在DSU第11条下客观评估的审查标准问题，主要从举证责任、向技术专家寻求意见与专家组职责的履行三个方面来质疑专家组关于不存在充分证据证明LPNAI属于外来病害的认定结论。① 综观该案的审理经过，这个问题无疑是关键的，其结论不仅关系到印度国内缺乏有效的监测措施，因此事实上不可能限制国内贸易，这是否构成不合理或者武断的歧视；也关系到美国和印度两个国家是否存在类似的SPS状况。而且鉴于上诉机构的职权范围不涉及事实审查，印度在上诉中从DSU第11条的角度切入应当说是有道理的。但遗憾的是，对专家组报告中与第2.3条实质义务有关的论证失误，印度没有请求上诉审查。对上诉机构而言，此案原本是一次可以对第2.3条进行阐释的极好的机会。②

二、非歧视性要求的具体条款——第5.5条

与第2.3条不同的是，SPS协定第5.5条并不是纯粹的作为非歧视性条款出现的。第5.5条首先提及了一个目标，即各成员方在实施SPS措施时应保持一致性，即面临相同的风险，实施相同的保护水平。直观

---

① See Appellte Body Report, India-Agricultural Products, para. 5. 246.

② See Appellte Body Report, India-Agricultural Products, para. 5. 278. 从上诉机构对印度变更上诉请求的多次强调，并对专家组报告中的相关结论进行提示，我们可以体会到上诉机构的这种遗憾。

上看,第 5.5 条的首要目标并非“非歧视性”要求,而是“保护水平一致性”。在这个方面,上诉机构有两个结论很有意义。第一,上诉机构认为第 5.5 条下的“一致性”规则并非确定的法律义务,它与第 3 条下“以国际标准为基础统一各成员方的 SPS 措施”的规定一样,都是有待将来逐渐实现的目标。[①] 第二,第 5.5 条下的“一致性”目标也不是要求各成员方的保护水平体现出一种绝对的、近乎完美的一致性。因为这在事实上是无法做到的,各成员方是根据不同时间、不同风险而临时确定适当保护水平的。但是,即使不需要严格遵守一致性的要求,SPS 协定也是禁止武断的、不合理的差别对待。

(一)不同情形下的适当保护水平存在差异

SPS 协定第 5.5 条的目标应该是适当的保护水平(以下简称 ALOP)的一致性。因此,第 5.5 条第一个构成要件所指的“不同情形”,应该是“可比较的不同情形”。正如欧共体荷尔蒙案上诉机构所言,只有不同情形具有可比较性时才能将其进行比较,即这些情形中都包含了足以将其进行比较的共同点。这里所强调的并非存在实质性差异的不同情形,相反,应当是指具有类似因素的不同情形。

准确地说,违反第 5.5 条的第一个构成要件是被诉方在“不同但可比较的情形”下实施的 SPS 措施所体现的适当保护水平存在差异。这里有两个重要的概念:一个是“可比较的情形”;另一个是“适当的保护水平”。

与第 2.3 条一样,这里也不涉及“类似产品”的比较,而是“可比较的情形”。认定是否存在“可比较的情形”,需要考察,在不同情形下是否存在相同或类似的物质、是否会对健康产生相同或类似的负面影响

---

① Appellate Body Report, EC-Hormones, para. 213.

(如不同种类荷尔蒙的致癌性问题);[①]或者是否涉及相同或类似的疾病的进入及传播。[②] 澳大利亚鲑鱼案上诉机构认为,进口的加拿大鲑鱼和其他某种进口鱼类(如太平洋鲱鱼),只要有可能成为某一种疾病的潜在宿主,而无须成为澳大利亚欲防范的全部疾病的宿主,也无论是否实际检测到这种致病病菌,就有足够的共同因素将两种不同情形进行比较。[③] 因此,"可比较的情形"构成要件的门槛比较低,并不要求天然荷尔蒙和人工荷尔蒙具有相同的致癌性,也不要求加拿大鲑鱼与澳大利亚死鱼(非鲑鱼)携带完全相同的病原体,只需存在某些共同因素,足以将不同情形放在一起进行比较即可。

根据澳大利亚鲑鱼案专家组的意见,在事关检疫性风险的情形下,"可比较的不同情形"可从以下两个方面加以判断:(1)存在相同或类似疾病进入的风险;或(2)存在相同或相似的生物学和经济后果(与欧共体荷尔蒙案不同,本案涉及的是 SPS 协定附件 A(1)中的 a 类风险,属于检疫性风险。根据附件 A(4)关于风险评估的定义,需要评估相关的生物学和经济后果)。专家组认为,这两个因素只要具备其一,而无须同时具备,就可以认定存在"可比较的不同情形"。[④] 这是因为,在考察"可比较的情形"时,专家组的目的不在于准确判定风险是否相同,或保护水平是否一致。如果将第 5.5 条的三个构成要件做整体性的分析,

---

① Panel Report, EC-Hormones(US), para. 8. 176.

② Appellate Body Report, Australia-Salmon, para. 146. 但澳大利亚认为这两个因素应同时具备才能认定存在"可比较的不同情形"。

③ Appellate Body Report, Australia-Salmon, para. 152.

④ 澳大利亚对此持反对意见,其依据是 SPS 协定附件 A(4)关于风险评估定义。该意见被专家组和上诉机构驳回。案件审理过程中,专家组采纳了技术专家的意见,即对特定国家而言,不论产品有何不同,只要寄生了相同的病原体,那么这种疾病引起的生物学或经济后果通常是相同或类似的。因此,专家组事实上是以同时具备两个条件为依据认定涉案产品,即深海太平洋鲑鱼与其他产品属于"不同但可比较的情形"的。See Panel Report, Australia-Salmon, para. 8. 121.

我们会发现专家组的这种解释是非常正确的，也获得了上诉机构的认同。第 5.5 条第二个构成要件是，保护水平的差异是武断的或不合理的，被诉方能否为自己的措施给出合理性的解释至关重要。由于专家组只要初步大致推定风险程度类似就可以将两种情形认定为“可比较的不同情形”，这就为被诉方在第二个构成要件下的抗辩留下空间，风险程度的不同往往成为其抗辩的理由之一。

适当的保护水平，又被称为“可接受的风险程度”。在 SPS 协定的框架下，ALOP 应当由进口成员方来决定。① 就某一具体情形，当成员方有明示的 ALOP 时，任何其他人都不能用自己推定的保护水平取代该成员方已经明示的 ALOP。② 但 WTO 成员方确立 ALOP 的权利并不是不受限制的。虽然 SPS 协定第 3.3 条规定各成员方可以采用比现有国际标准更高的 ALOP，但应有科学依据或者按照 SPS 协定第 5 条进行了风险评估，只有现有国际标准不能达到其 ALOP 才被认为是有科学依据的。如果说确立 ALOP 是各成员方实施 SPS 措施的逻辑前提，那么风险评估是其确立 ALOP 的前提。虽然风险评估不能建立在“理论上的不确定性”和“零风险”的前提下，但各成员方可以决定其可接受的风险程度为零。③ 当然，根据 SPS 协定第 5.5 条的要求，在类似情形下实施的 ALOP 应当具有一致性，不能造成武断的或不合理的差别，从而导致歧视或者变相的贸易限制。在澳大利亚鲑鱼案中，加拿大的深海太平洋鲑鱼与其他鱼类产品，如鱼饵用鱼类以及活的观赏鱼，都有可能成为某种或某几种鱼类疾病的宿主，都可能引起相似的生物学或经济后果，因此被专家组认定属于“可比较的不同情形”。但澳大利亚对两

---

① See Appellate Body Report, EC-Hormones, para. 172.

② See Appellate Body Report, Australia-Salmon, para. 197.

③ See Appellate Body Report, Australia-Salmon, paras. 30, 125.

类产品采取了不同进口政策，即对前者禁止进口，对后者却不加限制。澳大利亚措施的严格程序与风险大小显然不成正比，其在类似情形下的 ALOP 也不具有一致性。但值得一提的是，澳大利亚认为，其对鱼饵用鱼类以及活的观赏鱼维持比较松散的 SPS 措施，是因为对这些产品的风险评估尚未完成，如果立即对其采取与深海太平洋鲑鱼相同的措施，将会导致澳大利亚违反 SPS 协定的其他义务，如第 5.1 条关于 SPS 措施应以风险评估为依据的要求。对此，专家组明确指出，WTO 成员方不得以避免违反 SPS 协定某个条款为其已经违反另一个条款的行为进行抗辩。[①]

（二）ALOP 体现出“武断的”或“不合理”的差异

在欧共体荷尔蒙案中，专家组比较了欧共体法规对三种荷尔蒙残留的不同要求。第一种是天然荷尔蒙被用作生长激素导致的残留；第二种是食品中自然存在的荷尔蒙残留；第三种是人工合成的荷尔蒙被用作生长激素后的残留。对此，欧共体的规定是，当天然荷尔蒙和人工荷尔蒙被用作生长激素时，牛肉中的荷尔蒙最高残留限量应当为零。一些食品（如鸡蛋和西兰花）本身所含荷尔蒙成分比较高，但欧共体法规对这类荷尔蒙残留限量未做任何要求。专家组的结论为上述保护水平的差别是武断且不合理的。但上诉机构得出相反的结论。因为食物中天然存在的荷尔蒙与人为添加的荷尔蒙（无论是天然荷尔蒙还是人工合成的荷尔蒙）存在根本性的差异，要求政府禁止生产和消费原本就含有荷尔蒙的天然食品或者对其天然就含有的荷尔蒙作出零残留的规定，这是一件很荒唐的事情。同样，欧共体对用作兽医治疗的天然荷尔

① See Panel Report, Australia-Salmon, para. 8.126. 不仅如此，专家组还指出，并非在任何情况下，SPS 措施都必须以完成风险评估为前提，SPS 协定第 5.7 条为没有科学依据的临时性 SPS 措施提供了法律依据。

蒙残留与用做生长激素的天然荷尔蒙残留做出不同要求也并非武断和不合理。因为两者使用的规模和频率、使用对象以及管理难易程度上都有很大的区别。[①] 上诉机构否定这两个措施构成武断、不合理的差异,大致有以下三个方面的原因:第一,这种差异的存在都有合理的、比较科学的理由支撑。第二,不同保护水平是与不同情形下的健康风险程度有关。食品中天然含有的荷尔蒙对健康的危害不同于人工添加的荷尔蒙,前者是随机的,而后者是人为的。为治疗使用荷尔蒙毕竟是少量的,且不是长期持续的,其对健康的危害少于持续性而有规律的、为刺激动物生长而使用荷尔蒙。第三,一定程度上,上诉机构考虑了管理和控制的难易程度,对生长激素用荷尔蒙采取了较高保护水平的措施,是因为相对于治疗用荷尔蒙,对前者的管理难度也更大。虽然对食品中的天然荷尔蒙引起的健康风险进行控制也非易事,但因为其健康风险小于人工添加的荷尔蒙,所以对其采取较低保护水平的措施是合理的。由此,我们也可以看出在 SPS 协定下,非歧视性要求与科学性要求并非孑然无关。

在该案中,更多争议是由另一组保护水平的差异引起的,即欧盟法规对两种抗生素卡巴多(carbadox)和喹乙醇(olaquindox)的态度,与上述用作生长激素的荷尔蒙(无论是天然还是人工合成,只要是人为添加)的态度显著不同。欧共体允许卡巴多和喹乙醇作为饲料添加剂用于猪类饲养,对猪肉中的残留也没有限制,却禁止在牛的饲养过程中将 6 种荷尔蒙用作生长激素,对牛肉中的荷尔蒙残留的要求为零。然而,上述两种抗生素同样有着刺激生长的效果且对人类健康也有着致癌的风险。欧共体措施的保护水平存在明显的差异。对此,欧共体列举了

① See Appellate Body Report, EC-Hormones, paras. 221 – 225.

七个理由进行解释，却被专家组一一驳回。[①] 专家组和上诉机构都认为这个差异是武断的、不合理的，很重要的原因是，对于同样的健康风险，欧共体却采取了不同的要求，体现的保护水平有差异，且欧共体无法为这种差异提出合理的、令人信服的解释。

总而言之，WTO 争端解决机构在判断进口成员方的措施是否构成武断的或不合理的差异时，被诉方能否为这种差异性给出合理性的解释非常关键。这一点在澳大利亚鲑鱼案中再次得到体现，澳大利亚允许鱼饵用鱼类以及活的观赏鱼在接受一般的检疫处理后进口，但禁止野生太平洋鲑鱼的进口。该案技术专家认为，通常情形下，活鱼携带疾病的风险最高，其次为鱼饵用鱼类，最后才是可食用鲑鱼。澳大利亚认为鲑鱼可携带多种疾病，所以风险最高。但就其主张的 24 种疾病而言，仅有 5 种在深海太平洋鲑鱼中被实际检测到。最终，专家组认定澳大利亚的措施构成武断、不合理的差异。[②]

---

① 这七个理由分别是：(1)抗菌素不是激素。但专家组认为，欧共体未能解释这一区别何以导致不同的规制方法，毕竟二者都有致癌风险。(2)抗菌素是通过平衡肠菌群从而间接促进猪仔的生长，其主要作用还是预防性治疗。而荷尔蒙被用作生长激素时没有预防性治疗的效果，但专家组持否定意见。(3)抗菌素作为饲料添加剂销售时，是预包装产品，其比例是事先配置好的，不会被滥用。但专家组认为，注射用荷尔蒙产品也都是按照预先设定剂量包装的。而且技术专家认为，抗菌素作为饲料添加剂会给接触饲料的人带来健康风险。(4)不存在与两种抗菌素有相同治疗效果的其他替代物。但专家组根据技术专家的意见列举了一种替代物土霉素(oxytetracycline)。(5)两种抗菌素只有在 4 个月及以下的猪仔身上使用时才会有促进生长的效果。欧共体指令还规定停药期至少是 28 天。专家组认为没有理由相信被药物治疗后的猪仔就不会被屠宰用作食品原料，而且也可以对被禁止使用的荷尔蒙采取相类似的管理措施。(6)抗菌素的用量非常少，几乎不会被猪仔的内脏所吸收。因此几乎不会残留于猪肉中。但技术专家认为，只要动物被投喂了某种药物，其肉中总会有一些药物或代谢物的残留。(7)欧共体允许使用的兽药种类有 10,000 种至 15,000 种，而美国和加拿大所质疑的只是其中的两种抗菌素，这说明欧共体已经维持了相当一致的保护水平。但专家组认为，欧共体理事会于 1996 年 2 月关于重新审查两种抗菌素使用的决定，已经说明欧共体承认其保护水平的差异是没有道理的，因此需要对其进行重新审查。See Appellate Body Report, EC-Hormones, paras. 228 – 234.

② See Panel Report, Australia-Salmon, paras. 8.133 – 141. 鱼饵用鱼类的检验程序没有可食用鲑鱼严格，且主要是被投入水中使用，更易于传染疾病。活的观赏鱼也没有经历某些减少危害的关键步骤，如去头，去内脏处理，物理或化学处理。

(三)导致了歧视或者对国际贸易的变相限制

第三个构成要件要求"武断的或不合理的"差异导致歧视或变相贸易限制。在上诉机构看来,这个构成要件是指,体现特定保护水平的贸易措施,其实施方式导致了歧视或变相贸易限制。虽然并非刻意为之,但上诉机构表明第三个构成要件与措施的实施方式有关。① 由于这个构成要件与 GATT1994 相关条款的表述极为类似,因此,欧共体荷尔蒙案专家组曾主张,以往争端解决实践的推理可做参考。尤其是:(1)上诉机构在美国标准汽油案中的观点:GATT1994 第 20 条序言中的术语"武断的歧视""不合理的歧视""变相的贸易限制"这三个词语是可以相互解释的。据此,在专家组看来,武断的歧视本身也就意味着变相的贸易限制了。(2)上诉机构在日本酒精饮料案中关于 GATT1994 第 3.2 条第 2 句的解释:税收幅度的明显差异足以说明差别征税就是为了保护国内产业,也就是变相的贸易限制或歧视。同理,专家组认为,欧共体对生长激素用荷尔蒙和抗生素(指卡巴多和喹乙醇)最大残留限量的不同规定,体现的保护水平明显不同,这种差异可以被解释为是为了保护国内生产者,构成变相贸易限制或歧视。②

① Appellate Body Report, EC-Hormones, para. 214. 原文如下:"We understand the last element to be referring to the measure embodying or implementing a particular level of protection as resulting, in its application, in discrimination or a disguised restriction on international trade。"在第 215 段中上诉机构再次强调"The third element must also be demonstrably present: the implementing measure must be shown to be applied in such a manner as to result in discrimination or a disguised restriction on international trade。"

② 对此,专家组也给出了六个理由:(1)两者残留限量的不同规定,荷尔蒙为零残留,两种抗菌素为不做限制。(2)欧共体未能给出令人信服的理由。(3)进口禁令限制了国际贸易。(4)从欧共体相关立法的序言、欧洲议会的报告、欧共体经济和社会委员会的意见中可以看出,欧共体措施所要实现的多个目标包括:统一欧共体各成员方关于荷尔蒙使用的立法差异,消除由此导致的市场扭曲,消除市场内部的贸易壁垒。增加国内牛肉的消费,减少牛肉产品的剩余。为国内生产者提供更优惠的待遇。(5)禁令生效之前,欧共体境内无激素饲养的动物数量明显少于美国和加拿大。欧共体的措施构成事实上的歧视。(6)荷尔蒙主要用于养牛业,抗菌素则用于养猪业。前者存在大量国内剩余,欧共体的首要目标当然是减少剩余,而不关心产品的国际竞争力。后者没有国内剩余,可以依靠产品的国际竞争力保持市场的正常运作。See Appellate Body Report, EC-Hormones, paras. 242 – 243.

就第一点而言,上诉机构推翻了专家组的结论,并指出 GATT1994 第 20 条的序言与 SPS 协定第 5.5 条在语法结构上是不同的,不能随意将前者的推理结论适用于后者。上诉机构所指"语法结构上的区别"主要是指,GATT1994 第 20 条的序言使用了"或者(or)"来连接"武断的歧视""不合理的歧视""变相的贸易限制"这三个词语。因此这三个要件只需满足其一就可以。但是根据上诉机构对 SPS 协定第 5.5 条构成要件的解释,"武断的或不合理的差别"与"歧视或变相贸易限制"是并列要件,需要累积适用的。尤其是,对 5.5 条下的术语,必须结合第 2.3 条的"基本义务"(即 SPS 措施不能以变相限制贸易的方式实施)加以解读。不仅如此,上诉机构强调,对第 5.5 条而言,第三个构成要件尤为重要。第二个和第三个构成要件应同时具备。在判断第三个构成要件是否满足时,被诉方实施的适当保护水平(第一个构成要件)是考虑因素之一,但即使被诉方实施的适当保护水平存在"武断的、不合理的"差异(第二个构成要件),这也不足以证明存在"歧视或变相的贸易限制"(第三个构成要件)。第二个构成要件可以传递一些"警示信号",保护水平上的武断的、不合理的差异只是用于判断第三个要件的间接证据。从这些观点中,我们可以看出,"武断的、不合理的差异"不能引出"歧视或变相贸易限制"的结论。上诉机构的这个结论无疑是正确的,否则专家组的观点将会导致第 5.5 条的第三个构成要件形同虚设。

关于第二个结论,欧共体荷尔蒙案专家组的思路是,一旦认定欧共体措施的实施目的是给国内牛肉生产者提供保护,那么对进口牛肉产品的限制措施则是变相的贸易限制。因此,对于专家组而言,明确欧共体的贸易保护主义动机是最关键的。一方面,专家组将 SPS 协定第 5.5 条的"保护水平"的差异类比于 GATT1994 第 3.2 条第 2 句的税收差别。另一方面,专家组考察了欧共体措施的立法目标。[①] 对此,上诉机构认为将其在日本酒精饮料案中的观点(第 3.2 条下的税收差异本身就足以说明保护国内生产者的动机)直接适用于第 5.5 条是不合适的。与保护水平差异不同,税负水平的差异是可以量化的,明显有利于国内产品的税率一定会妨碍进口产品的竞争力,从而给国内产品提供保护。在税负差异和保护国内产品之间有明显的联系。但对健康风险可接受程度上的差异不一定会给国内产品提供保护。[②] 但就以措施具有贸易保护主义动机论证"变相贸易限制"的方法,上诉机构无疑是认同的。

在日本酒精饮料案中,上诉机构提出,在认定某措施是否为了保护国内产业时,应采用客观审查标准,从措施的设计、构成以及体系结构、实施效果等方面进行审查,而立法者的主观意图则不是必须审查的。[③] 但我们应注意到,在 GATT1994 第 20 条的具体项之下,立法者的主观意图是需要接受审查。因此,在 SPS 协定下,争端解决机构则往往会采取客观审查和主观审查相结合的做法,[④]欧共体荷尔蒙案专家组甚至有

① 专家组论证欧共体的保护水平差异构成"歧视性"的理由之四。

② Appellate Body Report, EC-Hormones, footnote 251.

③ Appellate Body Report, Japan-Alcoholic Beverages II, para. 119.

④ 专家组对客观审查精神的领会和运用主要体现在,欧共体荷尔蒙案专家组注意到,欧盟国内采用激素饲养的动物比例明显低于美国和加拿大,从措施的实施效果上看,国内产业都被纳入较好的待遇范围(允许流通),而进口产品大部分都会被归入低待遇范围(禁止进口),因此,类比日本酒精饮料案的具体情形,专家组认为措施的实施效果也证明欧共体措施的实施目的是为了保护国内产业。但它却忽视了国内产业之所以都被纳入较好的待遇范围,正是欧共体在其境内实施了调控措施(禁止使用荷尔蒙生长激素)的结果。另外,在多米尼加香烟案中,上诉机构指出,一项措施不利的影响了进口产品的竞争地位,如果这种不利影响是由原产地以外的其他原因导致,例如进口香烟所占市场份额低于国产香烟,因此,同样是交付 500 万比索保证金的要求,对于进口香烟来说,每单位香烟所分摊的负担就大于国产香烟,这种不利待遇的存在不构成对 GATTA1994 第 3.4 条的违反。在本案中,美加牛肉的市场竞争条件受到限制不是基于原产地,而是因为产品质量引起的健康风险。See Appellate Body Report, Dominican Republic-Import and Sale of Cigarettes, para. 96.

揣测欧共体主观动机的迹象。[①]

在欧共体荷尔蒙案中,除拨正专家组的解释路径外,上诉机构关于第5.5条第三个构成要件的正面论证较为简略。一方面,上诉机构强调了欧洲消费者对食品安全的焦虑。这源于走私禁用兽药及黑市交易的丑闻被曝光,关于荷尔蒙致癌性的科学研究结果的发布,消费者对无激素牛肉质量的深度关注,对滥用生长激素类药物的担忧。另一方面,欧共体成员对荷尔蒙用作生长激素的立法及其不统一,由此导致的市场混乱使得欧共体确有必要统一立法,以建立起统一的国内牛肉销售市场。再者,通过增加牛肉消费来减少产品剩余,不仅符合欧共体农民的利益,也符合其他非激素牛肉出口国农民的利益。上诉机构认为,无论是欧共体指令的设计和结构,还是美加两国所提交的证据都不能支持专家组的结论,[②]也就是说,欧共体保护水平的差异,即使构成武断的、不合理的差异也不构成歧视或变相贸易限制。值得一提的是,上诉机构得出这一结论,虽然提及了"欧共体指令的设计和结构",但并未就其展开深入的论证,相反,从其上述理由看,上诉机构更多的却是从欧共体的立法动机着手。

同样,在澳大利亚鲑鱼案中,专家组基于三个"警示信号"和两个基本理由认定澳大利亚的措施构成"歧视或变相贸易限制"。这些依据基本上被上诉机构认可。对其进行分析,我们仍然可以看到主观审查的痕迹。具体而言,三个"警示信号"包括保护水平的武断或不合理差异、

---

① 专家组认为欧共体保护水平差异构成"歧视性",理由之一就是,荷尔蒙主要用于养牛业,抗菌素则用于养猪业。前者存在大量国内剩余,欧共体的首要目标当然是减少剩余,而不关心产品的国际竞争力。后者没有国内剩余,可以依靠产品的国际竞争力保持市场的正常运作。See Appellate Body Report, EC-Hormones, paras. 242 – 243.

② Appellate Body Report, EC-Hormones, paras. 236 – 246.

保护水平差异的显著性、措施没有以风险评估为依据。[①] 这些“警示信号”不能直接证明案件的事实，但能和其他证据联系起来，共同证明和确定案件事实。被上诉机构认可的两个基本理由是：(1)国内产业保护的动机。澳大利亚措施的直接依据是 1996 年最终报告，但 1996 年最终报告又是以 1995 年报告为蓝本的。两份报告的结论却截然不同。1995 年草案报告建议在一定条件下，去头、去内脏的鲑鱼产品是可以允许进口的。而且建议评估结果应随着科技进步而被重新审查。但澳大利亚并未解释其 1996 年最终报告发生立场转变的理由，也未提出新的科学证据。[②] 专家组认为，促使澳大利亚两份报告发生立场转变的关键推力是来自国内企业保护鲑鱼产业免于进口竞争的压力。(2)澳大利亚对国内鲑鱼市场的管理水平不如对进口产品严格，且未提出令人信服的理由。[③] 澳大利亚并未针对国内水生动物产品贸易实施与进口产品同样严格的控制措施，但其对进口鲑鱼产品的严格限制却于 20 年前(1975 年)就开始实施。

总而言之，尚不明确的是，就 SPS 协定下的非歧视性要求而言，争端解决机构是否会持续采用主观审查的方法明确措施本身的真实意图

---

① 但在美国禽肉措施案中，专家组却将“措施没有以风险评估为依据”作为认定措施构成“武断或不合理的差异”的理由。参见高田甜：《中国诉美国禽肉限制措施案评析》，载《海关法评论》2011 年第 2 卷。

② 在技术专家看来，澳大利亚所提出的，对虾病毒的蔓延，对已有科学知识的重新鉴定以及相关经济、环境后果并不构成新的科学知识和技术问题。

③ 流行性造血器官坏死病(EHN)属于被 OIE 列入须通报动物疫情名录的疾病。根据 OIE 的定义，这类疫病被认为对一国的社会经济以及公共健康有重要意义，对水生动物的国际贸易有着重要影响。据报道，该疫病曾在澳大利亚维多利亚州的鲑鱼群中发生，但在其他地区则没有报道。然而，澳大利亚并未因此限制鱼类产品在国内市场上的流通。澳大利亚认为，对其而言，该疫病并不是特别危险，其危害性远不如那些外来性的疫病，如传染性造血组织坏死病毒(IHNV)。因为澳大利亚本岛大陆与塔斯马尼亚岛之间不存在大规模的新鲜鲑鱼贸易。澳大利亚西部地区几乎没有鲑鱼养殖业，女王岛地区只有一些偏僻的山区存在少量鲑鱼群。北领地地区则没有鲑鱼存在。但在专家组看来，这些理由却同样可用于支持涉案的进口鲑鱼产品。See Panel Report, Australia-Salmon, paras. 8. 156 – 157.

和政策目标,而不仅仅是考察SPS措施在客观上的效果。然而,基于以下两个理由,更为合理的做法应该是,我们不能因以往争端解决机构在GATT第20条序言中采用了客观审查方式,就否定SPS协定下非歧视性要求的主观审查方式。其一,在GATT1994国民待遇要求下,DSB通常会采用客观审查的方式,[①]但贸易措施的政策目标通常会被置于GATT第20条具体项之下接受审查。正因如此,上诉机构在美国虾产品案中指出,不能再次根据贸易措施的政策目标来判断其是否符合序言的要求。这也就能够解释为何GATT第20条序言下的审查仍然采用客观审查的方式。其二,从GATT第20条和SPS协定的缔约历史来看,GATT第20条是为了防止各缔约方实施“间接贸易保护”,SPS协定是防止农产品自由贸易的谈判成果被各国的SPS措施抵消。简言之,两者具有相同的目标,即防止各国以“合法的政策目标”之名行“贸易保护”之实。[②]

另外,虽然第2.3条与第5.5条都是非歧视性要求的条款,但就具体构成要件而言,两者表面上相似,却有不同。在印度农产品案中,美国根据澳大利亚鲑鱼案第21.5条专家组报告归纳出第2.3条第1句的三个构成要件,该案专家组也依据这一框架展开分析。这三个构成要件分别是:第一,被指控措施在成员之间造成歧视。就歧视的表现形式而言,措施所体现的适当保护水平存在差别只是其中之一,因此,第2.3条适用的范围要大于第5.5条。第二,该歧视是武断的或不合理的。

---

① GATT1994第3.2条第2句的构成要件有三个:(1)进口产品与国产产品是直接竞争或可替代产品;(2)二者承受的税负有明显差异;(3)为了保护国内生产。就第三个构成要件而言,上诉机构在日本酒精饮料案中认为应采用客观审查标准,即主要是从措施的设计、构成以及体系结构,实施效果等方面进行审查,立法者的主观意图则不是必须审查的,第三个构成要件是与措施的实施方式而不是与主观意图有关的问题。

② 关于SPS协定的缔约历史及其与GATT1994的关系参见本书第一章第一节。GATT1994第20条序言的缔约历史参见本章第二节。

一项 SPS 措施如果违反了第 5.5 条的第二个和第三个构成要件，则必然违反第 2.3 条第 1 句第一个和第二个构成要件，以及第 2.3 条第 2 句。第三，相关成员方存在相同或类似的状况。第 2.3 条要求比较的是成员方之间的 SPS 状况。第 5.5 条所比较的是进口成员方的 SPS 措施在不同成员方之间所体现的“适当保护水平”。

三、关于第 5.5 条执行的指南

SPS 协定第 5.5 条第 2 句的规定，“各成员方应在（SPS）委员会中进行合作，依照第 12 条第 1 款、第 2 款和第 3 款制定指南，以推动本规定的实际实施”。根据这个规定，2000 年 6 月 21 日，SPS 委员会通过了《推动第 5.5 条执行的指南》。① 从性质上看，这个文件属于 WTO 机构制定的一种法令，是 WTO 法律渊源之一，WTO 专家组和上诉机构在案件审理过程中应予以参考，但这些法令不能规定“可以通过 WTO 争端解决机制执行的权利和义务”，各成员方不能以这些法令为依据提起违约之诉。② 因此，该指南也明确说明“本指南的规定不增加或减损成员方在 SPS 协定和其他 WTO 协定下的权利和义务，指南也不对 SPS 协定的条款进行解释或修改”。

该指南主要的目标是帮助各成员方在实施 SPS 措施时，在适当保护水平 ALOP 上能够做到同等情况同等对待，也就是 SPS 协定第 5.5 条所提及的“一致性”目标。判断保护水平是否一致的先决问题是“不同情形的可比性”或者说“不同情形的类似性”。根据以往的争端解决

---

① See G/SPS/15. 该指南的很多内容都直接来源于 WTO 争端解决机构报告中的观点。

② WTO 机构所制定的法令并不都是这种类型。如 WTO 部长会议和总理事会通过的“有权解释”和“义务豁免”可以就成员方的权利和义务作出规定，这些规定可以通过争端解决机构予以执行。See Bossche, Peter van den, *The law and policy of the World Trade Organization: text, cases and materials*, 2nd ed., Cambridge; New York: Cambridge University Press, 2008, p. 55.

实践，尤其是依据澳大利亚鲑鱼案和欧共体荷尔蒙案的经验，该指南的评论部分指出：(1)在保护动植物生命或健康免受虫害或疾病危害方面，如果不同情形下的风险涉及相同或类似的疾病，或者相同或类似的生物或经济后果，那么这些情形就具有可比性。(2)在保护人类或动物的生命或健康免受食源性风险危害方面，如果不同情形涉及相同物质或病原体，或者对健康产生的不利影响相同，那么这些不同情形则具有可比性。[①] (3)风险类型也是判断"不同情形是否具有可比性"的因素之一。根据 SPS 协定附件 A4 对"风险评估"概念的界定，划分风险的类型，将"相似的"风险归为一类，这也需要比较风险发生的"概率"和"相应的后果"。[②]

从内容上看，该指南分为 A 和 B 两大部分。A 部分主要用于帮助各成员方如何明示各自的适当保护水平 ALOP。B 部分适用于成员方未能明示其 ALOP 时，应如何从其实施的 SPS 措施中判断其 ALOP。两部分的内容部分重叠。根据 A 部分的要求，各成员方应(should)用清楚明确的方式表明其 ALOP，例如，政府公开发布的政策声明，或者通过利益相关方可以获得的文件。为了促进各成员方实施的 SPS 措施在 ALOP 上的一致性，各成员方应在境内实施 SPS 措施的机构之间建立起有效的信息发布和沟通机制。各方应把将要实施的 ALOP 与以往类似情形下已经实施的 ALOP 进行比较。根据 B 部分的要求，各成员方应为境内 SPS 机构建立起通用的风险评估方法和一致的 SPS 措施评议程序。

此外，人类健康保护水平的差异有可能源于人们在某些特殊情形

---

① 参见《指南》第 A2 部分的评论。See G/SPS/15.

② 参见《指南》第 A4 部分的评论。See G/SPS/15. SPS 协定附件 A4 将风险评估分为检疫性风险评估和食源性风险评估。因此风险被大致分为"检疫性风险"和"食源性风险"。对前者进行风险评估时需要考察生物和经济后果。对后者则没有这个要求。

下自愿承担某些风险。因此,SPS 协定第 5.5 条第 3 句要求 SPS 委员会在制定指南的时候应考虑这种“人类自愿承担风险”的情形可以作为实施不同 ALOP 的理由。基于此,该指南第 A8 部分包含了两层含义:(1)例外情形下,“人类自愿承担风险”可以作为实施不同 ALOP 的合理理由。其注释 4 说明,在 A8 条款的磋商过程中,各方确认的“自担风险”情况包括饮用酒精饮料、食用某些传统食品,如腌鱼、食用某些有毒的鱼等。(2)各成员方应(should)明确其认为的“人们自愿承担风险”的情形范围。根据风险心理学的观点,相比较于被动承受的风险,人们自愿选择的风险更容易被接受和被感知为低风险。[①] 除此以外,其他的一些因素,如对危险的认识程度和了解程度、风险的可预知程度和控制程度、风险的来源(人为的风险或自然风险)、风险的灾难性后果、风险承担和利益获得的分配等,都有可能影响到人们对风险的感知结果。这说明 SPS 协定及其指南有限地认可了风险心理学意义上的“风险”的概念:一方面,这种被感知的风险只是在例外情形下可以支持不同 ALOP 的 SPS 措施;另一方面,只有通过“自愿选择承受风险”的方式,公众对风险感知的结果才能作为合理依据。

第二节 GATT1994 第 20 条序言中的非歧视性要求

虽然如前文所言,在荷尔蒙案中,上诉机构并不赞成将其关于 GATT 第 20 条序言部分的观点结论直接用于 SPS 协定第 5.5 条下的推理。但结合该案上下文背景,上诉机构这个意见是具体有所指的,即

---

① 但不能简单地从行为选择来判断行为人是否自愿承受风险。只有在行为人掌握了足够的信息,并且具备相应的理解能力的情况下做出的选择才能作为判断自愿性的依据。

GATT1994 第 20 条序言中的“不合理的歧视”“武断的歧视”和“变相的贸易限制”三个词语可用于相互解释，“变相的贸易限制”已经包含了“不合理的歧视”和“武断的歧视”两种情形，但不能据此对 SPS 协定第 5.5 条的相似概念也做这种理解。当然，在所有的涉及第 20 条一般例外的案件中，上诉机构并非都是采用对三个概念不加区分的方法，尤其在美国虾产品案中，上诉机构详细地剖析了第 20 条的结构和具体词语的审查方式。而在 SPS 协定相关争端解决过程中，上诉机构尚未对这些相似概念做具体而详细的解释。

再者，GATT 第 20 条序言与 SPS 协定非歧视性要求的相似性不仅仅体现在以上三个具体概念的表述，更重要的是，两者都是基于“国家间状况”的比较，而不是像 GATT 第 1 条和第 3 条那样基于“产品的类似性”。在谨记两个协定相关条款措辞和结构差异的同时，研究和借鉴其中的推理路径，对于 SPS 协定非歧视性原则的深入理解不无裨益，事实上，在对条款的文义进行仔细研究的基础上，上诉机构也经常借用以往不同案情下相似概念的推理以获得启示。[①] 正因如此，在近期的印度农产品案中，专家组对 SPS 协定第 2.3 条的解释路径清晰地显示了对 GATT 第 20 条序言相关案例的借鉴。[②]

一、GATT 第 20 条序言的缔结历史及其目的和宗旨

GATT1947 第 20 条的最初草案是由英国和美国在 1945 年 12 月提交的，主要是规定了自由贸易的一些习惯性例外，这个草案条款对这些例外的适用没有条件限制。但是在准备委员会的伦敦会议期间，比利

---

① 例如在欧共体沙丁鱼案中，上诉机构认为，其在欧共体荷尔蒙案中关于 SPS 协定第 3.1 条和第 3.3 条的推理对本案中解释 TBT 协定第 2.4 条是直接相关的。两个协定的相关条款都涉及“以国际标准为依据”的问题。See Appellate Body Report, EC-Sardines, para. 242.

② See Panel Report, India-Agricultural Products, paras. 7.397 – 400.

时和荷兰注意到了“间接保护主义”的现象,即滥用“保护动植物生命或健康”等条款来间接实施贸易保护主义政策。[①] 因此,有必要加入另外的条款以明确禁止上述行为。在参考《1927 年取消进出口禁令和限制措施的国际公约》的基础上,[②]英国提交了一个修改草案,“贸易措施的实施,不得对具有相同状况的国家造成武断的歧视,或者是对国际贸易造成变相的限制”。可以看出,第 20 条序言的起草者从一开始就赋予了其“禁止权利滥用”的目的:即使是为实施合理政策目标的需要而采取贸易限制措施,各成员方也应注意实施方式和实施程度的问题,尽可能地保持贸易和其他合理利益的平衡,保持各方的权利和义务的平衡。这也为后续争端解决实践对该条款的解释提供了法理依据。

在关贸总协定历史上,GATT 第 20 条的序言并未特别引起专家组的注意,因而未能发挥显著的作用。直到 WTO 成立后,在美国标准汽油案中,上诉机构第一次注意到了序言的作用,曾明确指出第 20 条序言的目的就是防止滥用权利。[③] 进而在美国虾产品案中,上诉机构又为序言引入了另一个特别的宗旨:平衡各方的权利和义务。[④] 第 20 条的(g)项突出了环保利益,尊重了援引例外条款的一方的权利。与此同

---

① See GATT Analytical Index I, p. 563. available at: https://www.wto.org/english/res_e/booksp_e/gatt_ai_e/gatt_ai_e.htm,2014 年 7 月 1 日访问。

② 该公约是在国际联盟主持下缔结的,但未曾生效。该公约旨在取消关税以外的贸易壁垒,同时也规定了一定条件下的例外,即“只要(贸易措施)的实施,不在具有相同状况的外国国家之间造成武断的歧视,或者是对国际贸易造成变相的贸易限制”。可以看出,相比较于 1927 年公约,GATT 第 20 条序言将非歧视要求扩展到“所有具有相同状况的国家之间”。See Rüdiger Wolfrum, Peter-Tobias Stoll, Anja Seibert-Fohr, *WTO: Technical Barriers and SPS Measures*, Leiden; Boston: Martinus Nijhoff Publsihers, 2007, p. 68.

③ See Appellate Body Report, US-Gasoline, para. 9.

④ 该案上诉机构的思路是 WTO 协定的序言和《设立贸易与环境委员会的部长决定》构成了《维也纳条约法公约》第 31.2 条意义上的 GATT 第 20 条的“上下文”。WTO 协定的序言源于 GATT1947 序言,但以“资源的最佳利用”代替后者的“资源的充分利用”。WTO 贸易与环境委员会的设立也说明 WTO 规则强调贸易自由与环境保护的平衡。因此,作为一般例外条款的第 20 条的宗旨目标应含平衡各方的权利之意。

时，序言部分也要求援引例外条款一方尊重其他成员方在条约下的权利。上诉机构强调，限制援引例外条款一方滥用或误用权利的行为，与平衡各方的权利义务是密切相关的，允许援引例外条款的一方滥用权利则必然导致各方的权利义务无法平衡。[①] 此处上诉机构的本意并不是将平衡利益的宗旨当作无源之水、无本之木，其落脚点仍然是反对权利滥用。

二、GATT 第 20 条序言的逻辑结构

从结构上看，上诉机构通过美国标准汽油案指出，第 20 条分为两个部分，即具体项和序言。从审查对象看，与具体项不同的是，序言部分侧重措施的实施方式而不是措施本身。在美国虾产品案中，上诉机构浓墨重彩阐述了第 20 条的结构及其具体概念。首先从文义解释的方法着手，第 20 条序言部分明确提及“武断的歧视”等与“措施的实施方式”有关。上诉机构指出专家组所关注的措施的规划设计，包括其性质、内容、目的和效果等都应该是在具体项审查时应考察的。从目标宗旨解释的方法看，上诉机构沿袭美国标准汽油案的观点，第 20 条序言的目的在于防止滥用权利，很明显，具体项是针对措施的内容和政策目标的，序言是针对措施的实施方式的。因此应从措施的实施方式上审查是否有滥用权利的情形存在。

在将第 20 条分为序言和具体项两个部分的基础上，就审查顺序而言，上诉机构认为，只有“先具体项后序言”才能体现第 20 条基本逻辑结构。因为序言的措辞是宽泛的，如果不先确认措施属于具体项的哪一种情形，要对序言进行解释则会非常困难。而且评判何为“武断的、不合理的歧视”的审查方法因措施种类不同而有不同，因此，首先应将

---

① See Appellate Body Report, US-Shrimp, para. 156.

措施归入某一具体项，然后再去判断该措施是否有滥用例外的可能。[①]上诉机构反对专家组先审查序言的方式，因为这样做的结果就是，不针对具体的措施种类，为序言的相关概念规定了一个笼统而一般性的解释方法。就第 20 条序言而言，存在三个标准：一是措施的实施方式在状况相同的国家间构成武断的歧视；二是措施的实施方式在状况相同的国家间构成不合理的歧视；三是措施的实施方式构成变相贸易限制。就前两个标准来说，具体应包括三个构成要件：第一，措施的实施方式构成歧视；第二，这种歧视具有武断或不合理的特点；第三，这种歧视发生在具有相同状况的国家之间。[②] 很遗憾的是，上诉机构并没有解释如何比较国家间具有相同的状况。

三、不合理的歧视

关于这个概念的解释，值得一提的是美国在虾产品案上诉状中的观点：在判断一项贸易措施是否构成"不合理的歧视"应审查该措施的政策目标是什么，该目标是否属于 GATT 第 20 条具体项之一。如果符合其中一项例外，则该政策目标就可以为措施的"歧视性"赋予合理性。但上诉机构显然不认同美国对"合理的歧视"的理解。在上诉机构看来，解释条约的一个根本原则就是不能导致某个条款或其一部分变得没有意义。第 20 条的具体项已经考察了该措施的政策目标的合理性问题，不能再次运用这个标准来判断措施是否符合序言的要求。

在美国虾产品案中，上诉机构最终认定美国的贸易措施，如实施 609 法案的 1996 年指南，构成"不合理的歧视"主要有以下几个理由：

1. 在追求某种政策目标的同时，是否考虑"殊途同归"的其他方法。

---

① See Appellate Body Report, US-Shrimp, para. 120.

② See Appellate Body Report, US-Shrimp, para. 150.

美国609法案第b(2)下(A)项和(B)项是适用范围最广泛的、允许虾产品进口的两个例外，但该条款本身并没有为保护海龟的方式规定一个统一的标准。只要求出口国的保护措施(防止误杀海龟的捕虾规则)和误杀率大体与美国相同即可。这至少为不同保护措施之间的等效性认定留下了空间。但1996年指南在具体实施时不仅没有体现这种灵活性，而且非常的机械僵化。该指南为609法案第b(2)下(A)项和(B)项认证只规定了唯一的条件，即出口国必须像美国一样，颁布相关法律法规，要求捕虾渔船安装海龟逃生装置TEDs，仅有极少量例外。[①]认证机构在实际发放认证的过程中也是遵循这个唯一的标准。对其他国家所实施的、能够达到同样效果的不同措施而言，这是一种歧视。

不仅如此，如果出口国家未能获得这种认证，原产该国的虾，即使是通过安装TEDs装置的渔船捕捞的，也不能获准进入美国市场。这也说明美国措施的目标不仅在于保护海龟，更在于强迫其他成员方实施与其一致的规制措施。在国际贸易中，一个成员方为实现其政策目标，采用禁令的方式要求其他成员方实施与其完全相同的措施，而不考虑不同国家的差异，这无疑是对其主权权利的滥用，是对一般例外条款赋予的豁免权的滥用，也是对其他成员方在WTO协定下权利的不尊重，更是对其在WTO协定下所承诺的自由贸易义务的背离。

再者，不具体分析各出口国的具体情况，不考虑美国的规制措施是否适用于具有不同国情的其他国家，而对这些国家采取相同的要求，这种“不同情形仍然同等对待”的做法仍旧体现出一种僵化和不合理性的歧视。[②] 如前文所述，虽然上诉机构指出第20条序言下武断或不合理

---

① See Appellate Body Report, US-Shrimp, footnote 160. 在听证过程中美国承认这些少量例外也有部分被取消，如以放生时间控制方法替代安装TEDs。

② See Appellate Body Report, US-Shrimp, para. 165.

歧视的构成要件中只是要求"措施在具有相同状况的国家间造成歧视",但此处揭示了第 20 条的一个隐性要件,即不同状况的国家间严格适用相同措施也构成一种歧视。

2. 贸易措施有明显的歧视性和单边性且存在其他多边性替代措施。多个多边环境公约均指出应尽可能地在各国协商一致的基础上制定那些处理跨国或全球环境问题的措施。本案受保护的物种海龟是一种洄游动物,其有效保护也要求多边合作。美国 609 法案明确授权美国政府同其他国家谈判缔结海龟保护条约。但美国只是在进口禁令生效后才向起诉方提出谈判的建议,其后续行动也仅限于文件传递,并未实际执行 609 法案的缔约规定。事实上,美国也没有利用已存在的多边机制,如 1973 年《濒危野生动植物物种国际贸易公约》与涉案国家开展合作。但美国在此前却和部分国家达成《保护海龟的中美洲公约》。在存在其他多边性替代措施的情况下,美国选择了单边主义,这成为该措施构成"不合理的歧视"的依据。

3. 措施在具体实施时体现出的歧视性。在各国享有的过渡期方面、TEDs 技术转移方面,不同出口国享受的待遇是不同的,且美国未能为这种差异做出令人信服的解释。[①]

印度农产品案专家组在审查印度措施与 SPS 协定第 2.3 条的一致性时,借用了美国虾产品案对 GATT 第 20 条序言的解释方法:不考虑

① 在过渡期方面,这种差异的形成是由于美国国际贸易法院对 1991 年和 1993 年指南进行司法审查的结果,根据这两个指南,最初适用该指南的 14 个国家享受了 3 年的过渡期。而根据国际贸易法院的判决制定的 1996 年指南,要求于 1996 年 5 月 1 日前在全球范围内实施,这导致原本不在实施地域范围的印度、马来西亚、巴基斯坦和泰国只能享有 4 个月的过渡期。但上诉机构认为,法院司法行为的后果仍旧应由美国政府来承担,过渡期的差异构成"不合理歧视"。另外,美国还以不同时期 TEDs 技术的成熟度来解释过渡期差异。但上诉机构认为,过渡期的长短除了需要考虑技术可行性外,还应考虑政府管理和财政负担,以及立法和实际执行的困难。在转让 TEDs 技术方面,美国对 14 个国家付出了更多的努力,使得这 14 个国家更容易获得美国的认证。See Appellate Body Report, US-Shrimp, paras. 173 – 175.

成员方之间的任何差别，以一种僵化机械的方式实施措施即构成不合理的歧视。在虾产品案中，不同情形同等对待构成歧视，机械僵化，不留有余地的实施方式，构成不合理。在印度农产品案中，专家组首先认定存在歧视，即印度的措施体现了内外差别对待。[①] 接下来认定不合理。在这里专家组援引上诉机构在巴西轮胎案中的观点，认定 GATT 第 20 条帽子中的“武断或不合理的歧视”，关键在于是否能为歧视给出合理的解释，所给出的理由与措施的目标（即第 20 条的具体项）之间是否有合理的联系。[②] 对此，印度给出了两个理由：一是风险的不对称性，即境内爆发 LPNAI，由于疫区明确，只事关控制疫情进一步扩散。但境外产品输入则事关疫情输入，存在一定不确定性。二是印度主张 LPNAI 对其而言是外来疾病，而外来的疾病应引起更多的关注，OIE 也建议可以实施禁令措施以防止外来疾病的进入。

针对第一个理由，专家组认为仍应考虑到不存在这种不确定性的可能，即应考虑出口国实施措施有效控制“须通报禽流感”（NAI）的可能性。印度应该为某些未曾受到 NAI 影响的产品留下贸易的空间。印度认为其无法控制出口国实施的封闭和消毒措施，但这并不等于说在这些国家就不存在有效的控制措施。印度甚至都未曾善意的为此付出过努力去评估出口国的措施。由于印度的措施没有考察不同成员方的具体状况差异，而对来自通报过 LPNAI 疫情的国家的产品一律禁止进口。这种机械僵化的做法构成不合理。针对第二个理由，关键在于认定一个事实问题，即 LPNAI 对于印度而言是否为外来疾病？专家组一方面指出此处的举证责任在印度。另外，专家组也倚靠技术专家来对这一事实问题中包

---

① 美国指控印度措施存在两种形式的歧视。第一，全面禁止进口贸易，而国内贸易的禁止范围仅限于疫区 10 公里范围内。第二，印度因低致病性禽流感（LPNAI）疫情而禁止相关产品进口，但国内却没有旨在监测 LPNAI 的监管要求，导致事实上只对进口产品实施贸易限制。

② See Appellate Body Report, Brazil-Retreaded Tyres, para. 226.

含的技术问题进行判断。最终得出结论是印度未能证明该疾病是外来的。换言之,印度未能为其措施的歧视性提供合理解释。

四、武断的歧视

在解释何为“武断的歧视”时,上诉机构在美国虾产品案中所给的理由,部分与“不合理的歧视”是重叠的,如美国为虾产品的进口认证规定了僵化、缺乏变通的唯一条件,而不考虑不同国家的具体情况是否适当。在上诉机构看来,这些概念之间是可以相互解释的。当然上诉机构对“武断的歧视”也给出了与“不合理歧视”迥然不同的审查标准,即“正当程序”标准。在其看来,GATT1994 第 10 条所体现的正当程序要求通常会适用于那些符合 WTO 规定的措施,[①]那么对构成例外情形的、背离 WTO 义务的措施更应严格遵守正当程序要求。而美国对出口国家的认证程序是充满非正式性和随意性的,让出口国难以确信认证过程是公平和公正的。比较典型的问题如,认证过程缺乏沟通交流,申请国的意见无法传递给美国政府的认证机构。认证过程“三无”:无正式通知、无说明、无复审。只公布已获认证的国家名单,对被拒绝国家,不提供理由和复审机制。

综上,上诉机构对 GATT 第 20 条序言的相关解释,对 SPS 协定的非歧视性要求的理解,既有启发性又须谨慎援引。尤其是上诉机构关于“不合理的歧视”的解释,其中所蕴含的“接受等效措施”的观点,在 SPS 协定中已被第 4 条明示加以规定,因此在解释 SPS 协定第 2.3 条或第 5.5 条的非歧视性规则时,不宜再引申出等效性认定的要求。同时,上诉机构关于“防止权利滥用”和“正当程序”的思路无疑是具有启示性意义的。

---

① GATT1994 第 10.3 条(a)项要求各成员方以统一、公正、合理的方式制定、实施其法律法规。(b)项要求各成员方建立司法、仲裁或行政法庭或程序来复审行政行为。

本章小结

非歧视性要求是SPS协定下用于评判SPS措施合法与否的关键性标准之一。总结其具体而复杂的非歧视性条款可以看出,与GATT1994下"产品类似则待遇相同"相比,SPS协定强调的是"类似风险相同对待"。在SPS协定中,非歧视性要求主要体现在第2.3条和第5.5条中。前者是非歧视性要求的基本条款,后者是对前者的具体化。违反第5.5条将被推定为违反了第2.3条。

第2.3条第1句应包含三个违法性构成要件:第一,措施在成员方之间造成歧视,包括其他成员方之间以及在进口成员方与其他成员方之间;第二,该歧视是武断的或不合理的;第三,比较相关成员方的领土上是否存在相同或类似的状况。就第三个构成要件而言,现有争端解决实践表明,病虫害的流行程度无疑是具有相关性的。

2015年6月审结的印度农产品措施案是WTO框架下第一件也是唯一一件由争端解决机构对SPS协定中关于非歧视性要求的基本条款——第2.3条进行过独立解释的案件。该案为我们提供了以下重要启示:首先,SPS协定下的非歧视性要求与科学性要求存在紧密联系。虽然科学性要求是SPS协定规定的一项独立义务,但从现有争端解决实践可以发现,如果一项SPS措施缺乏科学证据支持,又不能提出其他合理解释,则该措施容易被认定为存在武断或不合理的歧视。其次,就特定虫病害而言,一个国家"非疫区"地位的获得可以为其实施歧视性的SPS措施提供合理依据。但是OIE《陆生动物卫生法典》仅对部分疾病规定了非疫区的官方认可制度,对其他疾病OIE允许由其成员方自主申明各自的疫区状况。上诉机构在印度农产品措施案中强调,WTO

争端解决机构没有义务接受某成员方关于对于非疫区地位的自主申明。最后,政府制定的检验检疫方面的法律法规,在措辞上应有一定的包容性,能够为通过国际合作应对疫情留下空间,否则 SPS 措施极易被认定为构成对国际贸易的变相限制。

与第 2.3 条不同的是,SPS 协定第 5.5 条并不是纯粹的作为非歧视性条款出现的。第 5.5 条的首要目标并非“非歧视性”要求,而是“保护水平一致性”的义务。在这个方面,上诉机构有两个结论很有意义。第一,上诉机构认为第 5.5 条下的“一致性”规则并非确定的法律义务,它与第 3 条下“以国际标准为基础统一各成员方的 SPS 措施”的规定一样,都是有待将来逐渐实现的目标。第二,第 5.5 条下的“一致性”目标也不是要求各成员方的保护水平体现出一种绝对的、近乎完美的一致性。第 5.5 条包含三个违法性构成要件:第一,“可比较的不同”情形下,存在适当保护水平差异;第二,这种差异是武断的或不合理的;第三,导致了歧视或对国际贸易的变相限制。就第 5.5 条而言,首先,各成员方有权自主决定 ALOP,但应符合科学性要求和一致性要求。其次,武断的、不合理的歧视以及对国际贸易的变相限制三个概念不可相互解释,第二个构成要件只是用于判断第三个构成要件的间接证据。第三个构成要件独立于第二个构成要件。再次,SPS 协定下的非歧视性要求与科学性要求之间存在紧密联系。适当保护水平的差异如有充分科学证据支持,则极大地降低该 SPS 措施被认定为武断或不合理的概率。最后,贸易保护主义动机往往成为论证变相贸易限制的突破口。由于 SPS 协定第 5.5 条在语法结构上不同于 GATT1994 第 20 条的序言,争端解决机构在审查措施实施方是否具有贸易保护主义动机时,会同时采取客观审查与主观审查的方法。为推动第 5.5 条的实施,SPS 委员会通过了《推动第 5.5 条执行的指南》。根据该指南,“人类自愿承担风险”的情形可以作为实施不同 ALOP 的理由。

CHAPTER 04 >>

第四章

SPS 措施的合法性与必要限度要求

SPS 协定多个条款对 SPS 措施提出了不得超出必要限度的要求,使之成为认定 SPS 措施合法性的标准之一。根据这一要求,在制度设计上以及在实施方式上,SPS 措施都应以保护人类和动植物的生命或健康所需为限。SPS 协定第 6 条关于"适应地区条件"的要求,体现出区域化管理的思想。这是关于必要限度要求的特别条款。本章第一节是对一般性规则的概述,主要介绍了必要性要求的基本条款、分析了 SPS 措施违反第 5.6 条的构成要件及其含义、比例原则和 GATT1994 争端解决实践、其与 SPS 协定下必要性要求的联系及区别。第二节是关于必要性要求的特别条款的阐述。主要介绍了区域化的概念、SPS 协定关于适应地区条件和区域化管理的规定,研究了与 SPS 协定第 6 条相关的争端解决实践,介绍和评议了 SPS 委员会相关指南的制定背景及所涉主要问题、国际标准化组织制定的相关国际标准和区域化管理工作的开展以及我国在适应地区条件和区域化管理方面的相关实践。

第一节 一般性规则

一、基本条款及其构成要件

WTO 成员方应在必要的限度内实施 SPS 措施,这一要求在 SPS 协定的多个条款中有着不同的表达方式。虽然,SPS 协定第 2.2 条主要体现的是对 SPS 措施的科学性要求,但其也要求"SPS 措施应在保护人类和动植物生命或健康所必需的限度内实施"。第 5.4 条规定,WTO 成员方在确定 ALOP 应考虑将其 SPS 措施对贸易的不利影响减少到最低程度。第 5.6 条规定,各成员在制定和维持 SPS 措施以达到 ALOP 时,应考虑到技术和经济的可行性,应保证此类措施对贸易的限制不超过为达到 ALOP 所要求的限度。根据 SPS 协定第 3.2 条的规定,符合国际标准、指南或建议的 SPS 措施应被视为为保护人类和动植物生命健康所必需的措施。因此,国际标准对于认定 SPS 措施是否满足必要性要求也具有重要意义。

就必要性要求的认定,日本农产品案专家组认为,应根据第 2.2 条来解释第 5.6 条,[①]欧共体转基因案专家组则认为,这两个条款有关联,第 5.6 条是对第 2.2 条必要性要求的具体展开。[②] 如果这个解释能够得到上诉机构的认同,那么违反第 5.6 条也就违反了第 2.2 条。依据 SPS 协定第 5.6 条的脚注,澳大利亚鲑鱼案专家组归纳出第 5.6 条的

---

① See Panel Report, Japan-Varietals, para. 8.71.

② See Panel Report, EC-Biotech, para. 7.1430.

三个违法性构成要件,这一结论为上诉机构所认可:(1)存在其他能够达到进口成员方确立的 ALOP 的替代措施;(2)替代措施在经济和技术上是可行的;(3)该措施比受质疑措施对国际贸易的限制效果更小。

适当的保护水平,又被称为“可接受的风险程度”,当一个成员方确立了其所要实现的 ALOP,他也就相应地做出了一个决定,即他愿意忍受的风险程度是多大。已有的争端解决实践明确了“确立各自的适当保护水平是成员方的一项重要的权利”。[①] 在澳大利亚鲑鱼案中,上诉机构指出,ALOP 和 SPS 措施不是相同的概念。ALOP 是目标,而 SPS 措施是实现目标的工具。从逻辑上说,在制定和实施 SPS 措施之前应先确立 ALOP。虽然 SPS 协定并没有明示规定成员方有确立其 ALOP 的义务,但上诉机构认为,SPS 协定的若干条款暗示这应该是一项默示的义务。即各成员方有义务确立自己的 ALOP,这虽然不意味着成员方应对 ALOP 进行量化,但也不能过于模糊不清。[②] 因此,从权利性质上看,在判断某成员方的 ALOP 时,应当根据各成员方所做的声明,而不能由专家组依据事实进行推定。从义务性质上看,如果一个成员方未能确立自己的 ALOP,或者未能明确表明其 ALOP,那么就应当由专家组根据已实施的 SPS 措施来推定。此处有两个相关的概念需要加以

① See Appellate Body Report, EC-Hormones, para. 172. 同样,在欧共体石棉案中上诉机构在论及 GATT 第 20 条(b)项的规定时,指出“毫无争议的是,WTO 成员方享有决定其认为适当的健康保护水平的权利”。See Appellate Body Report, EC-Asbestos, para. 168. 此外,SPS 协定序言第 6 条也提及“不得要求成员方改变各自的适当保护水平”。

② 尤其是 SPS 协定附件 B3,SPS 协定第 4.1 条、第 5.4 以及第 5.6 条。See Appellate Body Report, Australia-Salmon, paras. 205 – 206.

区分，即成员方意图实现的 ALOP 和成员方措施实际能够取得的保护水平。前者包括明示的 ALOP 和默示的由 SPS 措施体现的 ALOP。第 5.6 条第一个构成要件所指的 ALOP 首先应当是明示的 ALOP，在没有明示 ALOP 时才是默示的 ALOP，但无论如何不能是成员方措施所实际能够取得的保护水平。①

除了考察替代措施的贸易限制程度以及实施效果外，SPS 协定第 5.6 条还要求审查替代措施在经济上和技术上的可行性。在 GATT 第 20 条下，要满足必需性要求也需要证明替代措施是合理可行的，不可执行的替代措施不能被认为是合理可行的。② 根据美国标准汽油案专家组的观点，仅仅是行政管理上的困难不影响替代措施的合理可

---

① 在澳大利亚鲑鱼案中，澳大利亚明确指出其保护水平虽然很高，很保守，但却不是零风险。专家组认为，ALOP 应由澳大利亚来决定，但专家组也不能完全遵从其决定。澳大利亚的 SPS 措施是要求冰鲜鲑鱼热处理，否则不得进口。这实际上等同于进口禁令，该措施所体现的 ALOP 为零风险。但没有证据显示热处理措施是最有效的、最安全的措施。根据澳大利亚要求的热处理温度，一些病原体不仅能存活还能够继续生长。因此澳大利亚措施所实际取得的保护水平可能低于其意图实现的保护水平。在比较 1996 年最终报告第 1.5.4 节提出的另外 4 种技术方案是否能够达到澳大利亚的 ALOP 时，专家组根据的是澳大利亚措施所实际取得的保护水平。上诉机构认为，专家组应当根据澳大利亚明示的 ALOP，而不是其措施所实际能够取得的保护水平来判断是否存在其他替代措施。上诉机构指出，专家组将热处理措施识别为争议的 SPS 措施是错误的，正确的措施应该是限制进口措施。在推翻专家组关于第 5.6 条的结论后，由于可用于继续审查的证据有限，上诉机构无法就第 5.6 条补充专家组的报告。See Panel Report, Australia-Salmon, para. 8. 172 and Appellate Body Report, para. 204.

② "合理可行"（reasonable availability）的概念并非来源于 GATT 第 20 条的文本规定，而是源于争端解决结构的解释。See Thailand-Cigarettes, BISD 37S/200, para. 75. EC-Asbestos, WT/DS135/AB/R, para. 169.

行性。①

① 1990年,美国国会在修改《清洁空气法》时,指示环境保护署就汽油的成分和尾气排放物指标制定相关法规。《清洁空气法》将美国的汽油销售市场划分为两大区域。第一部分区域占据了约30%的市场份额,包括1987年至1989年夏季空气污染严重的九大城市以及空气质量不达标并且根据州长要求而增加的任何其他区域。这些区域被称为"臭氧非达标区域"。该区域只能销售精炼汽油。其余区域可以销售传统汽油。《清洁空气法》对精炼汽油的成分以及使用后排放物规定了具体指标。例如,汽车尾气中挥发性有机化合物和有毒物质的含量减少15%,氧氮化物的含量不再增加。该法选择20世纪90年代表性车型使用精炼汽油的效果与使用基准汽油的效果进行比较。美国根据不同季节分别规定基准汽油的标准。夏季时臭氧污染比冬季严重,《清洁空气法》只对夏天的基准汽油标准做了规定,而将冬季基准汽油的标准留给环境保护署决定。环保署规定冬季的基准汽油以1990年销售的普通工业汽油为标准。2000年之后,《清洁空气法》要求环保署根据实际情况修改精炼汽油的要求,将挥发性有机化合物和有毒物质的含量减少20%~25%。《清洁空气法》要求在其他区域销售的传统汽油纯净度应保持与1990年相同的水平,即炼油厂或进口商销售的传统汽油,使用后挥发性有机化合物、有毒物、氮氧化物或一氧化碳等污染物的排放量不得超过其在1990年所销售汽油的使用效果。该法案允许环保署在缺乏充分、可信数据的情况下,为1990年的基准汽油质量制定法定标准。这个标准是根据《清洁空气法》规定的夏季汽油标准和环保署决定的冬季汽油标准经过权衡和计算得出的。可以看出,无论是精炼汽油还是传统汽油的质量标准都需要以1990年汽油为基准。环保署规定的1990年汽油质量分为历史标准和法定标准。历史标准是单独标准,根据不同厂商的具体数据分别计算出来。针对不同厂商的数据保存情况,环保署甚至还规定了三种不同计算方法。1990年营业6个月以上的国内炼油商适用历史标准。进口商如果同时也是国外的一家炼油商,且至少将其1990年产量的75%进口到美国的,也可以适用历史标准(根据美国提供的信息显示,当时只有位于加拿大炼油厂可能符合该条件)。其他国内炼油商、调和油生产商及进口商都适用统一的法定标准。环保署规定,1998年1月1日之前,精炼汽油的质量标准,部分成分指标以1990年汽油质量为基准,其他指标以环保署法规的统一规定为准。1998年1月1日起统一适用环保署标准。对于传统汽油,无论是1998年前还是之后,全部成分指标都以1990年汽油质量为基准。能够适用历史标准的传统汽油数量以每个企业1990年汽油产量为限,超出部分仍适用法定标准。鉴于一些利害关系方的评议意见,1994年5月,环保署建议就精炼汽油的销售,允许国外炼油商使用自己的数据建立单独的历史标准,以供其进口商适用。但该议案于同年9月被国会否决。委内瑞拉和巴西认为美国环保署的规定违反了GATT1994第1条(最惠国待遇)和第3条(国民待遇)条款,而且不能为第20条(一般例外)所豁免。该案涉及的一个法律争议焦点就是美国的措施是否为保护人类动植物健康所必须,尤其是"必须"性要件的满足。委内瑞拉和巴西认为,环保署1994年5月的建议议案就是一个可行的替代措施,因此,环保署的措施不是为实现政策目标所必需的。但是美国认为该替代措施不具有可行性,因为进口汽油的原炼制地点难以确定。但专家组认为传统贸易中存在用于确定原产地的方法。同时,虽然国外炼油商的数据资料的可获得性和可信度难以为美国政府机构所控制,但这种困难与反倾销措施中需收集相关数据资料的情形类似。专家组指出,在反倾销程序中调查机构并不会因为存在这种困难就不使用出口商的相关数据资料。因此这种困难不影响替代措施的可行性。See Panel Report, US-Gasoline, paras. 6.26,28.

由本书第二章可知,成员方在开展检疫性风险评估时也需要考察替代措施以及经济和技术可行性的问题,但在科学性要求下,成员方考察替代措施的主要意图在于比较风险大小,而非不同措施的贸易限制效果。仅在同等条件下,根据必要限度要求,成员方应选择贸易限制效果最小的 SPS 措施。

二、比例原则对必要性评判的影响

作为 SPS 协定前身的 GATT1947 第 20 条 b 项,其实也包含了必要性的要求。GATT 和 WTO 争端解决机构(以下简称 DSB)关于"保护……所需"的解释是一个不断演进的过程,越来越多的学者注意到 DSB 的解释与另一个起源于国内法的概念,即"比例原则"之间的联系。[①]

在国内法中,比例原则是法官对行政执法权限进行审查时,所依据的一个重要指导原则。[②] 它通常包括三个从属性的子原则,即适当性原则、必要性原则和狭义的比例原则。[③] 其中适当性原则强调措施有助于目的的实现,同时以目的本身具有合法性和正当性为前提。用一个形象的比喻来描述,便是既不可用大炮击麻雀,也不可以用手提灭火器去

---

① Nicholas Emiliou 在《欧共体法中的比例原则—比较研究》一书中认为,比例原则主要来自大陆法中的宪法与行政法原则。比例原则是德国公法的主要原则,该原则在法国法中的地位也得到了确立。此外,比例原则在欧共体法中得到了最广泛的运用。参见韩秀丽:《论 WTO 法中的比例原则》,厦门大学出版社 2007 年版,第 45 页。

② 国内法上另一个被用于指导法官审查行政权力的指导原则是美国司法实践中的谢弗林原则(Chevron Deference),这一原则允许政府在几种合理的解释或措施中进行选择,选择的结果不一定是限制性最小的措施,只要行政机关对某一模糊的成文法规范所做的解释是"合理的"或者"被允许的",即使法院会做出不同于行政机关的解释,法院也应当尊重行政机构的解释。

③ 陈新民:《德国公法学基础理论》,山东人民出版社 2001 年版,第 368 页。

救森林大火。[①] 而且,为保护自身商业利益等经济方面的考虑通常不会被法院认定为构成目的正当性。[②] 但通常人们更加关注行政措施的"过度"问题而不是"不足"的问题。必要性原则强调在多个手段中应选择最能充分实现政策目标的措施。狭义的比例原则要求手段产生的损害不可超过其带来的利益,即应将手段产生的负面后果(通常是对私人利益的妨害)与目标所追求的正面利益(通常是对公共利益的保全)之间进行比较,通过将负面后果看作正面利益的成本,引入经济学上的成本和效益分析方法进行价值权衡,强调措施的效率性。[③]

与其他法律体系不同的是,比例原则并未被一般性的规定在 WTO 各多边协定中,[④]只有少数条款中的一些措辞,如"必需的""最少贸易限制"能够表明比例原则在一定情形下存在。WTO 争端解决实践也尚未将其视为审查成员方措施的基本工具。DSB 对比例原则的运用往往基于个案,取决于多边协定具体条款的措辞。以 GATT 第 20 条下"必

① 韩秀丽:《论 WTO 法中的比例原则》,厦门大学出版社 2007 年版,第 46 页。

② 如美国 1949 年"牛奶收购案"。参见韩秀丽:《论 WTO 法中的比例原则》,厦门大学出版社 2007 年版,第 68 页。

③ 如欧共体"脱脂奶粉案"涉及必要性和狭义的比例性原则,美国"禁止鱼饵进口案"涉及适当性、必要性和狭义比例原则,美国"牛奶消毒案"涉及必要性原则。参见韩秀丽:《论 WTO 法中的比例原则》,厦门大学出版社 2007 年版,第 68 ~ 70 页。

④ 根据 2007 年《修改欧盟条约和建立欧共体条约的里斯本条约》,原《建立欧共体条约》第 5 条被新的第 3b 条取代,原第 5 条使用的表述是"欧共体的任何行动均应限于为实现《建立欧共体条约》的目标所必需的程度内。"而修改后的第 3b 条则规定"欧盟权限的行使应依据辅助原则和比例原则。"比例原则被明确的规定在《里斯本条约》的多个条款中(See OJ[2007] C 306/10)。在《欧盟基本权利宪章》第 49 条和第 52 条均明确提及,对公民自由和权利的限制措施应受比例原则的约束(See OJ[2010] C 83/02)。同时,比例原则也已成为欧洲法院用于审查欧共体措施和欧共体成员国措施的重要依据。而在 WTO 框架下,仅有 TRIPs 协定第 46 条和 SCM 协定第 4.10 条的注释 9 提及了"成比例"的概念。

需性”(necessary to)为例,早期以泰国香烟案①为代表,GATT 专家组对其进行解释时确立了“最少违法性”标准,②只有不存在其他合法或比原措施违法性要小,且对进口方而言合理可行的替代措施时,被指控措施才能被认定为实现某种政策目标所必需的。韩国牛肉措施案则从“最小违法性”转向“具有最少贸易限制性”。从欧共体石棉案③开始,DSB

① 该案是 GATT 时代发生的一起案件。案件的审理是在 SPS 协定实施以前。泰国 1966 年的《烟草法》规定未经许可,不得进出口包括烟草种子、烟草植物、烟草叶等烟草制品。其对烟草的界定包括了香烟、雪茄咀嚼烟草等所有用于吸食的烟草制品。由于泰国规定烟草生产属于国家垄断经营行业,因此,该法实施以来只有泰国烟草垄断公司获得过进口许可,而其仅在 1968 年、1976 年以及 1980 年进口了三次香烟。另外泰国对香烟征收消费税、营业税和地方税。根据 1966 年的《烟草法》,国产香烟的最高消费税率是零售价格的 60%,而进口香烟则为零售价的 80% 或者 0.6 泰铢/克。虽然进口和国产香烟的营业税税率都是零售价的 1.5%,地方税税率为营业税的 10%。但《烟草法》规定,制造和销售国产烟丝的企业免于加纳营业税。1954 年的《城市税收法案》规定,免征营业税的产品也免征地方税。美国主张,泰国上述规定违反了 GATT1947 第 3 条国民待遇和第 11 条数量限制的条款,并且不能由第 20 条 b 项获得合法性。尤其注意的是,世界卫生组织在回复意见中提到,虽然美国香烟复杂的制作工艺能够过滤更多的有害物质,但其吸食更为方便,且会促使人们误认为吸食美国香烟更健康,从而导致更多的非吸烟人士加入吸烟行为。因此,世界卫生组织认为,如果跨国烟草公司进入泰国市场,该国脆弱的公共健康体系将无法与这些烟草公司的营销策略抗衡,将会导致更高的吸烟率和疾病以及死亡率。尽管如此,该案专家组认为泰国的措施不是必需的,还有其他对贸易限制更少的替代措施,例如显示烟草成分的强制要求、禁止有害物质成分、对烟草广告以及提倡吸烟行为的禁止或限制等。See Thailand-Cigarettes, BISD 37S/200, paras. 6 – 11.

② See Thailand-Cigarettes, BISD 37S/200, para. 74.

③ 本案涉及法国政府于 1996 年 12 月颁布的一个禁止生产销售以及进口、转让石棉产品的法规。石棉具有高度耐火性、电绝缘性和绝热性,是重要的防火、绝缘和保温材料。但是由于石棉纤维能引起石棉肺、胸膜间皮瘤等疾病,许多国家选择了全面禁止使用这种危险性物质。石棉下辖 2 类共计 6 种矿物。法国政府在全面禁止石棉产品的同时,作为暂时有限的例外,仍允许少量使用温石棉及其产品。在该法规颁布以前,法国每年从加拿大进口 20,000 ~ 40,000 吨温石棉,几乎占到法国年进口总量的 2/3 以上。法国政府于 1996 年 7 月宣布将要禁止石棉产品后,加拿大温石棉的年进口量下降到 15000 吨。1997 年法规生效后,年进口量只有 18 吨。加拿大认为温石棉与其他石棉不同,对人体没有危害,法国的措施是为了迎合国内生产温石棉替代产品(如 PCG 纤维)的企业利益,因而主张法国的措施违反了 TBT 协定的若干条款,同时违反了 GATT1994 第 11 条和第 3 条第 4 款(国民待遇)。专家组认为,法国的措施导致进口温石棉及其产品的待遇低于国产 PCG 纤维产品,违反了 GATT1994 第 3 条第 4 款,但该措施是为保护人类健康所必需的,符合 GATT1994 第 20 条 b 项的规定。上诉机构则认为,温石棉和 PCG 纤维不是同类产品,法国的措施没有违反 GATT1994 第 3 条第 4 款。上诉机构同意专家组关于 GATT1994 第 20 条 b 项的结论。See Panel Report, EC — Asbestos, paras. 2. 1 – 3. 3.

开始考虑替代措施能否实现原措施所追求的目标。在韩国牛肉措施案中,上诉机构开始引入狭义比例原则所要求的权衡机制,将成员方所追求的政策目标与贸易利益进行权衡,并赋予生命健康利益比经济利益更多的权重。这显然与上诉机构的以下观点有关,即“必需的”一词本身包含了程度上的区别,代表了从“必不可少的”到“有助于”之间的不同程度要求。尽管上诉机构认为GATT第20条下“必需性”应更接近“必不可少”,但仍然不能将两者等同,这中间留有权衡的空间,而权衡的对象就包括措施所要保护的公共利益或价值的重要性。[①] 贸易措施所要保护的公共利益越重要,该措施就越有可能满足“必需”性要求。与此不同的是,无论SPS协定的文本措辞还是DSB的实践绝大多数情况下都只是在适当性和必要性两个层面上体现了比例原则的要求。就适当性而言,SPS协定要求措施和政策目标之间存在因果关系,措施和风险评估结论之间存在合理联系。[②] 另外根据上文可知,澳大利亚鲑鱼案专家组对第5.6条的解释则体现了比例原则的必要性要求。[③] 由于SPS措施所追求特殊价值目标,即动植物和人类的生命健康,在重要性上远远超过了其他价值。而且DSB也承认,自主决定“可接受的风险

---

① See Appellate Body Report, Korea-Beef, paras. 161 – 162.

② 这与DSB对GATT1994第20条下“必需”的解释相一致。要满足“必需性”要求,首先应在措施与政策目标之间建立因果关系,即证明措施的适当性。然后才应从必要性的角度对措施进行审查。在欧共体石棉案中,对石棉产品的禁令措施与保护人类健康的目标之间的因果关系是通过确认使用石棉产品对人体的危害建立起来的。也就是说在GATT1994第20条下,考察措施的适当性时需要同时审查措施的实施目的以及特定风险的存在。虽然,SPS协定在“必需性”义务(如第2.1条和第2.2条)之外另行规定了“以风险评估为依据”的义务(第5.1条),后者被争端解决实践解释为“在措施与风险评估之间存在合理联系”,但从总体上看,这与前述DSB对“必需性”解释方法是一致的。

③ See Panel Report, Australia-Salmon, para. 8. 167. Appellate Body Report, para. 180.

程度”是成员方的特权，[①]因此，在 SPS 协定下 DSB 没有理由再适用狭义比例原则对 SPS 协定第 2.2 条的“必需性”进行解释。

第二节 适应地区条件和区域化管理

通常情况下，病害与虫害的发生范围是由地理和生态环境决定，而与国界或行政区划并不完全一致。但传统上，进口方是将出口方作为单一的地理单元来开展风险分析，以此为基础实施的贸易措施是以出口方管辖的全部地域范围为界的。对于国土面积辽阔，生态和气候环境多样化的国家而言，某种疫情的发生可能仅限于部分地区，但原产于该国的动植物产品的出口却会受到进口国的全面限制。从经济学角度看，这种做法未能增加疾病控制的效率，相反却显著提高了贸易的经济成本。[②] 因此，SPS 协定规定了“适应地区条件”要求，这是对区域化管理思想的规则化。其背后所蕴含的仍然是“不得超过必要限度”的要求。

一、区域化的概念

在区域化的管理模式下，每个 WTO 成员方并不必然是单一的、不可分割的单元，它可以是由不同“SPS 区域”构成，同时它本身也可能是某个“SPS 区域”的组成部分。换言之，相对于某种特定的虫害或病害，

---

① 澳大利亚鲑鱼案上诉机构认为选择可承受的风险水平 ALOP 是成员方的特权，专家组无权用自己判断的 ALOP 代替成员方自己选定的 ALOP。See Appellate Body Report, Australia-Salmon, para. 199.

② Loppacher, L. J., & Kerr, W. A., The Efficacy of World Trade Organization Rules on Sanitary Barriers: Bovine Spongiform Encephalopathy in North America. *Journal of World Trade*, Vol. 39, No. 3(2005), pp. 427 – 443.

根据不同区域的 SPS 状况，将一个国家或者几个国家划分成不同的 SPS 区域，如病虫害疫区、非疫区、病虫害低度流行区等。“SPS 区域”不是一种政治区划，而是检疫学上的划分，它可以是整个国家，也可能是一个国家的某些区域，或者是几个国家的全部或部分区域。

在国际贸易规则中吸收“区域化”管理的方法，要求 WTO 成员方针对地区差异而不是以国家为界来实施 SPS 措施，可以将其限制在为实现适当保护水平所必要的程度内，将其对国际贸易的限制效果降到最低限度。因此，SPS 协定第 6 条的规则可以被视为“必要性和最少贸易限制规则”的进一步表达。

二、SPS 协定第 6 条的规定及争端解决实践

SPS 协定第 6 条的标题是“适应地区条件，包括适应病虫害非疫区和低度流行区的条件”。该条共有三个条款。第 1 款要求各成员保证其 SPS 措施适应产品的原产地和目的地的 SPS 特点。① 这里的原产地和目的地的范围可能是指一个国家，也可能是一个国家的部分区域，还可能是几个国家的全部或部分区域。特别需要注意的是，SPS 协定第 6.1 条的适应性要求体现出区域化管理的思想，但纳入考虑范围的区域至少有两个：一是出口方，二是进口方。

具体而言，一方面，进口方所实施的 SPS 措施需要适应的地区条件，既包括出口方的地区条件，也包括进口方自身的地区条件。因为病虫害的危害性往往是相对而言的，相对于进口方的 SPS 基础设施建设水平、特定动物疾病易感动物的种类及其养殖状况、植物病虫害的寄主

① SPS 协定第 6.1 条规定，各成员应保证其 SPS 措施适应产品的产地和目的地的 SPS 特点，无论该地区是一国的全部或部分地区，或几个国家的全部或部分地区。在评估一地区的 SPS 特点时，各成员应特别考虑：特定病虫害的流行程度、是否存在根除或控制计划以及有关国际组织可能制定的适当标准或指南。

植物的种类及其引种分布状况等。[①] 特别是某些外来生物，在出口方所在环境下并不构成严重危害，但如果进口方的地理气候以及物种分布特点，适宜其生存繁殖且无制约，则对进口方而言，这种外来生物极有可能成为有害生物。另一方面，从考察商品原产地的 SPS 状况来说，因为病虫害的发生和传播区域通常不仅仅只取决于自然和地理环境，通常还与政府实施的病虫害控制措施有密切的关系。除非某地区的环境极为特殊，对于某种特定的病虫害而言，这种环境完全不适合其生存，否则如果没有人为的干预措施，或者政府疫情的控制和流行病的监测措施效率低下，那么原本是非疫区的区域也有可能成为病虫害的新定殖地。所以进口方需要根据出口方特定病虫害的流行程度，评估出口方是否存在根除和控制计划，以及执行效果如何，以此为基础决定是针对出口方部分区域还是整个国家实施 SPS 措施，以及何时可以解除贸易限制措施。在这方面，进口方应参考有关国际组织制定的标准和指南。

SPS 协定第 6.1 条的实施无疑是建立在双方诚信合作的基础上的。一方面，进口方应摒弃贸易保护主义，依据科学的方法对出口方的 SPS 状况进行客观公正的评估；另一方面，出口方为自身的出口利益实施有效率的病虫害控制计划，并对进口方的评估活动给予配合和帮助。唯有双方彼此信赖，才能针对区域差异实施不同的贸易措施，才能兼顾贸易和健康利益。

---

① 例如，2014 年 2 月，中国因非洲猪瘟疫情而全面禁止进口欧盟的猪肉及其产品，欧盟指出中国涉嫌违反 SPS 协定下的区域化管理的义务。一方面，SPS 协定第 6.1 条适应地区条件条款所指的地区不仅指进口成员方地区，也包括出口成员方地区。非洲猪瘟作为一种高死亡率的动物传染病，被 OIE 列为 A 类疫病，在世界范围内呈蔓延趋势，但中国目前尚未报告过该疫情。中国是猪肉生产大国，但猪场养殖规模小，饲养密度高，且国内兽医卫生水平有限，一旦疫情传入将给我国养殖业带来严重的经济损失。另一方面，对于全面禁止欧盟产品的做法，从理论上说将欧盟视为一个 SPS 区域并非不可以，但在姿态上应表明中国是承认“非疫区和低度流行区”等特殊区域的存在。

依据第 6.1 条实施“区域化”管理的具体方法之一就是建设“病虫害非疫区和低度流行区”，[①]因为这本身就是根据特定病虫害的流行程度而进行的区分方法，但即使进口方认同“病虫害非疫区和低度流行区”的存在，也不意味着进口成员方应自动给予出口方某一地区“病虫害非疫区和低度流行区”的地位，因此，不难理解协定第 6.2 条有些不同寻常的措辞：“各成员应特别认可病虫害非疫区和低度流行区的概念。”[②]在印度农产品案中，专家组指出，与适应地区条件义务相比，承认一个抽象的概念并不是一项苛求的义务。[③] 根据第 6.2 条第 2 句的规定，在确定某地区是否具有“病虫害非疫区和低度流行区”的地位时，成员方应“依据”地理状况、生态系统、流行病监测以及卫生与植物卫生控制措施的有效性等因素。根据以往争端解决机构对“依据”一词的解释，该措辞应被理解为对成员方施加了实质性的要求，即决策结果与上述因素之间具有密切联系或者是合理联系。这与第 6.1 条下的“参考相关因素以评估地区条件”的措辞存在明显的区别。

协定第 6.3 条规定了认可“病虫害非疫区和低度流行区”的一种具体操作方法，即由出口方出具证明材料向进口方提出认可申请，并要求出口方为进口方提供现场检查、检验及其他程序的合理机会。当然，对于出口方来说，获得“病虫害非疫区和低度流行区”地位的认可并不能

---

① SPS 协定附件 A(6)将“病虫害非疫区”界定为“由主管机关确认的未发生特定虫害或者病害的地区，无论是一国的全部或部分地区，还是几个国家的全部或部分地区。病虫害非疫区可以包围一地区，被一地区包围或毗连一地区，可在一国的部分地区内，或在包括几个国家的部分或全部地理区域内，在该地区内已知发生特定病虫害，但已采取区域控制措施，如建立可限制或根除所涉虫害或病害的保护区、监控区和缓冲区”。附件 A(7)将“病虫害低度流行区”界定为“由主管机关确认的特定虫害或病害发生水平低，且已采取有效监测、控制或根除措施的地区，该地区可以是一国的全部或部分地区，也可以是几个国家的全部或部分地区”。

② 第 6.2 条第 1 句原文如下：Members shall, in particular, recognize the concepts of pest-or disease-free areas and areas of low pest or disease prevalence。

③ See Panel Report, India-Agricultural Products, para. 7.670.

一劳永逸，随着疫情的爆发，这一地位可能会被暂停，直到疫情得到重新控制或消除，才能再次获得进口方的认可。例如 2013 年 2 月 8 日，我国曾对蒙古国西部巴彦乌勒盖省、乌布苏省、科布多省、扎布汗省、戈壁阿尔泰省、库苏古尔省、巴彦洪格尔省 7 个省份口蹄疫非免疫无疫区状况予以认可，允许进口来自蒙古国上述 7 省符合中国检验检疫要求的偶蹄动物及其产品。但因 2013 年 7 月 9 日，蒙古国巴彦乌勒盖省的 2 家农场发生口蹄疫，我国对来自蒙古国的偶蹄动物及其产品采取了禁止进口等贸易限制措施。①

印度农产品案是第一起由 WTO 争端解决机构对 SPS 协定第 6 条进行过解释的案件。② 印度和美国的主张反映了双方对第 6 条下三个条款相互间关系的不同看法。印度认为，进口成员方在第 6.1 条和第 6.2 条下的义务应以出口成员方启动第 6.3 条下的认可申请程序为前

---

① 参见国家质量监督检验检疫总局、农业部：《关于解除蒙古国西部 7 省口蹄疫禁令的公告》（联合公告 2013 年第 24 号）、《关于防止蒙古国口蹄疫传入我国的公告》（联合公告 2013 年第 104 号），载 http://www.aqsiq.gov.cn，2014 年 10 月 2 日访问。

② 该案件的背景是：2011 年 7 月，印度政府依据《牲畜法》颁布了第 1663（E）号行政法规，禁止进口来自报道过“须通报禽流感”疫情的国家的部分农产品，包括活禽、活鸟、雏禽、新鲜禽肉制品以及孵化用蛋、蛋产品、羽绒、活猪等。该禁令在出口国向 OIE 通报为非疫区时停止适用。“须通报禽流感”包括低致病性禽流感和高致病性禽流感。印度是一个经常爆发高致病性禽流感的国家，但未曾向 OIE 通报过低致病性禽流感疫情。而美国是一个多次向 OIE 通报低致病性禽流感的国家，却属于高致病性禽流感非疫区。印度《2012 年国家行动计划》规定，如果国内爆发了“须通报禽流感”，那么疫情发生地 1 公里范围内是感染区，10 公里范围内是监管区，起到缓冲区的作用。感染区内外的活鸟贸易是禁止的。缓冲区内的贸易在卫生措施完成后是允许的，但缓冲区内的产品不能被输出，同时禁止人员和车辆进出缓冲区。控制措施完成后 3 个月内实施后续监控措施，包括定期消毒。如果 3 个月内没有暴发疫情或者没有阳性检测结果出现，即可宣布为非疫区。美国认为：（1）OIE《陆生动物卫生法典》的相关建议允许有条件的维持国际贸易，而印度的措施禁止了国际贸易。因此，印度未能以国际标准为依据实施 SPS 措施。（2）印度没有实施符合 SPS 协定要求的风险评估。（3）印度的措施体现了内外有别，对内，即使爆发了疫情，疫区 10 公里内禽类产品仍然可以贸易。对外，只要出口国暴发疫情，则该国产品不得进入印度市场。因此，印度的措施在 SPS 状况相似的国家间造成了歧视，在类似情形下体现了不同的保护水平。（4）印度的措施对国际贸易造成的限制超出了必要限度。（5）印度以整个出口国为单位实施禁令措施，未能适应出口方的地区条件，不符合 SPS 协定第 6 条。

提。进口成员方没有主动评估出口成员方地区条件的义务,而美国并未就非疫区认可等问题与印度展开双边合作,也未公布其境内的非疫区建设情况,包括已经采取的卫生措施情况。[①] 但美国认为,第6.1条规定了“适应地区条件”的一般性义务,第6.2条是上述义务的具体化,即承认非疫区等概念。第6.3条仅在进口方承认了上述概念时才适用。违反第6条的情形,既包括进口方未主动根据出口方地区条件实施SPS措施的情形,也包括出口方提出非疫区认可请求时,进口方未考虑相关因素以承认非疫区地位的情形。[②] 双方争议的焦点在于,第6条有没有为进口成员方施加主动性的义务。在印度看来,适应地区条件的义务无疑是需要进出口双方配合才能实现的,而且从实际操作看,非疫区的认可,通常都是以出口方提出申请为前提。因此,第6.3条是前两个条款得以启动的前提。美国则主张三个条款所规定的义务是相互独立的,进口方有义务主动收集出口方的信息,并使其SPS措施适应出口方的地区条件。

从专家组报告的分析及结论看,专家组基本上采纳了美国的观点,并得出以下三个关键性的结论。首先,就第6条下的三个条款的关系而言,这三个条款各自独立。根据第6.1条和第6.2条的文本结构,专家组认为这两个条款都包含了两个句子。两个条款的第1句各自规定了两个截然不同的要求:第6.1条第1句规定了适应地区条件的要求,第6.2条第1句要求成员方认可病虫害非疫区和低度流行区的概念。两个条款的第2句都是关于具体操作方法的规定,即第6.1条第2句规定了对地区条件进行评估时应参考的因素。第6.2条第2句规定了成

① See Panel Report, India-Agricultural Products, paras. 7.633 – 634.

② See Panel Report, India-Agricultural Products, paras. 7.649 – 650.

员方应依据相关因素确定非疫区地位。① 因此,专家组认为,第 6.1 条和第 6.2 条所规定的义务截然不同,这为后面专家组认定第 6.2 条不是对第 6.1 条的具体化以及第 6.1 条独立于第 6.3 条留下了线索。其次,进口成员方在第 6.1 条和第 6.2 条下的义务不以出口方履行第 6.3 条下的义务为前提。理由是:(1)第 6.1 条和第 6.2 条所规定的义务是普遍性的义务,这与第 6.3 条完全不同,后者仅仅适用于特定情形和特定的对象,即当出口方提出非疫区认可申请的情形。(2)类比 SPS 协定第 4 条关于等效性认可条款,可以支持其关于第 6.1 条和第6.2条不以第 6.3 条为前提的结论。第 4 条要求进口成员方在一定条件下认可出口成员方的 SPS 措施具有等效性,与第 6 条适应地区条件义务相似,第 4 条的具体操作也需要进出口双方相互合作。但在措辞上,第 4.1 条和第 4.2 条都表明了出口成员方负有先行义务。② 相反,第6.1条和第 6.2 条的文本措辞都没有将出口成员方的请求或证明义务作为启动上述两个条款的前提条件。因此,第 6.1 条的适用不以第 6.3 条为前提。(3)SPS委员会制定的《推动 SPS 协定第 6 条实施的指南》要求,进口方应公布认可病虫害非疫区和低度流行区的依据、说明认可的基本程序(包括进行评估时需要提交哪些信息)、设立负责受理认可申请的联络点。而且,在向进口成员方正式提出认可请求之前或当时,出口成员方可以请求进口成员方告知认可要求和程序的相关信息。这些都说明了,进口成员方可以主动履行适应地区条件的义务,而不必等到出口方提出认可请求时再对其地区条件进行评估,以调整其 SPS 措施。③ 最

---

① See Panel Report, India-Agricultural Products, para. 7.666.

② 第 4.1 条规定:如果出口成员方客观的向进口成员方证明其 SPS 措施达到进口成员方的 ALOP,则各成员方应将其他成员方的措施作为等效措施予以接受,即使这些措施不同于进口成员方自己的措施,或不同于从事相同产品贸易的其他成员方适用的措施……第 4.2 条规定,应请求各成员方应进行磋商,以便就承认具体 SPS 措施的等效性问题达成双边和多边协定。

③ See Panel Report, India-Agricultural Products, para. 7.679.

后,进口成员方是否遵守第6.1条和第6.3条所规定的义务以其是否承认"病虫害非疫区和低度流行区"的概念为前提。专家组认为,第6.2条表达了对两种特别区域的关注,即"病虫害非疫区和低度流行区"。这两类区域是众多地区条件中的两种特殊情形。第6.2条并不是对第6.1条和第6.3条的具体化,相反在专家组看来,承认"病虫害非疫区和低度流行区"的概念是在适应地区条件的基础上实施SPS措施的前提,也是接受出口成员方提出非疫区等认可申请的前提。① 换言之,第6.2条是第6.1条和第6.3条的逻辑前提。专家组的结论意味着,就第6条的三个条款而言,虽然各自独立,但第6.2条是核心和关键性条款,如果能够证明进口成员方不承认"病虫害非疫区和低度流行区"的概念,即可证明进口成员方违反了第6条下的三个条款。专家组正是采用了这种"四两拨千斤"的方法完成了第6条下的论证。

既然"承认病虫害非疫区和低度流行区的概念"是整个第6条下义务的前提,那么如何判定,成员方是否承认"病虫害非疫区和低度流行区"的概念呢?成员方是否需要为"病虫害非疫区和低度流行区"的承认制定相关的法律制度,或者在法律条款中表明其承认"病虫害非疫区和低度流行区"这一概念的立场?对于这样一个棘手的问题,专家组因循惯例,采取了"因案制宜"的方法,指出各成员方承认"病虫害非疫区和低度流行区"的方式取决于各自的具体情形。就该案而言,专家组采取了反证的论证方法,即如果印度的措施存在与承认"病虫害非疫区和低度流行区"概念的立场相冲突之处,则可以断定印度并不承认"病虫害非疫区和低度流行区"的概念。为此,专家组审查了印度的两部法律法规。《牲畜法》对此没有相关规定。专家组认为,这可以理解为《牲畜法》授权印度的主管机构承认"病虫害非疫区和低度流行区"的概念,但

---

① See Panel Report, India-Agricultural Products, paras. 7.672, 677.

也有可能存在相反的结果。从实际情况看,印度主管机构并无实际行动,既未公布关于认可非疫区的信息,也未公布关于评估程序、联络点及认可所需要的信息。[①] 而印度第 1663(E)号法规不仅没有就承认"病虫害非疫区和低度流行区"的概念做出规定,相反印度明确规定,一旦出口方暴发禽流感疫情,则禁止其全部农产品的进口。[②] 因此,专家组认定印度并未承认"病虫害非疫区和低度流行区"的概念。至此,印度在第 6 条下的全部败诉也就毫无悬念了。

综观专家组关于第 6 条的论证,专家组的推理过程及结论既有值得肯定的地方,也存在不够圆满之处。值得肯定的是,成员方依据第 6.1条承担的"适应地区条件"的义务,不以出口方先行主张其境内存在"病虫害非疫区和低度流行区"为前提。区域化管理既可以由进口方单方面的主动开展,也可以是在出口方提出主张的情况下,由双方配合实施。就前一种情况而言,根据第 6.1 条第 2 句列举的参考因素,进口成员方在评估某地区的 SPS 状况时可以参考国际组织的相关标准或指南。换言之,进口成员方履行第 6.1 条下适应地区条件的义务,并不以启动第 6.3 条下的认可申请程序为必要。[③] 在后一种情形下,因循"谁主张,谁举证"的程序规则,出口成员方理应就其境内存在"病虫害非疫区和低度流行区"的主张提供证明。然而,专家组论证中的问题在于:

第一,一方面,专家组指出第 6 条下三个条款规定了各不相同的义务,三个条款之间相互独立。另一方面,专家组却又将第 6.2 条第 1 句的义务作为三个条款下义务的前提,从逻辑关系上来说,这存在明显的矛盾。

---

① See Panel Report, India-Agricultural Products, para. 7.630.

② See Panel Report, India-Agricultural Products, para. 7.706.

③ See Appellate Body Report, India-Agricultural Products, para. 5.157.

第二，进口成员方以出口成员方的整个领土为基础实施 SPS 措施，并不必然意味着，进口成员方就不承认“病虫害非疫区和低度流行区”的概念。如本章开始部分所言，“SPS 区域”是检疫学上的概念，它可以是整个国家，甚至是几个国家和地区。进口成员方认同“病虫害非疫区和低度流行区”概念，也不意味着进口成员方就必然给予出口方某一地区“病虫害非疫区和低度流行区”的地位。当然，在本案中，印度在其法规中明确规定，一旦出口方暴发禽流感疫情，则禁止其全部农产品的进口。这就没有为适应地区条件留下任何余地。作为一项普遍适用的立法，印度第 1663(E)号法规的措辞过于绝对和僵化，“一刀切”的做法确实有不承认“病虫害非疫区和低度流行区”概念的重大嫌疑。但就规则的解释而言，由于专家组赋予了第 6.2 条极大的权重，以至于“牵一发而动全身”，那么关于成员方是否承认“病虫害非疫区和低度流行区”的概念，争端解决机构的解释以及判定依据就应当有足够的说服力。

第三，该案专家组赋予第 6.2 条如此之大的重要性，这是否合理，是否能够获得文本支持，还值得商榷。从逻辑上说，如果确如专家组所言，承认“病虫害非疫区和低度流行区”的概念是整个第 6 条适用的前提，那么为何 SPS 协定的起草者未将该条款作为第一顺序规定在第 6 条下？从相关概念的关系看，“病虫害非疫区和低度流行区”是不同地区条件中的两种具体情形，也是相关判定标准比较明确的两种 SPS 区域。适应地区条件则是一个比较模糊的义务，它并不如认可“病虫害非疫区和低度流行区”那么明确具体。因此，更为合理的理解应该是，在适应地区条件方面，各成员方有一定的自由裁量空间，只要成员方的措施大体上考虑了不同的地区条件，而不是机械僵化的、完全不考虑出口方的 SPS 状况，那么就应当认为其满足了适应地区条件的义务。这一点也可以从文本措辞上得到印证，第 6.1 条关于评估地区条件时，只需要“参考”相关因素，而在第 6.2 条下，如果成员方要确定“病虫害非疫区和低度流行区”,则应“依据”相关因素。[①] 这说明第 6.1 条下的义务不如第 6.2 条第二句的义务那么明确具体。

第四,承认“病虫害非疫区和低度流行区”的概念,并不意味着成员方必然制定相关法律制度,或者实施相关的认可程序。承认某个概念与实际开展相关区域化的工作是两个完全不同的行为。第 6.2 条第 2 句应被理解为是对成员方认定“病虫害非疫区和低度流行区”的具体方法的要求。因此,我们不能认为,在第 6.2 条下,成员方负有主动认可“病虫害非疫区和低度流行区”的义务。

值得一提的是,依据该案专家组的解释,第 6.1 条和第 6.2 条各自包含了两个义务。就第 6.2 条而言,如果成员方不承认“病虫害非疫区和低度流行区”的概念,就可以推定成员方没有依据相关因素以确定“病虫害非疫区和低度流行区”的范围。[②] 就第 6.1 条而言,如果成员方实施 SPS 措施时没有适应地区条件,例如,印度以美国整个领土范围为基础实施禁令,则可以推定成员方没有参考相关因素对出口方的地区条件进行评估。[③]

在上诉阶段,上诉机构也注意到了专家组报告中的上述不合理之处。上诉机构认为专家组报告的部分措辞过于宽泛,专家组关于第 6 条下各条款间关系的表达,容易使人误解这三个条款完全各自独立,但上诉机构认为它们之间存在重要的共性和关联性,这三个条款从不同角度规定了适应地区条件的义务,第 6 条下三个条款是一个有机联系

① 争端解决机构在解释 SPS 协定第 2.2 条和第 5.1 条中的“依据”一词时,多次强调 SPS 措施与科学原理以及风险评估之间的合理客观联系,而在解释 SPS 协定第 5.1 条下“参考相关国际组织的风险评估技术”时指出,“参考”并不意味着遵守或者以之为基础。这说明,依据和参考两个词语有着不同的含义。See Appellate Body Report, EC-Hormones, para. 193. See Appellate Body Report, Australia-Apples, para. 246.

② See Panel Report, India-Agricultural Products, para. 7.688.

③ See Panel Report, India-Agricultural Products, para. 7.685.

的整体，第6.1条下的义务是首要的、一般性和持续性的义务，其他两个条款则规定了与“病虫害非疫区和低度流行区”相关的具体性义务。①

上诉机构明确反对专家组关于第6.2条下的义务是第6.1条适应地区条件义务的前提的观点。② 上诉机构正确地指出，“病虫害非疫区和低度流行区”只是SPS区域的下属概念，病虫害的有无及其流行程度并非区分SPS区域的唯一因素。如果某个区域卫生状况的特点与病虫害流行程度无关，则专家组无须考察进口成员方是否承认“病虫害非疫区和低度流行区”的概念。不仅如此，专家组的这种观点意味着第6.2条下承认“病虫害非疫区和低度流行区”概念的行为要早于且独立于采取SPS措施的行为，但事实上，进口成员方完全可以在采取SPS措施之际或者通过实施SPS措施的方式来承认这一概念。最重要的是，上诉机构指出了专家组报告中存在的一个重大错误，即第6.1条下的适应地区条件义务是一种一次性义务，是成员方在采取SPS措施时应遵守的义务。相反，上诉机构认为，该义务是持续性的、一般性的义务，成员方遵守该义务的时间不限于采纳SPS措施之时，只要存在有效的SPS措施，成员方都应持续性的、有系统的对其进行调整以适应不同的地区条件。正是因为上述错误观点，专家组才认为进口成员方不可能通过事后修订SPS措施的方式来遵守第6.1条的义务。③

---

① 上诉机构指出，第6条的标题是“适应地区条件”，标题中的“包括”一词与第6.2条的“特别是”一词相呼应，第6.1条第2句列举的考察因素中也包括了虫病害的流行程度，这些都显示出第6.1条与第6.2条之间的关联性。上诉机构的观点表明第6.2条下的义务，即承认非疫区和低度流行区的概念，是遵守第6.1条下适应地区条件义务的一种特别方法。See Appellate Body Report, India-Agricultural Products, paras. 5.131 - 133, 144, 152.

② See Appellate Body Report, India-Agricultural Products, para. 5.143.

③ See Appellate Body Report, India-Agricultural Products, paras. 5.132, 154.

三、SPS 协定第 6 条的执行问题

自 1999 年 SPS 委员会对 SPS 协定的执行和实施情况开展第一次审议工作开始，[①]SPS 协定第 6 条就被认为对农产品贸易具有重要的意义，其执行问题被确认为是需要进一步展开讨论的事项。从 2003 年开始，区域化问题事实上成为 SPS 委员会例会的常规议题之一。虽然所有的成员方都支持“根据不同地区的病虫害状况实行区域化管理”的原则，但是出口成员方在获得进口方关于“非疫区或病虫害低度流行区”地位的认可方面却遭遇了难以克服的障碍，包括认可的行政管理程序过长、国际指南的解释和实施方面存在分歧以及风险评估的复杂性。[②]

2005 年，SPS 协定的第二次审议结果表明，出口成员方面临的困难仍然未能得到解决，进口成员方的认可迟延以及认可过程缺乏透明度、可预见性和一致性等问题仍然构成第 6 条实施的一个重要阻碍。例如，1991 年阿根廷正式申明其西北部地区胡胡伊省、萨尔塔省、图库曼省和卡塔马卡省为柑橘溃疡病非疫区。1993 年作为 IPPC 成员的区域植物保护组织——南锥体区域植物保护委员会将阿根廷上述西北地区认可为柑橘溃疡病非疫区。阿根廷以西北地区分别向两个进口成员方申请柑橘溃疡病非疫区，根据相同的植物虫害区域化程序，阿根廷在一个国家获得了认可，未对贸易产生任何影响，而在另一个国家却一直不能按照适用于非疫区的条件开始贸易活动。直到 1999 年该成员认可了西北地区柑橘溃疡病非疫区的地位，在此基础上，阿根廷为新鲜柠

---

① 根据 SPS 协定第 12.7 条的规定，SPS 委员会应在 SPS 协定生效 3 年后以及此后有需要时对 SPS 协定的实施和执行情况进行审查。截至 2017 年 2 月，SPS 委员会共进行了 3 次审查，分别是 1999 年（G/SPS/12）、2005 年（G/SPS/36）和 2010 年（G/SPS/53）审查。

② See G/SPS/12，para. 21. 另外根据秘鲁的提案显示，有些出口成员的认可申请一等就是几年甚至是几十年的时间才获得认可。See G/SPS/W/148，para. 7.

檬、柑橘和葡萄的出口制订了一个工作计划，但因该计划未获得该成员方的批准而没有实际贸易发生。[①]

2005年6月，SPS协定第二次审议会议结束时，为了SPS协定第6条的有效实施，SPS委员会决定制定一个建议草案以供各方讨论。在2006年至2008年间，区域化问题成为SPS委员会讨论的热点问题。[②]各成员方认识到，“非疫区”地位不能获得及时的确认，这一方面会妨碍出口方产品的出口，另一方面将损害出口方建设和维护“非疫区”的积极性，从而危及非疫状态的可持续性。因建立和维护“非疫区”的成本巨大，通常需要私人资本的参与，一旦无法从中获利则会影响私人资本的募集。[③] 有的WTO成员方特别指出，有些地区已经获得OIE等国际组织官方认可的某些动物疾病“非疫区”地位，但该成员方在向贸易伙伴申请非疫区地位时仍然遭遇了长期拖延的情况。

在SPS委员会召集的各种会议上，有关“区域化”的讨论主要集中在两个方面：出口成员方病虫害非疫区的建立和进口成员对病虫害非疫区的认可。具体来说，争议的焦点问题主要有：第一，关于SPS协定第6条指南的制定主体。为帮助和推动SPS协定第6条的实施，部分成员方认为阻碍区域化实施的并不是缺乏技术规则，而是管理规则，建议由SPS委员会制定一个包含有时限规定的认可程序以提高认可过程

---

① See G/SPS/GEN/433, paras. 3 – 6. 阿根廷在文件中并没有指明此处限制柑橘贸易的国家名称。2012年9月，针对美国在过去11年里禁止进口来自阿根廷西北部地区新鲜柠檬的贸易措施，阿根廷依据DSU发起了磋商程序。但是阿根廷的法律主张中并未包括SPS协定第6条，主要提及非歧视性、科学依据、风险评估、以国际标准为依据以及透明度和程序要求。

② See G/SPS/R/40(paras. 9, 11 – 13, 20, 30, 41 – 42); G/SPS/R/38(paras. 90 – 103); G/SPS/R/33(paras. 108 – 119); G/SPS/R/34(paras. 83 – 97); G/SPS/R/35(paras. 120 – 137); G/SPS/R/36(paras. 115 – 136); G/SPS/R/37(paras. 98 – 114).

③ 例如，中国针对口蹄疫等四种动物疾病建设了5个非疫区，截至2005年，总投资共计20亿美元。See G/SPS/R/40, paras. 9 – 10.

的透明度和可预见性。[①] 而另一部分成员方认为区域化是一个技术性的问题,制定 SPS 协定第 6 条具体执行规则的工作应由 OIE 和 IPPC 来负责。不仅如此,由于病虫害和各国法规体系的差异,制定一个含时间限制的通用指南并不可行。[②] 澳大利亚则主张在 OIE 和 IPPC 审议这个问题并制定出新的指南之前,SPS 委员会不应采取任何行动。秘鲁曾主张应区分两种程序和时间限制:关于非疫区的建立和宣告所应遵守的程序和时间框架应由 OIE 和 IPPC 来制定;而 SPS 委员会负责制定进口成员方评估和认可非疫区应遵循的程序和时间框架。[③] 第二,关于国际标准化组织官方认可的效力问题。这主要是指,OIE 针对部分动物疾病的卫生状态开展评估和认可,但 WTO 进口成员方并没有自动的或者快速接受此类的认可。因此,有成员方建议:一方面,国际标准化组织应扩大官方认可的病虫害范围;另一方面,国际标准化组织应制定一个加速程序,适用于进口方认可已经获得国际标准化组织支持的申请。

2008 年 5 月,SPS 委员会通过了《推动 SPS 协定第 6 条实施的指南》[④]。该指南分为五个部分,分别是:一般事项、认可前的商讨程序、认可程序的代表性步骤、加速程序、SPS 委员会对第 6 条的管理。从内容上看,一般事项主要强调了透明度问题、避免不合理迟延、非歧视性以

---

① 例如,智利是区域化问题讨论的积极参与方之一,就导致认可迟延的原因进行了分析,多次提议制定一套认可程序规则,并在某些阶段规定一定的时间限制。该主张得到秘鲁、阿根廷、中国、墨西哥、巴西、哥伦比亚、哥斯达黎加、乌拉圭以及欧盟的支持。这些国家递交的提案包含了替代措施,虽然具体目标有所不同,但总体上这些提案的目的是一致的。See G/SPS/R/36/Rev. 1, paras. 115 - 122. G/SPS/R/34, paras. 86, 89, 93, 94.

② 这类观点以加拿大、美国、新西兰和日本为代表。加拿大最先表达了该观点,主要理由是 SPS 协定第 12 条规定,SPS 委员会应与国际标准化组织保持密切联系以避免不必要的重复性工作。据此,SPS 委员会的主要工作应该是通过收集和散发成员实际情况的信息发挥信息交流作用。See G/SPS/R/34, paras. 87 - 88.

③ See G/SPS/W/148, paras. 9 - 11.

④ See SPS committee. Guidelines to Further the Practical Implementation of Article6 of the Agreement on the Application of Sanitary and Phytosanitary Measures. G/SPS/48.

及进出口双方诚信合作的问题。在透明度方面，该指南要求进口方应公布认可依据、说明认可的基本程序（包括进行评估时需要提交哪些信息）、设立负责受理认可申请的联络点、及时告知认可工作的进度。在双方配合诚信合作方面，该指南一方面要求进口方在认可时应考虑出口方兽医和植物卫生基础设施的能力以及可靠性，考虑对出口方主管机构的已有了解及以往合作经验，对出口方再次提交的认可申请，应在有效的范围内继续使用以前的信息资料。另一方面要求出口方证明其维持非疫区状态的能力以增强进口方的信心，提交多个申请时应对这些申请的优先性进行排序以供进口方参考。认可前的商讨程序仍然是为了增强进出口双方的沟通和透明度。

SPS 委员会指南的作用在于帮助成员方更好地实施 SPS 协定下的义务，从而推动 SPS 协定的目标实现。它本身并不能被视为成员方重新达成了有法律约束力的新协定，不能认为在指南下成员方承担了新的义务。因此，尽管指南第三部分列举了进口方实施认可时的代表性步骤，但其序言部分仍然特别说明在制定具体的认可程序方面，各成员方是享有主权的，指南所提出的代表性步骤仅仅是建议性或示范性的。值得注意的是，虽然该指南不能成为成员方起诉的法律依据，争端解决机构也不能直接依据该指南来审查案件，但如前文所述，在印度农产品案中，该指南可以成为专家组论证自己观点的论据之一。[①]

第四部分是建议进口成员方应采用加速程序的特定情形，如已经获得国际标准化组织的正式认可，曾获进口方认可后暂停，但现已经恢复到以往 SPS 状况的申请，因贸易往来导致出口方兽医和植物卫生基础设施和服务水平达到与进口方相似程度，出口方地区未曾被通知发生过病虫害且进口方认同，出口方实施的监督程序表明该地区不存在

---

① See Panel Report, India-Agricultural Products, para. 7.679.

病虫害,因此应被认定为非疫区。

作为一项管理措施,该指南要求 WTO 秘书处向 SPS 委员会提交关于第 6 条执行情况的年度报告。① 这些年度报告主要根据成员方提交的信息汇总而成,涉及疫情的暴发和控制情况、国际组织关于非疫区地位的认可和变动情况、相关贸易伙伴国家采取的贸易措施及对非疫区地位的接受情况、与 SPS 协定第 6 条有关的争端解决情况。2014 年报告显示只有 4 起非疫区的认可实践,分别是 2011 年菲律宾的南达沃省和萨玛岛地区被澳大利亚认可为芒果果肉象甲和芒果果核象甲非疫区,于 2013 年开始向澳大利亚出口芒果贸易;智利认可巴西的某些城市以及阿根廷的巴塔哥尼亚地区是南非果蝇的非疫区;2013 年印度尼西亚认可巴基斯坦旁遮普省的萨果达市为地中海果蝇非疫区,2014 年完成了对该地区的评估工作。

四、关于区域化的国际标准

SPS 协定关于区域化指南的制定在很大程度上参考了 OIE 和 IPPC 的相关指南,同时 SPS 委员会内部对区域化问题的关注和讨论也推动着上述国际标准化组织不断修订和完善其相关国际标准。就 IPPC 而言,其现有的国际标准中,与区域化直接相关的有《建立非疫区的要求》(ISPM 4,1995)、《关于建立非疫产地和非疫生产点的要求》(ISPM 10,1999)、《建立有害生物低度流行区的要求》(ISPM 22,2005)、《非疫区和有害生物低度流行区的认可》(ISPM 29,2007)。另外,《关于植物保护及在国际贸易中实施植物卫生措施的原则》(ISPM 1,2006)第 2.3 节和第 2.14 节也包括了关于非疫区和有害生物低度流行区认可的业务

---

① 近三年(2014 ~ 1016)的年度报告分别参见 G/SPS/GEN/1333,G/SPS/GEN/1412,G/SPS/GEN/1491。

规则,《确定某一地区的有害生物状况》(ISPM 8,1998)第3.1.2节就有害生物记录中使用“宣布的非疫区”一词提供指导,《建立果蝇(实蝇科)非疫区》(ISPM 26,2006)和《建立果蝇(实蝇科)低度流行区》(ISPM 30,2008)说明了关于建立和保持有重大经济价值的实蝇科品种非疫区和低度流行区的基本要求。

就OIE而言,《陆生动物卫生法典2014》第4.3章规定了地区化(zoning)和区隔化(compartmentalization)的问题。该法典所指地区化与SPS协定下的区域化(regionalization)具有相同含义,主要是指以地理基础进行划分的动物亚群体。而法典所指的区隔化(或称设立隔离区)主要是指按与生物安全相关的管理体系而划分的动物亚群体,其主要是针对依照统一的生物安全管理体系进行管理的养殖场或者房舍,通过与企业及兽医机构的合作维持某种卫生状态。某种特定卫生区域的建立和维持需要依据《陆生动物卫生法典2014》中的具体动物疾病章节来开展。第4.3章主要分为三个部分,即引言、一般考虑因素以及确定区或区隔的基本原则。其中,引言部分说明了区域化和区隔化的意义、作用及其含义。一般考虑因素主要是从国际贸易中进出口双方相互配合的角度,说明在区域化的建立和认可方面应注意的事项,如出口方应能解释其主张特定区域地位的依据、对兽医服务基础设施等保持详细的记录、法典所指的“进口”包括区域外动物及其产品的输入等。第三部分是关于确定区或区隔的基本原则,这部分是从技术规范的角度说明保护区和控制区以及隔离区的设立应分别采取何种措施,这些技术措施中着重强调了疫苗、运输控制、区域内外动物及其产品的识别和可追溯性、消毒和严格监控等方面,并且这些措施还需要结合《陆生动物卫生法典2014》中具体疾病章节的建议来实施。《陆生动物卫生法典2014》第5.3章第7条规定了确定区或区隔的步骤。这部分主要是规定进出口方在实施特定区域地位的认可方面各自应采取的程序步骤,规定了进口方认可决策的依据以及程序要求,出口方应采取的措施以及申请时应提交的材料。这些措施包括确认区域范围、说明采取的生物安全计划,为进口方评估检查提供便利等。

另外,OIE 还建立了非疫区的官方认可制度。1994 年 5 月,OIE 制定了一套用于认可口蹄疫非疫(区)地位的程序规则,即《标准操作程序》。① 根据该程序对成员的非疫(区)状况进行评估。1998 年 OIE 和 WTO 间的协议也确认了 OIE 以 SPS 协定为基础认可病虫害非疫(区)的职权。此后,该程序适用的动物疾病范围进一步扩大为包括牛瘟、② 牛海绵状脑病和牛传染性胸膜肺炎、非洲马瘟、古典猪瘟和羊瘟(又称小反刍兽疫)。对尚未列入该程序适用范围的其他疾病,OIE 允许由其成员方自主申明各自的疫区状况。在每年召开的大会上,针对上述动物疾病,OIE 根据其最高权力机构世界代表大会通过的决议公布被认定为非疫区的国家和地区名单,列入名单的国家和地区每年需要被重新核准。

五、对 SPS 委员会及国际标准化组织工作的评议

从内容上看,国际标准化组织制定的相关标准与 SPS 委员会的指南部分重合但各有侧重。两者相互补充,很好地避免了重复工作的问题。国际标准兼具技术性和制度性,既涉及非疫区的建设和维护,也涉及非疫区地位的认可。例如,IPPC 的国际标准 ISPM 29 是建立在技术规范(如 ISPM 4 和 ISPM 22)基础上的管理规范。ISPM 29 第 4.1 节关

---

① 关于该程序规则以及 OIE 认证的具体流程图,成员方申请认可的费用等详细内容,可参见 OIE 官网,载 http://www. oie. int/fileadmin/Home/eng/Animal_Health_in_the_World/docs/pdf/EN_SOP. pdf,2014 年 6 月 3 日访问。

② 2011 年 5 月和 6 月,OIE 和 FAO 宣布在世界范围内消灭了牛瘟病毒,因此从 79 届大会开始 OIE 成员不再申请牛瘟非疫区的认可。载 http://www. oie. int/animal-health-in-the-world/official-disease-status/rinderpest/,2014 年 10 月 2 日访问。

于出口方申请认可时提交的资料要求中吸收了 ISPM 4 和 ISPM 22 的技术要求。后两者强调了一些建立和维持非疫区和有害生物低度流行区需要注意的技术事项，如制定和实施有害生物名录、对产品在一个或几个国家范围内移动运输进行限制、实施常规监测和核查等。OIE 的《陆生动物卫生法典 2014》第 4.3 章多次强调应配合相关疾病章节的建议使用。而其 5.3 章第 7 条则主要是管理性规范。而在管理制度方面，SPS 委员会指南的规定则更为全面，通过提高认可过程的透明度、信息沟通机制、非歧视性、无不当迟延和可预见性，增强进出口双方的信心和可信度。

综上观之，为促进 SPS 协定第 6 条的实施，现有的国际标准和指南分别从技术规范和管理制度两个方面着手，以期最大限度地排除贸易保护主义动机，维护进口方控制健康风险的需要。但从经济学角度分析，我们还可以对现有框架做进一步的完善。WTO 采用区域化管理的方式，要求进口方实施的 SPS 措施与商品的原产地和目的地的 SPS 状况相适应，以 SPS 区域而不是以出口方整个国家为界限实施贸易措施，此时国际贸易所带来的效益会减少但不会因为动植物疫情的暴发而消除。虽然区域化的实施会使进口方生产者的境况变坏，但却可以提高出口方生产者和进口方消费者的效益。然而这种贸易与健康的平衡模式必须建立在这样一个前提之下，即出口方的区域化措施能有效阻止非疫区被疫病感染。因此，非疫区的维持通常会要求采取措施防止来自疫区的产品进入到非疫区。但是区域化的贸易管理措施会推高非疫区产品的出口价格而限制疫区的同类产品的生产流通。在经济利益刺激下，贸易经营者会为了获得出口溢价而将疫区内的产品走私到非疫区。尽管根据现有的国际标准，出口方被要求以设立检查点的方式控制商品流通，但通常只要有走私动机便会有走私行为发生。[①] 即使这些控制方法非常有效，但少量的走私行为也足以让病虫害有机会进入非疫区，对来自非疫区产品的进口将使进口方处于风险之中。

因此，只有认识到区域化管理可能引起走私动机的存在，并采取措施消除这种经济动机，[②]才能有效地控制非疫区外产品的进入，从而增强进口方对出口方非疫区管理制度的信心，促进其对非疫区地位的认可。成员方的 SPS 状况，尤其是疫区地位的认定对于推动 SPS 协定第 6 条的执行具有重要意义。在进出口成员方双方合作的基础上，扩大第三方对疫区地位的认定也是可行的路径。例如，OIE 关于部分动物疾病非疫区的官方认定。SPS 委员会应从两个方面继续推动这项工作的开展，一是扩大参与认定的第三方标准化组织的数量和疫情的范围；二是鼓励进口成员方接受这种官方认可效力。在此基础上，加强对国际标准化组织工作的监督，增强认定过程的透明度。

六、中国的相关实践

在适应地区条件方面，通过考察近年来国家质检总局、农业部以及国家林业局等部门实施的 SPS 措施可以发现，这些措施的实施很好地结合了特定病虫害与我国的 SPS 特点，评估了这些病虫害一旦进入会给我国的动植物健康带来的风险程度。由于我国是非洲猪瘟、古典猪瘟、高致病性禽流感、口蹄疫、疯牛病等动物疾病的易感地区，因此对爆发上述疫情的国家所产商品，我国实施的 SPS 措施往往是针对整个国家的。例如，2012 年 12 月 7 日，巴西农业部向 OIE 紧急通报，一头 13

① Saba, R. P., Beard, T. R., Ekelund, R. B., & Ressler, R. W., The Demand for Cigarette Smuggling. *Economic Inquiry*, Vol. 33, No. 2(1995), p. 189.

② 如政府为疫区生产者提供价格补贴，消除疫区和非疫区同类产品的价格差距。

岁的母牛被确诊为巴西首个疯牛病病例。据此，国家质检总局和农业部实施的 SPS 措施包括，禁止动物及相关产品进口、停止签发《进境动植物检疫许可证》、召回相关产品等。虽然疫情发生在局部区域，但上述 SPS 措施是针对出口方整个领土的。[①] 在植物病害方面，2013 年 11 月，我国禁止从白蜡树枯梢病发生的国家和地区进口白蜡树属原木和锯材。这也与我国的 SPS 特点有关。白蜡树枯梢病是一种危险性林业真菌病害，其主要寄主植物在我国大部分地区都有引种种植，而且白蜡树是我国重要的经济树种之一，一旦发生疫情，会给国内植物健康带来较大的危害，引起严重经济损失。[②]

而对于低致病性禽流感、新城疫等动物疾病，结合我国的兽医基础设施建设水平以及上述动物疾病易感动物的养殖状况，我国实施的 SPS 措施则往往只针对发生疫情的地区。例如，2013 年 6 月 6 日，美国阿肯色州 1 家肉鸡养殖场发生 H7N7 亚型低致病性禽流感；7 月 1 日，威斯康星州 1 家雉鸡养殖场发生 H5N2 亚型低致病性禽流感；2014 年 3 月 9 日，德国下萨克森州 1 家农场发生 H5N1 亚型低致病性禽流感。国家质检总局和农业部仅针对德国下萨克森州、美国阿肯色州和威斯康星州采取了禁止输入禽类及其相关产品，停止签发进口禽类及其相关产品的《进境动植物检疫许可证》等措施。但是，2008 年 12 月，比利时林堡省、东佛德省曾发生 1 起 H5 亚型低致病性禽流感，而当时我国采取的 SPS 措施却是针对比利时整个国家的。[③] 这一 SPS 措施在保护水平的

---

① 参见国家质量监督检验检疫总局 2012 年第 210 号联合公告。另还可参见 2014 年第 16 号联合公告、2014 年第 14 号联合公告、2013 年第 127 号公告、2013 年第 104 号联合公告、2012 年第 99 号，载 http://www.aqsiq.gov.cn，2014 年 10 月 2 日访问。

② 参见国家质量监督检验检疫总局、国家林业局：《关于防止白蜡树枯梢病传入我国的公告》（联合公告 2013 年第 156 号），载 http://www.aqsiq.gov.cn，2014 年 10 月 2 日访问。

③ 参见国家质量监督检验检疫总局 2014 年第 37 号联合公告、2013 年第 103 号联合公告、2009 年第 7 号联合公告，载 http://www.aqsiq.gov.cn，2014 年 10 月 2 日访问。

一致性和适应地区条件方面还是存在问题的。

在适应出口方的 SPS 特点方面,我国根据国际组织的官方认可,在风险分析的基础上,进行了非疫区的认定。例如,2007 年 11 月,根据 OIE 对阿根廷部分区域的认可结果,①结合我国对阿根廷部分地区口蹄疫疫情状况的风险分析结果,国家质检总局发布公告,允许从阿根廷无口蹄疫地区进口符合中国相关法律法规规定并在指定日期后生产和加工的偶蹄动物及其产品。2008 年 7 月,鉴于 OIE 已认可英国为非免疫无口蹄疫国家,根据我国对英国口蹄疫疫情状况的风险分析结果,允许从英国进口符合中国相关法律法规规定并在指定日期后生产和加工的偶蹄动物及其产品。2009 年 11 月,鉴于 OIE 已认可巴西部分地区为口蹄疫非疫区,根据我国对巴西口蹄疫疫情状况的风险分析结果,国家质检总局解除了对巴西这些地区的口蹄疫禁令。② 2005 年,鉴于 OIE 已确认中国台湾地区为免疫无口蹄疫地区,大陆恢复从台湾地区进口偶蹄动物及其产品。在建立动植物疫病非疫区方面,我国已经着手并取得了一定的成效。1998 年,我国提出在全国实施无规定动物疫病区建设项目,2001 年在胶东半岛、辽东半岛、四川盆地、松辽平原和海南岛 5 个区域 6 个省、23 个市、182 个县建设了 6 个无规定动物疫病示范区,总投资达 6.2 亿元。在建立植物病虫害非疫区方面,为了促进我国苹果、

---

① 阿根廷南纬 42 度以南地区及北帕塔贡尼亚 B 地区为非免疫无口蹄疫地区、阿根廷里奥内格罗省以北地区(但不包括阿根廷北部长度约 2200 公里,宽度为 15 公里的边境区域)为"免疫无口蹄疫区"。参见国家质量监督检验检疫总局、农业部 2007 年第 935 号联合公告,载 http://dzwjyjgs.aqsiq.gov.cn/fwdh/jlgg/200712/t20071205_56952.htm,2015 年 1 月 20 日访问。

② 部分地区主要是指:Santa Catarina 州,Acre 州,Bahia 州(不包括设定的缓冲区和监测区),Espírito Santo 州,Goiás 州,联邦区(Distrito Federal),Minas Gerais 州,Mato Grosso 州,Mato Grosso do Sul 州(不包括设定的缓冲区和监测区),Paraná 州,Rondônia 州(不包括设定的缓冲区和监测区),Rio Grande do Sul 州,Rio de Janeiro 州,Sergipe 州,So Paulo 州,Tocantins 州(不包括设定的缓冲区和监测区)和 Pará 州获得 OIE 认可的中南部地区。参见国家质量监督检验检疫总局、农业部 2009 年第 123 号联合公告,载 http://www.aqsiq.gov.cn/zwgk/jlgg/zjgg/2009/200912/t20091225_133642.htm,2015 年 1 月 20 日访问。

柑橘和梨等优势水果的出口贸易，农业部于2001年开始了非疫区建设的筹划和准备工作，并在这些工作的基础上于2004年启动了苹果非疫区项目的建设。①

本章小结

WTO成员方应在必要的限度内实施SPS措施，这一要求在SPS协定的多个条款中有着不同的表达方式。第2.2条体现了必要性的要求，第5.6条是对第2.2条的具体化。根据SPS协定第3.2条的规定，符合国际标准、指南或建议的SPS措施应被视为为保护人类和动植物生命或健康所必需的措施。因此，国际标准对于认定SPS措施是否满足必要性的要求具有重要意义。根据DSB的解释，第5.6条有三个违法性构成要件：(1)存在其他能够达到进口成员方确立的ALOP的替代措施；(2)替代措施在经济和技术上是可行的；(3)该措施比受质疑措施对国际贸易的限制效果更小。ALOP，又被称为"可接受的风险程度"。确立ALOP既是各成员方的一项重要权利也是一项默示的义务。在判断某成员方的ALOP时，首先应当根据各成员方的声明。只有在不存在明示的ALOP时，才能由专家组根据已实施的SPS措施来推定。但无论如何，专家组都不能根据SPS措施所实际能够取得的保护水平来判断。虽然，GATT1994一般例外条款中也包含有必要性要求，但不能简单地将DSB的解释移植到SPS协定中。由于SPS措施所追求特殊价值目标，在重要性上远远超过了其他价值，在SPS协定下DSB没有

① 师华：《论WTO〈SPS协定〉"适用地区"条款及我国的对策》，载《暨南学报》(哲学社会科学版)2012年第7期。

理由再适用狭义比例原则对 SPS 协定第 2.2 条的“必需性”进行解释。

SPS 协定第 6 条关于“适应地区条件”的要求，体现出区域化管理的思想。这是关于必要限度要求的特别条款。根据该条款，SPS 措施应与不同地区的 SPS 状况相适应。进口成员方应接受“病虫害非疫区和低度流行区”的概念。在确定“病虫害非疫区和低度流行区”时，成员方应依据地理状况、生态系统、流行病监测以及卫生与植物卫生控制措施的有效性等因素来决定。SPS 协定第 6.3 条规定了认可“病虫害非疫区和低度流行区”的一种具体操作方法，即由出口方出具证明材料向进口方提出认可申请，并要求出口方为进口方提供现场检查、检验及其他程序的合理机会。印度农产品案是第一件由 WTO 争端解决机构对第 6 条作出过解释的案件。该案给予我们的启示是：第 6 条下的三个条款是一个有机联系的整体，第 6.1 条下的义务是首要的、一般性和持续性的义务。另外两个条款则是与“病虫害非疫区和低度流行区”有关的具体性义务。WTO 进口成员方负有主动适应出口成员方地区条件的义务，该义务的履行既不以出口成员方启动第 6.3 条下的认可申请为前提条件，也并不必然取决于是否承认“病虫害非疫区和低度流行区”的概念。

虽然所有的成员方都支持“根据不同地区的病虫害状况实行区域化管理”的原则，但是出口成员方在获得进口成员方关于“非疫区或病虫害低度流行区”地位的认可方面却遭遇了难以克服的障碍。SPS 委员会内部就第 6 条的执行问题展开了多次讨论，并于 2008 年通过了《推动 SPS 协定第 6 条实施的指南》。该指南的制定在很大程度上参考了 OIE 和 IPPC 的标准，同时 SPS 委员会内部对区域化问题的关注和讨论也推动着上述国际标准化组织不断修订和完善其相关国际标准。从内容上看，国际标准兼具技术性和制度性。在管理制度方面，SPS 委员会指南的规定则更为全面，通过提高认可过程的透明度、信息沟通机制、非歧视性、无不当迟延和可预见性,增进进出口双方的信心和可信度。但在采取措施消除走私等经济动机、扩大第三方参与疫区地位的认定及其效力的认可方面,SPS 委员会和国际标准化组织的工作还有待完善。

CHAPTER 05 >>

第五章

SPS 措施的合法性与国际标准的关系

传统上,GATT 规则是依靠非歧视性及必要性要求来审查非关税贸易措施。在 SPS 协定中,“统一协调”作为一种新的有力技巧,被用于减少非关税壁垒的贸易限制效果。其中,SPS 协定附件 A(2)将“统一协调”界定为,各成员方制定、认可和实施共同的 SPS 措施。SPS 协定通过其第 3 条表达了统一各国 SPS 措施的愿望。第 3.1 条要求通常情形下,各成员方应以国际标准、指南或建议为依据实施 SPS 措施。根据第 3.2 条,遵从国际标准的 SPS 措施是为保护人类和动植物健康所必需的,且推定其符合 SPS 协定和 GATT1994 的相关条款。由此可见,国际标准对于 SPS 措施的合法性认定有着实质性的意义。本章首先界定 SPS 协定下国际标准的范围,介绍了相关国际标准化机构的标准制定情况。然后依据 SPS 协定第 3 条,就国际标准与 SPS 措施的合法性之间的关系展开分析。最后以国际食品法典委员会制定莱克多巴胺标准的过程为例,说明国际标准制定的外部监督机制的不足及其影响。

第一节　SPS 协定下的国际标准及其制定

一、SPS 协定下国际标准的范围

SPS 协定本身并不包含任何国际标准，它也未授权 WTO 的相关机构制定国际标准。相反，SPS 协定附件 A(3)通过指引已有的专门国际标准化组织的方式界定了何为"国际标准、指南和建议"：(1)就食品安全而言，"国际标准、指南和建议"是指由 CAC 或 Codex 制定的国际标准、指南和建议；(2)就动物健康而言，"国际标准、指南和建议"是指在 OIE 主持下制定的国际标准、指南和建议；(3)就植物健康而言，"国际标准、指南和建议"是指由 IPPC 秘书处主持制定的国际标准、指南和建议；(4)就上述国际标准化组织所涉领域以外的事项，相关国际标准是指，经 SPS 委员会确认的，且其成员资格对所有 WTO 成员方开放的国际组织所制定的国际标准、指南和建议。[①] 在 SPS 委员会的相关文件中，CAC、OIE 及 IPPC 通常也被称为"三姐妹"。

SPS 协定通常在相关条款中一并使用"国际标准、指南和建议"的表述，也即 SPS 协定未对国际标准、指南和建议的效力作任何区分。但在一些国际标准化组织内部，指南和标准的效力是不同的。例如，在 CAC 内部，指南通常是在各方无法就具体的商品或残留标准达成一致

---

① 迄今为止，SPS 委员会尚未确认其他的国际标准化组织，也未曾就此事项展开讨论。但一些国际标准化组织被 SPS 委员会接受为观察员，如 ISO。就实际情况而言，SPS 委员会的协商一致决策机制导致这种确认极为困难。在争端解决实践中，专家组在征得双方同意后往往使用"三姐妹"以外的其他国际组织制定国际标准、指南或建议，如生物多样性公约，粮农组织、世界卫生组织，以及联合国环境计划。See Panel Report，EC-Biotech，para. 7. 31.

的时候被采纳，其效力与标准不同。在早期的《国际食品法典通则》中，指南和建议被描述成仅具有建议性的效力，[①]其采纳程序不同于标准制定程序。为与 SPS 协定的规则保持一致，一些国际标准组织，如 CAC 和 IPPC 已经逐步对此进行修改，以统一不同文件之间的差异。[②]

虽然 TBT 协定和 SPS 协定都规定了类似的“以国际标准为依据”的规则，且都不考虑 WTO 成员方当前或者在标准制定时，是否具有相应国际标准化组织的成员资格，但是两者有很大的差别：第一，SPS 协定对于“三姐妹”以外的其他国际标准化组织的要求是“其成员资格对所有 WTO 成员方开放”，而 TBT 协定的对应表述是“成员资格对所有 WTO 成员方的相关机构开放的国际机构或机制”，这种措辞上的差异被解释为 SPS 协定中的国际标准化机构仅限于政府间国际组织，而不包括由不同区域的非政府机构所组成的跨国标准化组织。[③] 第二，与 SPS 协定不同，TBT 协定并未明确国际标准化组织的清单。[④] 第三，TBT 协定附件 1 中对标准的解释是“自愿性与非强制性”，且国际标准不限于以协商一致方式通过的文件。[⑤] SPS 协定没有强调国际标准的自愿性与非强制性。对于国际标准制定的决策方式，在欧共体荷尔蒙案中，专家组强调 SPS 协定生效前通过的国际标准，以及采用多数表决方式而非协商一致方式采纳的国际标准，只要与相关国际组织的规则

---

① See Codex, Procedural Manual 16th edn., 2006, p. 30.

② Lukasz Gruszczynski, *Regulating Health and Environmental Risks Under WTO Law: A Critical Analysis of the SPS Agreement*. Oxford University Press, 2010, p. 89.

③ Joanne Scott, *The WTO Agreement on Sanitary and Phytosanitary Measures: A Commentary*. Oxford University Press, 2007, pp. 245 – 246.

④ 这源于欧盟和美国参与国际标准化模式上的差异。一直以来，欧盟重视参与区域性和国际性标准化活动，致力于通过国际标准制定推广欧洲标准。其与三大国际标准化组织（ISO/IEC/ITU）合作密切，而美国则崇尚自治和相互竞争、松散的标准化路径，同时也对欧盟主导三大国际标准化组织的状况持有戒心。

⑤ See TBT Agreement, Annex 1(2).

相符,都属于SPS协定下的国际标准。[①] 第四,TBT协定第2.4条明确规定"如果相关国际标准已经存在或其制定程序即将完成,则成员方应以相关国际标准或其相关部分作为技术法规的依据",这说明TBT协定承认尚在制定过程中的国际标准可以作为国内立法的参考,而SPS协定中没有类似规定。

二、国际食品法典委员会

(一)组织机构和职责

CAC是由FAO和WHO共同建立,以保障消费者的健康和确保食品贸易公平为宗旨,制定国际食品标准的政府间国际组织。自1961年第11届粮农组织大会和1963年第16届世界卫生大会分别通过了创建CAC的决议以来,截至2017年2月,CAC一共有188个成员方,中国于1983年成为CAC成员。[②] CAC的成员资格对所有FAO或者WHO成员国家或准成员开放。

CAC每2年召开一次全体会议,自2004年始[③],CAC每年召开一次全体会议。大会期间负责管理的机构是食品法典委员会执行委员会。具体国际标准的制定由具体委员会和专门工作组负责。另有三个独立机构,虽然不是CAC正式组织机构成员,但在其国际标准制定过程中发挥重要作用,即FAO/WHO食品添加剂联合专家委员会(JECFA),FAO/WHO农药残留联席会议(JMPR)和FAO /WHO微生

---

① See Panel Report, EC-Hormones, para. 8.69. 该案所涉的CAC荷尔蒙标准是以33票同意,29票反对,7票弃权的微弱优势获得通过的。但仍被争端解决机构认为是SPS协定下相关的国际标准。See Codex Alimentarius Commission, Report of the 21st Session, ALINORM 95/37, para. 45.

② 187个成员国家和1位成员组织,即欧盟。载 http://www.codexalimen-tarius.net,2017年2月9日访问。

③ 2003年CAC召开了2届大会,分别是CAC25和CAC26。

物风险评估专家联席会议(JEMRA)。这三个专家委员会由 FAO 和 WHO 组织设立,其风险评估活动构成了 CAC 制定国际标准的科学基础。[①]

(二)CAC 制定的国际标准

CAC 制定的规则包括标准(文件号包含 STAN)、指南(文件号包含 GL)、推荐操作规程(文件号包含 RCP)和其他杂项(文件号包含 MISC)。[②] 从内容上看,这些 CAC 标准可以被分为四种类型,即商品标准、残留标准、分析和抽样方法标准、通用标准。商品标准规定了构成特定产品的基本特征以及其他要求。一般而言,CAC 标准中的"商品标准"基本上与科学性无关,主要依赖于工业实践,这类标准主要用于防止欺诈,保护消费者公平交易,因此主要由 TBT 协定涵盖,除非这些标准涉及了食品安全问题。残留标准规定了食品中添加剂、兽药、农药残留的最大限量,这些标准通常是用类如最大残留限量(MRLs)的量化值表示。MRLs 是以每日允许摄入量(ADI)为基础计算出来的。后者是指人类终生每日摄入某种物质,对健康无任何已知不良效应的最大剂量。ADI 标准和 MRLs 标准的制定是一个充满科学性的过程。与商品标准不同,残留标准与 SPS 协定联系紧密。分析和抽样方法标准则是用于确保分析方法的质量及其一致性。通用标准为所有食品规定各种要求,如预包装食品的标签要求等。[③] 迄今为止,CAC 已经制定了超过

---

① JECFA 成立于 1956 年,负责对食品添加剂、污染物、天然毒素和兽药残留进行安全评价,是 CAC 颁布兽药、食品添加剂、污染物和天然毒素的日许量和最高残留限量等国际标准的技术依托机构,由各国政府及国际组织推荐的食品安全领域的顶级专家构成。JMPR 成立于 1963 年,是农药残留风险评估机构。JEMRA 成立于 2000 年,主要工作为收集和整理数据,出具微生物风险评估报告。

② 载 http://www. codexalimentarius. org/standards/list-of-standards/en/? provide = standards&orderField = fullReference&sort = asc&num1 = CODEX,2014 年 10 月 2 日访问。

③ Lukasz Gruszczynski, *Regulating Health and Environmental Risks Under WTO Law: A Critical Analysis of the SPS Agreement*. Oxford University Press,2010,p. 83.

200 个食品标准，40 多个卫生和技术操作守则，1000 多个食品添加剂标准，54 个兽药使用标准，3000 多个杀虫剂的最高残留限量标准。[①]

（三）CAC 标准制定程序

就 CAC 制定国际标准的决策方式而言，根据《食品法典委员会议事规则》第 12.2 条（标准的制定和通过），食典委应为通过或修正标准达成一致意见做出最大努力。只有当达成一致意见的努力不能奏效时，才可以投票方式决定标准是否通过或被修正。[②] 根据上述规则第 8 条（表决及程序）规定，除另有规定外，食典委的决定应依据投票数的多数意见。在对制定、修正或通过一项主要适用于某一地区或国家集团的标准草案进行表决时，只有属于这一地区或国家集团的成员国才可参加投票。[③]

《食品法典委员会程序手册》第 2 节第 3 部分详细规定了标准制定的八个步骤：（1）制定具体标准计划的立项；（2）秘书处和具体负责的附属机构（如食品添加剂联合专家委员会）起草“拟议标准草案”；（3）第一次就“拟议标准草案”征求各方意见；（4）秘书处转交意见给附属机构；（5）CAC 执委会审查后提交食典委审议通过，成为“标准草案”；（6）第二次征求各方意见；（7）再次将收集意见转交附属机构；（8）执委会审查后提交食典委审议修改通过，成为“法典标准”。除常规程序外，还有标准制定的加速程序，该程序的启动需要食典委根据表决的三分之二多数票确定，加速程序中“拟议标准草案”经过一次征集意见后即提交给食典委审议修改通过成为“法典标准”。《食品法典委员会程序手册》第二节引言第 5 条和第 6 条规定，食典委或具体负责的附属机构

---

① 载 http://www.codexalimentarius.net，2013 年 10 月 2 日访问。

② 国际食品法典委员会：《程序手册》（第 21 版中文版）2013 年版，第 12 页。载 ftp://ftp.fao.org/codex/Publications/ProcManuals/Manual_21c.pdf，2013 年 10 月 2 日访问。

③ 同上。

可决定将草案退回到任何适当的上一步骤，食典委也可决定将该草案停留在步骤(8)。经食典委 2/3 多数票决定可以省略步骤(6)和步骤(7)。与 OIE 和 IPPC 不同的是，CAC 并没有为其成员提供任何争端解决机制。

三、世界动物卫生组织

(一)组织机构和职责

在 SPS 协定中，世界动物卫生组织被称为"国际兽疫局"(the International Office of Epizootics)，它也是一个政府间国际组织，由 28 个国家于 1924 年签署一项国际协议产生，目前包括中国在内共有 180 位成员，[①]其职能主要包括以下三个方面：向各国政府通告全世界范围内发生的动物疫情以及疫情的起因，并通告控制这些疾病的方法。在全球范围内，就动物疾病的监测和控制进行国际研究；协调各成员国在动物和动物产品贸易方面的法规和标准；帮助成员国完善兽医工作制度，提升工作能力；促进动物福利，提供食品安全技术支撑。

世界动物卫生组织的最高权力机构是由各成员国政府委派的常驻代表组成的世界代表大会。位于巴黎总部的总干事负责管理世界动物卫生组织的日常工作。由各个具体科学委员会制定的标准最终由世界代表大会正式采纳，必要时还会设立专门委员会来审查科学技术问题。除此之外还有一些地区委员会负责区域内的合作。

(二)OIE 制定的国际标准

OIE 制定的标准主要有两种类型：一种是陆地、水生动物及动物产品的卫生标准；另一种是关于疾病诊断技术的生物标准。第一类标准

① 载 http://www.oie.int/about-us/our-members/member-countries/，2017 年 2 月 9 日访问。

主要被汇集在《陆生动物卫生法典》和《水生动物卫生法典》中。法典最初只是处理动物健康和人兽共患病问题，但近年来，随着OIE的职责拓展至“在全球范围内提高动物健康水平”，法典的内容也逐渐涵盖了动物福利、动物源性食品的安全。在第二类标准中，《传染病兽医实验室质量标准与指南》涉及部分疾病的兽医实验室的质量管理。《陆生动物诊断试验和疫苗手册》和《水生动物疾病诊断手册》[①]统一规定了OIE列举的以及对国际贸易具有重要意义的其他疾病的诊断方法，有助于满足那些与动物及动物产品贸易相关的健康认证要求。

自1960年以来，OIE的一个特别委员会，即OIE陆地动物卫生标准委员会不断的制定各种标准、指南和建议，最终形成了《陆生动物卫生法典》。随着兽医科学研究的不断进步，OIE陆地动物健康标准委员会不断召集国际知名专家为《陆生动物卫生法典》起草草案或者对现有条款进行修订。这些专家可能是来自OIE协作中心和参考实验室。[②] OIE将其协作中心视为特定动物卫生问题（如人兽共患病、流行病学、风险分析等）的权威技术机构，一般在一个区域内针对某个特定领域仅认可一家研究机构。OIE通常委派参考实验室来统一现有的诊断程序，研发新的诊断方法和疾病控制的疫苗。

《陆生动物卫生法典》的目标一方面是避免致病因素的传播，另一

---

① 《陆生动物卫生法典》首次于1968年出版，《水生动物卫生法典》于1995年出版。《陆生动物手册》于1989年出版，《水生动物手册》于1995年出版。OIE会根据科学信息的更新而对法典进行修订，以《陆生动物卫生法典》为例，自1998年第7版《陆生动物卫生法典》发布后，每年更新一次。

② OIE工作组、专业委员会、参考实验室和协作中心共同构成了OIE科学技术资源的可靠和系统的保障。2012年5月24日，在法国巴黎召开的OIE第80届国际代表大会上，通过决议认定中国农业科学院哈尔滨兽医研究所为OIE亚太区人兽共患病协作中心，中国动物疫病预防控制中心兽医诊断实验室为OIE猪繁殖与呼吸综合征参考实验室，中国动物卫生与流行病学中心、国家外来动物疫病诊断中心为OIE新城疫参考实验室，中国农业科学院长春兽医研究所为OIE狂犬病参考实验室。

方面也是防止不合理的卫生壁垒。《陆地动物卫生法典》为常见的贸易商品规定了具体的卫生措施,这些措施是以风险为依据的,反映了出口国的动物健康状况以及该商品成为传染源的可能性。出于便利操作的考虑,这些建议通常只根据出口国的动物健康状况作出,而假定进口国不存在相似的疾病或者已经存在控制消除计划。大约有 100 种动物疾病被规定在《陆生动物卫生法典》中。就某种疾病而言,《陆生动物卫生法典》通常会规定下列内容:(1)对疾病或致病因素做简要描述;(2)讨论与风险评估相关的因素;(3)列举“安全”商品和“不安全”商品清单;(4)区分动物健康状况(未感染、接种疫苗而未患病、中度危险);(5)进口或运输“不安全”商品的要求。如果有充分信息证明某些商品不可能成为感染源,无论出口国的动物健康状况等级如何,该商品的贸易都是安全的,那么这些商品将会被列举为“安全”商品。“不安全”商品则要根据出口国动物健康状况等级,建议实施不同严格程度的卫生措施。但总体而言,《陆生动物卫生法典》很少会建议实施贸易禁令这种最严厉的贸易措施。①

(三)OIE 标准制定程序和争端解决

与 Codex 相比,OIE 的标准制定和采纳程序更为简单和非正式性。由专家小组起草的草案会被递交给相关委员会审查,然后其出具的特别报告会被散发给各国代表进行评议。根据评议结果,可能会采取再次审查的措施或向世界代表大会递交建议的措施。世界代表大会在协商一致的基础上采纳标准。如果无法达成一致意见,只要反对该标准的成员数量不超过 10 个,那么该标准仍被视为通过。

---

① 当然也有少数例外,如对于疯牛病来说,《陆生动物卫生法典》建议无论出口国是疯牛病低风险、中度风险还是高风险国家,反刍动物源性肉骨粉,或者包含这种产品的任何商品都不应用于国际贸易。

值得一提的是，OIE 有自己的争端解决机制。[①] 但仅仅具有 OIE 成员资格的事实并不当然授予 OIE 争端解决机制强制管辖权，也不会赋予争端解决报告强制约束力。相反，该机制的启动需要争端双方同意，否则争端解决结果不具有法律约束力。争议的内容必须属于技术领域，且由技术专家组来审查。同时，技术专家组的权限范围和工作计划都需经争议双方同意。专家组的报告是保密的，只会被提交给 OIE 总干事和争端双方。OIE 专注于技术争议的特点有利于减少争端解决过程中的政治对立，因此，对于一些小型争议，交由 OIE 争端解决更加快捷和便利。此外，OIE 争端解决的结果不仅是对不科学的贸易措施进行谴责，也会就可行的替代措施提供建议。这将会促进争端双方达成一致意见。[②] 虽然该争端解决结果通常不具有强制约束力，但可以被争议双方在 WTO 争端解决机制下加以利用。

四、国际植物保护公约

（一）组织机构和职责

1951 年 12 月 6 日，联合国粮农组织第 6 次大会通过了《国际植物

---

① See SPS committee, Implementing the Standards of the OIE, Communication from the World Organization for Animal Health of 28 October 2003, G/SPS/GEN/437, paras. 33 – 34.

② 尽管如此，到目前为止，OIE 争端解决机制只被使用过两次。2002 年，日本和美国双方同意由 OIE 解决禽流感问题上的意见分歧。双方从 OIE 总干事提供的名单中共同选择了 3 名专家，并就将要讨论的事项达成一致。然后在双方提交的书面技术文件的基础上，举行了一次由双方代表、专家以及 OIE 中央办公署的协调员参加的会议。这次调解并未能形成双方一致认可的卫生措施，但为双方继续举行双边谈判以及更好地沟通提供了一个良好的基础。最终专家组的报告被提交给争议双方和 OIE 中央办公署。整个调解过程花费了大约 7 个月的时间，各种费用支出由争议双方平均负担。第二次争议发生在 2004 年，美国和欧盟进行了关于疯牛病问题的磋商，就与疯牛病有关的 OIE 标准的解释和执行，双方请求 OIE 给予帮助。6 次会议后取得了令双方满意的结果。经美欧同意，争议解决报告被散发给所有 OIE 成员国家的代表。See SPS committee, OIE Dispute Mediation Process, Communication from the World Organization for Animal Health of 12 October 2006, G/SPS/GEN/731, paras. 7 – 9.

保护公约》(International Plant Protection Convention,IPPC),1952 年 4 月 3 日,根据该公约第 14 条,在三个国家递交批准书后 IPPC 正式生效。1979 年 11 月,联合国粮农组织分别在其第 20 次和第 29 次大会批准了公约的修改文本,根据 IPPC 第 13.4 条的规定,两次修改文本均已经对全体缔约方生效。目前 IPPC 共有 181 个签约国,177 个缔约方(欧盟及其部分成员国均是单独缔约方)。[①] 在 IPPC 中,缔约方和成员方不是同一概念,根据《植物卫生措施委员会程序规则》的规定,IPPC 成员包括缔约方、国家植物保护机构、区域植物保护组织和相关的国际组织。其中区域植物保护组织是某一区域内协调各个国家植物保护组织的政府间组织,截至 2009 年共有 10 个区域植物保护组织,其成员方并非都是 IPPC 的缔约方,同时 IPPC 的缔约方也并非都加入了某个区域植物保护组织,有些 IPPC 缔约方同时是几个区域植物保护组织的成员。IPPC 的目标在于确保各国采取普遍而有效的措施防止植物性害虫的传播和定殖,同时促进国际贸易。

尽管 IPPC 是一份公约,但它也具备了准国际组织的特征。FAO 的政府间机构——植物卫生措施委员会负责管理 IPPC,自 1997 年被设立以来,植物卫生措施委员会每年 3 月或 4 月在 FAO 的总部召开一次大会,IPPC 秘书处则负责协调 IPPC 工作项目,植物卫生措施委员会管理局是 IPPC 的常设执行机构,由 7 名成员组成。植物卫生措施委员会的职责包括标准制定、信息交流和争端解决等重要内容。其中标准制定由标准委员会(SC)负责,标准委员会常设机构包括 5 个技术专家组和 SC-7 工作组,后者由 25 名标准委员会成员中的 7 名成员组成。非常

① 中国于 2005 年 10 月加入 IPPC,成为该公约的第 141 个缔约国。同时根据《香港特别行政区基本法》和《澳门特别行政区基本法》,中国政府决定将 IPPC 适用于澳门,未另行通知的情况下不适用于香港。载 http://www.fao.org/fileadmin/user_upload/legal/docs/1_004s-e.pdf,2014 年 5 月 20 日访问。

设机构包括专家工作组。与 OIE 一样，IPPC 有自己的争端解决机制，2005 年，由 7 名成员组成的争端解决附属机构成立，由具体的专家委员会负责争议解决。争端解决附属机构负责帮助争议双方选择争端解决方式，包括磋商、斡旋、调解、调停和仲裁，同时在双方对秘书处提供的专家无法达成一致时提供专家提名。

（二）IPPC 制定的国际标准

到目前为止，IPPC 所通过的植物卫生措施国际标准（以下简称 ISPMs）一共有 36 个。分别是：《关于植物保护及在国际贸易中实施植物卫生措施的原则》（ISPM 1，2006）、《有害生物危险性分析框架》（ISPM 2，2007）、《生物防治物和其他有益生物的出口、装运、进口和释放指南》（ISPM 3，2005）、《建立非疫区的要求》（ISPM 4，1995）、《植物检疫术语表》（ISPM 5）、《监测指南》（ISPM 6，1997）、《植物卫生认证制度》（ISPM 7，2011）、《确定某一地区的有害生物状况》（ISPM 8，1998）、《有害生物根除计划指南》（ISPM 9，1998）、《关于建立非疫产地和非疫生产点的要求》（ISPM 10，1999）、《检疫性有害生物风险分析，包括环境风险和活体转基因生物分析》（ISPM 11，2013）、《植物检疫证书准则》（ISPM 12，2011）、《违规和紧急行动通知指南》（ISPM 13，2001）、《采用系统综合措施进行有害生物风险管理》（ISPM 14，2002）、《国际贸易中木质包装材料的管理》（ISPM 15，2009）、《受管制的非检疫有害生物：概念及应用》（ISPM 16，2002）、《有害生物报道》（ISPM 17，2002）、《辐射用作植物检疫措施的指南》（ISPM 18，2003）、《限定有害生物清单的指南》（ISPM 19，2003）、《进口植物检疫管理系统指南》（ISPM 20，2004）、《受管制的非检疫性有害生物风险分析》（ISPM 21，2004）、《建立有害生物低度流行区的要求》（ISPM 22，2005）、《检验指南》（ISPM 23，2005）、《植物卫生措施等效性确定和认可准则》（ISPM 24，2005）、《过境货物》（ISPM 25，2006）、《建立果蝇（实蝇科）非疫区》（ISPM 26，

2006)、《受管制有害生物诊断规程》(ISPM 27,2006)、《受管制有害生物的植物检疫处理》(ISPM 28,2007)、《非疫区和有害生物低度流行区的认可》(ISPM 29,2007)、《建立果蝇(实蝇科)低度流行区》(ISPM 30,2008)、《货物抽样方法》(ISPM 31,2008)、《基于有害生物风险的商品分类》(ISPM 32,2009)、《国际贸易中的脱毒马铃薯(茄属)微繁材料和微型薯》(ISPM 33,2010)、《入境后植物检疫站的设计和操作》(ISPM 34,2010)、《果蝇(实蝇科)有害生物风险管理系统方法》(ISPM 35,2012)、《种植用植物综合措施》(ISPM 36,2012)。①

(三)IPPC 的标准制定程序

根据《IPPC 标准制定程序手册》②,IPPC 的标准制定工作主要分为四个阶段。

第一阶段主要是 IPPC 标准议题的确立。通常每隔 2 年,IPPC 秘书处负责征集一次 ISPMs 议题。通常由 IPPC 成员③和技术专家组提交具体建议。标准委员会根据 IPPC《战略框架》和《议题优先性和批准标准》对这些具体提议进行审议,并向植物卫生措施委员会提出建议,由其决议议题清单。标准委员会将每个主题进行细化并明确接下来的标准制定需要解决的问题。

第二阶段主要是标准的起草阶段。标准委员会为每个议题指定一名负责方和一名至两名助手,由其起草细则草案,并提交给标准委员会批准后由 IPPC 成员方评议,60 天评议期结束后由标准委员会通过。在细则草案的基础上成立专家起草小组,通常由非常设的专家工作组或

① 载 https://www. ippc. int/core-activities/standards-setting/ispms#block-agenda-items-list,2014 年 6 月 1 日访问。

② See IPPC Procedure Manual for Standard Setting(2013),13 January,2014,pp. 11 – 15.

③ 根据 CPM 程序规则附件 1,IPPC 成员是指:IPPC 缔约方、国家植物保护组织(NPPOs),区域植物保护组织(RPPOs)。

常设的技术专家组担任。专家起草小组主要负责起草 ISPM,并提交给标准委员会,由其决定是批准以散发给 IPPC 成员方评议还是退回专家起草小组,或者暂时搁置。

第三个阶段是 IPPC 成员方评议阶段。一旦标准委员会批准了 ISPM 草案,IPPC 秘书处就会将其公布并通知成员方。成员方通过网上评议系统进行 150 天的评议。SC－7 根据评议意见对 ISPM 草案进行修改后提交给标准委员会,再由 IPPC 秘书处在网上评议系统上公开 ISPM 草案,进入实质关注评议期,该评议期限为 120 天。所有实质性关注意见只能通过网上评议系统中的 IPPC 联络点来提交。

第四个阶段是标准的通过和公布阶段。实质关注评议期提交的意见经标准委员会考虑整理后,由其提交 ISPM 草案至植物卫生措施委员会。若有反对意见应在不迟于植物卫生措施委员会大会前 14 天时,以正式通知方式告知 IPPC 秘书处。正式反对意见是指有技术理由反对当前形式标准草案的通过,经 IPPC 官方联络点送交。秘书处对反对意见的有效性不做评价,对问题进行一定程度技术讨论的反对意见则可视为正式反对意见。如果有此情形,草案将被退回至标准委员会做进一步修改。当修改后的草案第二次被提交时,标准委员会可以建议植物卫生措施委员会采用表决的方式来做出决议。

第二节　国际标准与 SPS 措施的合法性评判

一、国际标准的法律效力问题

在欧共体荷尔蒙案中,专家组认为,SPS 协定第 3.1 条规定了一般性的义务,即除第 3.3 条规定情形外,WTO 成员方应以国际标准为基础制定或实施 SPS 措施。第 3.2 条则进一步规定了遵守第 3.1 条规则的积极效果,即遵守国际标准的 SPS 措施被推定为保护人类和动植物生命健康所必需,且与 SPS 协定和 GATT1994 的相关条款一致。第 3.3 条则包含了上述规则的例外,即在有科学依据,或者是在遵守第 5.1 条至第 5.8 条的前提下,为实现适当的保护水平,成员方可以偏离国际标准,实施保护程度更高的 SPS 措施。而且专家组认为,"base on"和"conform to"基本上具有相同的语义。第 3 条下的三个条款是一般规则与例外的关系。[①] 但是上诉机构否定了这一结论。首先,根据第 3.1 条和第 3.2 条所使用的不同措辞,从词义上分析,上诉机构认为"base on"和"conform to"的含义有明显的区别,而且 SPS 协定在其他不同条款中也分别使用了这两个词语,没有理由认为这种措辞上的区别只是一种偶然。其次,上诉机构分析了第 3 条的目标和宗旨。第 3.1 条一开始就提及"为在尽可能广泛的基础上协调 SPS 措施……"SPS 协定的序言提及"期望进一步推动各成员方采用以国际标准、指南和建议为基础的 SPS 措施……"根据 SPS 协定第 12.1 条设立的 SPS 委员会,其职能包括推动 SPS 协定下目标的实现,尤其是关于协调 SPS 措施的目标,SPS 委员应鼓励成员方使用国际标准、指南和建议。这些条款都清楚地显示以国际标准为基础协调统一各成员方 SPS 措施的目标应当属于远景规划,应是在 SPS 委员会以及各成员方在不断努力的过程中逐步加以实现的目标,而不是成员方在当下必须承担的法律义务。最后,如果将第 3.1 条中的"base on"解读为等同于第 3.2 条的"conform to",则意味着 SPS 协定赋予了国际标准以强制性的约束力。如此一来,国际标准、指南和建议将成为有法律效力的规范性文件。上诉机构认为这种解释还需要有更为明确具体的文本规定才能获得支持。[②]

---

① See Panel Report, EC-Hormones, para. 8.46.

② See Appellate Body Report, EC-Hormones, para. 165.

此外，根据 SPS 协定序言第 6 段的规定，上诉机构认为，自主决定“适当的保护水平”是成员方的一项重要权利。因此，成员方完全有权利选择比国际标准保护水平更高的 SPS 措施。因此，第 3.3 条不是某个规则的例外，而是包含了一项独立的权利。[①] 如果将第 3.3 条定性为一个例外条款，这无异于是从举证责任分配上对这种权利进行惩罚。这是因为，将第 3.3 条界定为构成第 3.1 条的例外，则援引第 3.3 条的举证责任在被诉方，由被诉方证明其措施是以风险评估为依据的。相反，在上诉机构重新界定的逻辑关系中，第 3.3 条下的举证责任仍应遵循“谁主张谁举证”的规则，即仍由起诉方负举证责任，由起诉方证明被诉方的措施偏离了国际标准，且未以风险评估为依据。尽管从表面上看，似乎上诉机构的推理将加重起诉方的举证责任，但以欧共体荷尔蒙案的审理情况为例，上诉机构判断起诉方美国和加拿大是否通过初步举证责任要求时，并不是严格区分举证责任和提交证据的概念，所以起诉方满足初步举证责任要求并不困难。[②] 一旦起诉方的初步举证完成，则举证责任转移给被诉方。概言之，根据上诉机构的结论，WTO 成员方并没有遵守国际标准的法律义务，准确地说，成员方只有在通常情形下，确保 SPS 措施以国际标准为基础的义务。SPS 协定第3 条实际上赋予了 WTO 成员方三种不同的选择：第一，通常情形下，成员方应以国际标准为基础实施 SPS 措施；第二，成员方在实施 SPS 措施时，可以选择遵守国际标准；第三，在风险评估的基础上，基于实现更高的保护水平的需要，成员方可以偏离国际标准。

二、以国际标准为基础的 SPS 措施

虽然上诉机构的解释，无论从解释方法上还是语法和文义上看都

---

① See Appellate Body Report, EC-Hormones, para. 172.

② Appellate Body Report, EC-Hormones, footnote 180.

是可以接受的，但是如此一来，第 3.1 条极有可能成为一项软法性的条款，宣示意义大于实际意义。这从另一个方面也可以得到印证，即第 3.1条除了提及各成员方应以国际标准为基础实施 SPS 措施外，[①]并没有为“以国际标准为基础实施的 SPS 措施”规定任何法律效果。根据上诉机构的解释，“以国际标准为基础”肯定不同于“遵守国际标准”，那么可以肯定的是，“以国际标准为基础”也就意味着 SPS 措施和“国际标准”有差别，如果 SPS 措施的保护水平更高，那么成员方还需要遵守第 3.3 条，即遵守风险评估的规则。换言之，就实际效果而言，第 3.1 条与第 3.3 条并无实质性区别。

但若借鉴 TBT 协定下的争端解决实践，则会发现 SPS 协定第 3.1 条对起诉方还是有实质性意义的。TBT 协定第 2.4 条同样要求成员方中央政府机构以国际标准为基础制定技术法规。欧共体沙丁鱼案中，争端解决机构需要判断欧共体的技术法规是否以 Codex 标准为基础。上诉机构认为，字典上关于“base on”的各种含义归结为一点：在国际标准与技术法规之间有密切的联系，在采取一项措施之前仅仅考虑过一项国际标准是不够的。而如果两者间存在冲突则可以认为技术法规不是以国际标准为基础制定的。该案专家组同样认为“base on”的要求不同于“conform to”，即各成员方制定技术法规时无须完全遵守现存国际标准。该案上诉机构进而以欧共体技术法规的内容与 Codex 标准存在冲突为切入点，最终得出欧共体的技术法规不符合 TBT 协定第 2.4 条的结论。参照这一解释，对于被诉方而言，由于“以国际标准为基础”的判断标准不够明晰，要证明其实施的 SPS 措施是以国际标准为基础，不仅难度很大，而且无法获得合法性推定的利益。虽然欧共体荷尔蒙案

---

① 尽管此处用词还是带有法律义务性的“shall”。

上诉机构将"base on"解释为"部分吸收国际标准"的情形[①]，但对某些类型的国际标准来说，如最高残留限量标准，这种解释无法适用。但对起诉方而言，情况则大有不同。因为欧共体沙丁鱼案给出了清晰的指控路径，即只需论证两者间存在冲突就可以赢得争端解决机构的支持，[②]但被诉方如何执行争端解决机构的报告，如何修改措施，使其以国际标准为基础，同样的问题依旧存在。尤其值得一提的是，SPS 协定附件 C(1)第 2 段再次提示了国际标准对于 SPS 措施合法性评定的重要意义。[③] 根据这一条款的规定，如果进口成员方对食品添加剂的使用，食品、饮料以及饲料中的污染物限量采取了特定的决策方式，并以批准使用、具体限量作为食品、饮料及饲料等产品的市场准入条件，那么在尚未做出相关决定前，该成员方应考虑以国际标准作为市场准入要求的基础。

三、与国际标准一致的 SPS 措施

在某种程度上，第 3.2 条可以被视为是对采用国际标准行为的一种奖励，该措施可以被认定为(be deemed to)是保护人类和动植物生命和健康所必需的，并被推定(be presumed to)与 GATT1994 和 SPS 相关规则一致。这对实现"以国际标准为标尺统一各国 SPS 措施"的目标，

---

① Appellate Body Report, EC-Hormones, para. 163.

② 在印度农产品案中，作为起诉方的美国正是遵循了上述路径，指控印度的 SPS 措施违反第 3.1 条。美国认为 OIE《陆生动物卫生法典》中对某种动物及其产品与某种动物疫情的处理，要么会规定建议措施，要么就没有给出任何建议(如活猪、鸟类的病理学材料和生物产品)。就给出建议的动物产品而言，OIE 标准有条件的允许进口，但印度的措施完全禁止产品进口而不是在采取适当措施的情况下允许进口，这与国际标准不符。就未给予建议的动物及其产品而言，不存在相关的国际标准。因此，印度的措施没有以国际标准为依据。See Panel Report, India-Agricultural Products, para. 7. 165.

③ SPS 协定附件 C 与协定第 8 条联系紧密，根据欧共体转基因案专家组的观点，违反附件 C 即意味着违反协定第 8 条。

无疑具有显而易见的推动力。但从乌拉圭回合谈判的历史看,这个规则的确定却是带有一定偶然性和折衷性的。

在谈判期间,SPS 协定谈判的三大参与方虽然都同意以国际标准来协调各国 SPS 措施,但就具体规则而言,美国和凯恩斯集团提出了"符合国际标准即推定有合理科学证据或符合 GATT 第 20 条(b)项的"设想。对此,欧盟认为国际标准只是一种重要的技术建议,是科学性的主要来源,应当给予"达到高健康水准"的国家偏离国际标准的机会。由此可见,相较于美国和凯恩斯集团倾向于更严格协调义务的做法,欧盟更希望实施较为松散的协调一致规则。双方分歧的解决得益于谈判期间发生的一次贸易事件。欧盟出口美国的葡萄酒面临因腐霉利(一种低毒性杀菌剂)残留而被限制进口的问题。当时 Codex 正在为该物质制定最高残留限量标准,欧盟立即意识到美国和凯恩斯集团提案的优势,于是转向了支持更严格协调一致规则的立场。① 毕竟过于松散的协调一致将有损于农产品贸易的自由化,第 3.2 条的奖励将有助于推动各国 SPS 措施的统一化。

对遵守国际标准的理解,上诉机构在欧共体荷尔蒙案中指出,所谓"遵守"(conform to)国际标准是指完全体现了国际标准,并且为了实际操作的需要将其转化为一项国家标准。② 在同一案件中,上诉机构附带性地提及第 3.2 条的法律推定是一种可反驳的初步推定,这与上诉机构认为国际标准并没有法律强制约束力的观点是相呼应的。尽管如此,但事实上,被诉方要推翻这种法律推定并非易事,毕竟国际标准的

---

① See Denise Pre'vost, Peter Van den Bossche, The Agreement on The Application of Sanitary and Phytosanitary Measures. In Patrick F. J. Macrory, Arthur E. Appleton, Michael G. Plummer (eds.), *The World Trade Organization: Legal, Economic and Political Analysis (Volume II)*, Springer Press, 2005, p. 241.

② See Appellate Body Report, EC-Hormones, para. 170.

制定是在国际社会各界,尤其是科学专家的参与下完成的。

从文本措辞来看,SPS 协定第 3.2 条前半句的推定用语是"be deemed to",而后半句用的是"be presumed to"。根据英语词典的解释,前者更接近于"be regarded as"(被视为),而后者被理解为"be taken for granted as being true in the absence of proof to the contrary"(如无相反证据则推定为真实)。无疑义的是后者允许反证,但前者是否允许反证或者举证程度有无不同可做不同理解:第一种情形,两者有区别,但都允许反证,只是"be deemed to"有更高的举证要求;第二种情形,两者有区别,"be deemed to"不允许反证,而"be deemed to"允许反证;第三种情形,两者没有区别,都允许反证。从前文上诉机构的附带意见来看,似乎更倾向于第三种情形。这一点在美加继续中止减让案中再次得到确认。①

澳大利亚苹果案在上诉阶段涉及两个与风险评估技术相关的国际标准,即 IPPC 制定的 ISPM 2 和 ISPM 11。上诉机构认为,一方面,SPS 协定第 5.1 条要求各成员方在实施风险评估时应"参考"相关国际组织制定的风险评估技术,这并不意味着各成员方应遵守这些技术,甚至没有义务以其为基础实施风险评估。另一方面,即使成员方完全依照国际组织的风险评估技术实施了风险评估,这一事实也不足以证明该成员遵守了 SPS 协定下的义务。② 这说明具有准法律效力的国际标准并不包括程序性的国际标准。

四、保护水平高于国际标准的 SPS 措施

根据第 3.3 条,只要有科学依据或者是依据 SPS 协定第 5 条风险

---

① See Appellate Body Report, US-Continued Suspension, para. 532. 上诉机构明确提及这种可反驳的推定是指必要性推定和合法性推定。

② See Appellate Body Report, Australia-Apples, para. 246.

评估的结果,各成员方就享有偏离国际标准实施 SPS 措施的权利。换言之,保护水平高于国际标准的 SPS 措施仍要接受科学性要求的审查。SPS 协定脚注 2 特别说明,就第 3.3 条而言,若某成员方根据 SPS 协定相关条款对可获得的科学信息进行评估后认为,相关的国际标准、指南和建议不足以达到其确定的适当的保护水平,则可以认定为存在科学依据。

在欧共体荷尔蒙案中,欧共体在上诉文件中指出,根据第 3.3 条及 SPS 协定脚注 2,欧共体证明其 ALOP 是高于国际标准的保护水平的,因此欧共体的措施是有科学依据的,从而证明欧共体并不违反第 3.3 条。这一主张引出的法律问题是,第 3.3 条允许 WTO 成员方偏离国际标准的条件是否可以二选其一？专家组认为根据第 3.3 条,欧共体仅仅证明其欲维持的 ALOP 高于国际标准是不够的,它仍需要遵守第 5 条下的风险评估要求。这一结论得到了上诉机构的支持。这意味着,虽然从第 3.3 条的文义和句法逻辑上分析,只要满足科学依据或风险评估两个条件之一就可以不以国际标准为依据实施 SPS 措施。但从上诉机构的结论可知,第 3.3 条第 1 句中的连接词“或”,并没有实质意义。无论如何,只要偏离国际标准,WTO 成员方就需要有合格的风险评估以证明其实施的措施有充分的科学证据支持。①

从文本上看,第 3.3 条第 2 句明确要求只要 SPS 措施的保护水平不同于国际标准,该措施就必须符合 SPS 协定的其他条款。这里的“其他条款”当然包括第 5 条。第 3.3 条的脚注虽然只是对“有科学依据”的说明,但其也含有风险评估的要求。从目的和宗旨角度看,SPS 协定第 3.3 条意图在“尽可能统一各国的 SPS 措施”及“承认和捍卫各国保护国民生命和健康的权利”二者之间维持平衡。就 SPS 协定本身而言,

① See Appellate Body Report, EC-Hormones, paras. 174 – 177.

其宗旨也是维持健康与贸易二者的平衡,防止 WTO 成员方利用 SPS 措施变相限制国际贸易,承认成员方有权利采取必需的措施来保护国民健康,而无须改变自己的 ALOP。在上诉机构看来,SPS 协定为维持这种平衡而提供的关键工具就是第 2.2 条的科学证据要求和第 5.1 条的风险评估要求,二者相辅相成。因此第 3.3 条偏离国际标准的条件只能是同时满足科学性要求和风险评估要求。

五、国际标准的不同版本选择

印度农产品案首次提出的一个问题是,在争端解决的各阶段存在的国际标准的版本各不相同时,争端解决机构应选择哪个版本作为参考。该案中,在印度实施 SPS 措施时,OIE《陆地动物卫生守则》是第 20 版;在该案专家组设立时,出现了第 21 版;在专家组审理过程中,出现了第 22 版。一方面,专家组认为应该根据最新的科学信息对 SPS 措施进行分析,因此到目前为止,最新版即 22 版陆地动物卫生法典应当是用于分析的国际标准。但另一方面,考虑到案件有可能会因多种原因,包括申诉方依据 DSU 第 12.12 条请求暂停审理而被延迟。因此在专家组做出认定结论时,极有可能第 23 版法典亦已产生。如果坚持绝对采用最新版国际标准的立场,将会使用于分析 SPS 措施的依据成为一个不断移动着的靶子。这有悖于正当程序原则,因为原被告双方均有权利了解用于分析 SPS 措施的依据。争端解决机构在确立最新科学信息的时间点时,应使原被告双方均有为自己辩护的机会。专家组认为,设立专家组的请求书不仅明确了专家组的职权范围而且也是被告做辩护的依据。因此,应以设立专家组时存在的最新的版本作为分析本案 SPS 措施的依据。①

① See Panel Report, India-Agricultural Products, paras. 7.207 – 211.

第三节 国际标准制定的外部监督机制

目前在 SPS 框架下,贸易和健康问题的平衡点是 SPS 措施的科学性。根据 SPS 协定第 3.2 条的法律推定,国际标准具有了“准科学性”。对遵守国际标准而言,“只奖励不惩罚”的初衷是尽最大可能地统一各国的 SPS 措施。这一目标的实现依赖于各国对国际标准的接受。这就要求确保国际标准制定过程的正当性和科学性。但目前,国际社会对国际标准化机构的决策机制却不无质疑。以事关中国食品安全的莱克多巴胺(即瘦肉精)的国际标准制定过程为例,本节分析了在 WTO 国际标准制定权外包的背景下,SPS 规则对国际标准化活动产生的影响,国际标准化纷争的制度根源,并阐述了国际标准化活动外部监督机制的不完善所导致的问题及其对策。

一、CAC 莱克多巴胺标准制定中的争议

莱克多巴胺是一种人工合成的 β 肾上腺受体激动剂,常被一些养殖者作为一种饲料添加剂(新型瘦肉精)用于猪、牛以及火鸡的饲养。对此药物在养殖业的适用范围和安全性,世界各国的规定不尽相同。目前只有少数国家如美国、巴西、加拿大、澳大利亚、日本、墨西哥和韩国允许在一定限量内使用。而欧盟、俄罗斯、印度、土耳其、肯尼亚、中国台湾地区等 160 个国家和地区均禁止或未允许使用该物质。① 中国

① TOP STORY; russia says nopolitics behind ban onmeat imports from U. S. (Dec. 12, 2012). *Interfax: Russia & CIS Food & Agriculture Weekly*; Available at: http://search. proquest. com/docview/1243352481? accountid = 14426,2014 年 10 月 1 日访问。

大陆自2011年12月5日起禁止生产和销售莱克多巴胺。[①] 目前,莱克多巴胺有三种销售名称,分别是Paylean,Optaflexx和Tomax。Paylean主要用于猪的养殖,Optaflexx用于牛,而Tomax用于火鸡。全部都由美国礼来公司下属的动保公司生产。[②] 在基于莱克多巴胺残留的贸易限制措施日益增多的背景下,自2008年10月起,美国和中国在SPS委员会曾多次表达特别贸易关注。[③] 2010年3月,因中国台湾地区自2009年起禁止含有莱克多巴胺残留的猪肉进口,美国在SPS委员会再次提起特别贸易关注。

在CAC的框架内,自2003年第26届大会起,CAC多次被要求制定与莱克多巴胺最高残留限量(以下简称MRLs)有关的国际标准。为此,CAC要求食品中兽药残留法典委员会(CCRVDF)制定标准草案。然而,2008年在CAC第31次大会上,该标准草案[④]被搁浅在CAC标准制定程序的最后一个环节,即第8个步骤。在这个环节,一项国际标准草案将被提交给CAC大会以决定是否被采纳。由于参会国家出现意见分歧,无法按照CAC一贯的“协商一致”方式做出决议,因此CAC决定将莱克多巴胺的MRLs问题保留在步骤(8),以待下次大会上进一步

---

① 参见中国工业和信息化部、农业部、商务部、卫生部、工商行政管理总局和国家质检总局六部委于2011年12月23日在中国工信部的网站上发布的公告,载http://www.miit.gov.cn/n11293472/n11293832/n11293907/n11368223/14395631.html,2013年10月2日访问。

② See Alemanno, A., Capodieci, G., Testing the Limits of Global Food Governance: The Case of Ractopamine. *European Journal of Risk Regulation*, Vol. 3, No. 3(2012), pp. 400 - 407.

③ “特别贸易关注”是在SPS委员每年三次例会的基础上发展起来的一种信息交流机制,每个成员方均可以对其他成员方的SPS措施提出关注,该机制强调成员方通过参与和合作在事前化解矛盾,具体内容可参考本书第七章第一节。

④ 该标准草案是建立在CAC的风险评估机构食品添加剂专家委员会(JECFA)的风险评估结论的基础上的,其确定的牛肉、猪肉以及脂肪中莱克多巴胺MRLs标准为10ug/kg,肝脏为40ug/kg,肾脏为90ug/kg。标准高于美国食品和药品管理局(FDA)的30ppb(牛肉)和50ppb(猪肉)的国家标准。但JECFA的科学评估结论遭到中国科学家和欧盟食品安全局(EFSA)独立科学专家组的质疑。参见CAC/MRL 2 - 2012,载ftp://ftp.fao.org/codex/weblinks/MRL2_e_2012.pdf,2013年10月2日访问。

讨论。[①] 此后关于莱克多巴胺的 MRLs 问题在 CAC 框架内多次因为同样的分歧而没有进展,2009 年 CAC 第 32 次大会上,中国和欧盟提议将该标准的制定退回至第 6 个步骤,并对该标准草案的科学依据进行再审。2011 年 7 月,CAC 第 34 次大会再次出现意见分歧,会议期间还设立了称为"主席之友"的非正式讨论小组,亦未能达成一致意见。[②]

各成员国基本上形成了两个对立的立场。美国提议采用投票表决的方式解决。由于美国的提议偏离了 CAC 一贯采用的"协商一致"的决策方式,因此该提议本身也是一个需要决议的事项。在就莱克多巴胺 MRLs 标准进行决议前,需要 CAC 成员决议的问题包括:第一,是否同意采用表决的方式采纳莱克多巴胺 MRLs 标准?第二,采用何种表决方式:举手表决,唱名表决还是不记名投票?CAC 进行了两次表决,先就第二个问题进行表决,结果是在三种表决方式中,多数成员同意采用不记名投票的方式。然后就第一个问题进行表决,结果是 68 票对 59 票(9 票弃权),即反对采用表决方式。尽管就莱克多巴胺等类似添加剂的 MRLs 问题,两大阵营后续仍进行过多次较量,[③]但 2012 年 7 月 5 日,在罗马举行的 CAC 第 35 次大会上,经过三轮表决,美国阵营最终实现不仅以表决方式决议,并且以 69 票对 67 票(7 票弃权)的微弱多数通

---

① 参见前文 CAC 标准制定程序的规定。

② 巴西、中国、加拿大、欧盟、加纳、日本、墨西哥、挪威、南非、突尼斯、美国 11 个成员国以及国际动物卫生联盟和国际消费者协会两个观察员参加了该非正式小组的讨论。参见 CAC 第 34 次大会报告 REP11/CAC,para. 90。

③ 美国甚至因此拒绝中方代表团成员为参加食品中兽药残留法典委员会议提出的签证申请。See Burkard, M., The Ractopamine Dispute in the Codex Alimentarius Commission. *European Journal of Risk Regulation*, Vol. 3, No. 4(2012), pp. 610 – 613.

过了莱克多巴胺 MRLs 标准草案。[1]

二、莱克多巴胺标准与中国的关系

(一)中国的猪肉贸易现状

此次通过的莱克多巴胺 MRLs 标准主要是针对牛和猪两种动物的肌肉、肝脏和肾脏中的残留。因为存在特殊的饮食习惯和猪肉贸易现状,我国对该标准的制定始终密切关注。国际标准制定的背后存在食品安全利益和经济利益的冲突。从中国的猪肉贸易来看,根据商务部 2009 年和 2010 年发布的《农产品出口分析报告》显示,虽然我国的猪肉产量位居世界第一,但我国也是世界上消费猪肉最多的国家。随着全球粮食价格的上涨,我国猪肉产品的出口优势逐渐消失。我国包括猪肉在内的畜产品在生产质量、环境标准、动物福利标准、区域化标准等方面达不到国际水平,因此,尽管我国肉类产品具有一定的价格优势,但是出口量很小。总体上看,中国在国际猪肉市场上处于弱势的竞争地位。

与此形成鲜明对比的是,美国是全球最主要的猪肉出口国之一,美国猪肉的质量较好,而美元贬值提高了美国猪肉的出口竞争力,再加上国内饲料资源丰富,美国在世界猪肉市场是有力的竞争者。2012 年 2 月,美国农业部经济研究局发布的名为《动荡的中国养猪业》的研究报告从中国养猪业不断上涨的生产成本、生猪价格周期性波动、疫病对养殖的影响、过高的生猪养殖密度造成的环境压力以及中国的食品安全问题导致消费者对进口猪肉的接受等几个方面进行分析,得

---

① 第一轮采用举手表决,就三种表决方式做出选择,表决结果是采用不记名投票方式。第二轮表决针对是否同意采用表决方式通过莱克多巴胺 MRLs 标准草案,表决结果是 68 票对 64 票,其中多数票必须达到 67 票。第三轮表决多数票必须达到 69 票,因此赞成该标准草案的一方两次都是仅以一票的微弱优势取胜。

出“未来中国自给自足的猪肉供给模式将难以维持”的结论,对中国猪肉进口的必然性进行了研究。[①] 这和商务部2011年底发布的《中国农产品进出口月度统计报告》中统计的数据相吻合,2010年至2011年两年间,中国的猪肉出口量呈下降趋势,而猪肉进口金额则增长了一倍多。

(二)莱克多巴胺 MRLs 标准对中国的影响

如上文所述,中国若对猪肉进口形成依赖,则莱克多巴胺 MRLs 国际标准对我国的食品安全监管将产生重大影响。该国际标准的通过意味着,如果中国希望享受 SPS 协定第3.2条法律推定的制度红利,就必须放弃对莱克多巴胺零残留的标准;相反,如果继续对进口猪肉国适用与国内猪肉产品相同的标准,中国就必须以充分的科学证据以及合格的风险评估作为依据,这样的举证责任难度可想而知。

值得一提的是,中美两国在猪肉产品的饮食习惯上存在巨大差异:动物内脏在美国通常不被用作食品,而在中国却几乎相反。而动物内脏的兽药残留浓度会远远高于其他部位。虽然此次通过的标准分别针对肌肉、肝脏和肾脏制定了具体 MRLs,但其科学性未能被中国和欧盟的科学家接受。[②] 正如欧盟代表所说,“一项在世界范围内适用的标准

---

① Fred Gale, Daniel Marti, Dinghuan Hu, China's Volatile Pork Industry, Livestock, Dairy, and Poultry Outlook, No. (LDPM-21101) 30 pp, February 2012, A report from the economic research service, available at: https://www.ers.usda.gov/webdocs/publications/ldpm21101/13744_ldpm21101_1_.pdf?v=41056, 2017年1月30日访问。

② 中国台湾地区在莱克多巴胺 MRLs 标准通过后不久即解禁了含有一定限量莱克多巴胺残留的牛肉进口,但进口牛肉须注明原产地。但大陆地区国家质检总局要求自2013年3月1日起,进口美国肉类应当提供经有资质的检测机构出具的无莱克多巴胺残留的检测报告。欧盟对外宣布仍将保留相关禁令。

应该获得普遍的接受”。[①]一项仅以一票的微弱优势获得通过的国际标准是否应获得与协商一致接受的国际标准同等的地位值得思考。国际标准制定过程中的决策机制是否科学合理也应引起足够的重视。

三、国际标准制定纷争的制度根源

在 WTO 成立前,CAC 一直被视为一个技术性的国际组织,很少被各国的政治利益、国内政策和国际法所影响。其制定的标准只被少数发展中国家接受,作为制定国内法的依据,以期帮助本国的农食产品进入欧洲和北美地区。SPS 协定的出现实质性地改变了这一状况。从莱克多巴胺 MRLs 标准的制定过程可以看出,CAC 已从曾经的“绅士俱乐部”演变成了今日各国“抢占先机的高地”。导致这种转变的制度根源如下。

(一)国际标准在争端解决中的权重上升

如前文所述,根据 SPS 协定的规则,在存在相关国际标准的情况下,各国在制定和实施 SPS 措施时应以这些国际标准为依据,不仅如此,符合 CAC 标准的卫生措施将被推定为保护人类和动植物生命和健康所必需的,且与 GATT1994 和 SPS 的相关规则一致。

根据上诉机构的观点,WTO 各成员方在面对一项国际标准时存在三种选择:一是以其为基础实施 SPS 措施;二是遵守国际标准;三是偏离国际标准但提出科学依据。[②] 在第一种路径下,上诉机构并不要求 WTO 成员方在制定 SPS 措施时履行专门程序来考虑国际标准。欧共体沙丁鱼案专家组则认为“以国际标准为基础”要求贸易措施和国际标

---

① Press Release by the EU following the adoption of an international food safety standard for ractopamine, July 6, 2012. Available at: http://ec. europa. eu/food/international/organisations/codex_en. htm,2012 年 8 月 16 日访问。

② Appellate Body. EC-Hormones, paras. 170 – 172.

准之间不存在冲突。对于某些国际标准,如 CAC 的莱克多巴胺 MRLs 标准而言,WTO 成员方除了遵守和偏离,很难理解何为以其为基础。偏离国际标准这个选择项,SPS 协定下的严格的风险评估规则往往成为被诉国家难以逾越的障碍。而 SPS 协定第 3.2 条的必要性和合法性推定则对推广国际标准有足够的诱惑力。

(二)外包机制下 WTO 争端解决机构的司法审查环节缺失

WTO 通过将其国际标准制定权“外包”给 CAC,实现了融合国际标准化组织的技术资源为我所用,但 WTO 这种务实之路走得过远,外部监督机制的缺失使得 CAC 原本客观中立的标准化工作具有了浓厚的政治色彩。WTO 争端解决机构只关注相关国际标准是否存在,并不在意标准的制定过程。国际标准的制定时间以及成员方是否为国际标准化组织的成员等因素在争端解决过程中都不具有相关性。

在这个方面,欧共体沙丁鱼案专家组和上诉机构的两个结论值得注意:第一,TBT 协定附件 1 关于“标准”的定义不同于 ISO/IEC《关于标准化活动中常用术语及其定义指南》的定义,后者所指的“标准”是以协商一致方式通过的文件。这意味着,不是以协商一致方式通过的国际标准也属于 TBT 协定下的“标准”。第二,在争端解决机构看来,判断一项标准是否具有相关性,国际标准化组织正式文件记载的决议结果以及国际标准最终的文本规定是最重要的因素,即使根据这两者做出的推定可能会导致国际标准的制定程序不符合其程序规则,也不妨碍该标准在争端解决中发挥作用。如此一来,国际标准化组织的最终决策结果不仅在其内部不受质疑(因为没有提供申诉机制)而且也不受

WTO争端解决机构的审查。[①]

（三）SPS委员会下国际标准使用的管理机制运行不理想

就对国际标准制定过程的监督而言，虽然WTO的司法审查机制明显缺失，但SPS协定第3.5条和第12.4条授权SPS委员会，通过与国际标准化机构之间的合作对国际标准的使用情况进行管理。1997年SPS委员会制定并实施了一项临时性的程序性规定，[②]在SPS委员会例会中设立了一项名为"国际标准的使用情况管理"的议程，目的在于确认国际标准的使用情况以及未能使用国际标准的原因，帮助国际标准组织了解需要制定或修改何种国际标准。

目前该议程仅针对三大国际标准化组织制定的、对国际贸易有重要影响的国际标准。通常，由各成员方在SPS委员会例会前十天提出

---

① 该案涉及CAC的一项标准（CODEX STAN 94－1981，Rev. 1－1995）中关于沙丁鱼的命名规则，这项标准在step1至step7阶段规定了三种命名规则：（1）可使用"sardines"命名的情况；（2）可使用"X sardines"命名的情况，其中"X"是某个国家、地区或者沙丁鱼种类的名称；（3）以符合产品销售国法律和习惯的通用名称命名，且该名称不会对消费者造成误导。但是这部分内容在该标准草案经过step8成为法典标准时被修改成两种并列的情形，即将上述第二种和第三种命名规则合并，将通用名称作为与国家、地区和种类并列的四种情形之一，这种改变意味着，依据法典标准，有21种沙丁鱼类制作的罐头产品均可以"sardines"标识，其中Sardina pilchardus可以不加任何限定词，而其他产品只要冠以适当限制性表述则可以使用sardines字样命名。如Sardinops sagax不论是以Peruvian Sardines还是以Pacific Sardines标识都可以使用"sardines"字样。这样一来，欧共体的法规和这个标准之间存在不一致。依照标准草案的规则，欧共体可以要求Sardina pilchardus以外的沙丁鱼类，包括Sardinops sagax根据符合产品销售国法律和习惯的通用名称来标识，如不得使用"sardines"字样。应该说最终的法典标准对标准草案所进行的修正属于实质性（substantial）的，而不是编辑性（editorial）的。而根据CAC标准制定程序规则，实质性修正过的标准草案应返回到CAC的附属机构重新征集意见再提交CAC决议。但从CAC大会的文件记载来看，CAC将该项修正界定为编辑性并通过了该标准草案。依据CAC程序规则，一项提案是修正还是修订，以及拟议修正案是编辑性的还是实质性的，食典委对此拥有最终决定权。该案专家组和上诉机构均认同秘鲁的观点，即CAC大会既然将修改定性为"编辑性"说明标准草案和最终法典标准希望表达的意思是一样的，只是法典标准的表述更准确。参见EC-Sardines，WT/DS231/R，para. 7.95；WT/DS231/AB/R，para. 239。

② See G/SPS/11. 该程序于2004年（G/SPS/11/Rev. 1）和2006年（G/SPS/4）被修订并多次延期使用，直至2006年决定在定期审议的基础上无限期延展该程序。从2009年开始对该机制进行4年一次的审查。

议案,主要是说明由于哪些国际标准未能得到遵守,不存在相关国际标准或者是国际标准存在不合理因素从而对其贸易利益造成了重大影响。在例会上,将由对应成员方对不遵守国际标准的情况作出解释说明。SPS 委员会可以邀请相关国际标准化组织参会审查或者提供书面信息。同时,根据标准审查议程传递的信息以及委员会的讨论结果,委员会将制定一份《对国际贸易有重要影响的国际标准目录》,该目录将在每次委员会会议上被审议和讨论。此外,自 1999 年开始,WTO 秘书处每年编撰一份关于国际标准使用情况的年度报告。①

然而,从实际情况看,该机制的运作并不理想,究其原因主要在于两个方面:第一,该议程关注的国际标准问题仅限于对出口成员方贸易利益造成重大影响的情况,对不使用国际标准的进口成员方不提供主动介入的机会;第二,对出口成员方而言,面对进口成员方不使用国际标准的情形,诉诸争端解决机制或者 SPS 委员会的"特别贸易关注"机制都是理想的可替代方案。

四、国际标准制定权外包机制的负面影响

(一)机制挑选现象的出现

WTO 将国际标准制定权"外包"给国际标准化组织,同时以其有效的争端解决机制做后盾,使两者在标准的制定和管理上产生了关联性,那么成员方通过影响上游的国际标准制定环节就可以推动下游的贸易争端解决,这就是所谓的"机制挑选"现象,这在 SPS 协定下表现得非常明显。②

---

① 关于国际标准使用情况的最新年度审议报告(第 15 次审议)参考 G/SPS/60。

② 虽然 TBT 协议也存在类似 SPS 协定的"协调一致"要求,但是两者存在一个重大的区别,即 SPS 协定明确指定了 CAC,OIE 和 IPPC 三大国际标准化组织,若要增加其他国际标准化组织则需要 SPS 委员会的认可,到目前为止尚未有其他被认可的国际组织。而 TBT 协定并未包含一个国际标准化机构的指示性清单,从其附件 1(4)关于"国际机构或制度"的定义来看,一个机构制定的标准若要成为国际标准则该机构的成员资格应对所有国家的相关机构开放。

较为典型的事件包括美日牛肉进口限制措施[①]及欧盟和南非选择利用IPPC争端解决机制处理柑橘贸易纠纷[②]。但事实上挑选机制以实现政策目标的优势仅仅为发达国家所利用，对大部分发展中国家而言，其对多边机制，包括WTO和国际标准化组织的参与能力和经验技巧是参差不齐的。因此，有必要系统全面地对国际标准的制定和使用情况进行管理，而不能只依靠个别国家基于各自的贸易利益采用“特别贸易关注”的方式来进行。

（二）国际标准化活动的异化

国际标准的制定过程趋于便利国际贸易而轻视公共健康保护，有异化为贸易政策推行工具之虞。尽管学术界对SPS协定的协调一致规则颇有异议，但在WTO内部该规则的实施并没有遭遇太多的反对，原因在于上诉机构在欧共体荷尔蒙案中的结论，即SPS协定第3.1条和3.2条分别规定了不同的法律义务，以国际标准为基础不同于遵守国际标准，而通过遵守国际标准来实现各国SPS措施的一致性是SPS协定所追求但有待将来实现的目标。这个意见公布以后，大家对国际标准的重要性认识稍有变化，但国际标准化组织的工作却受到了更多的关注。食品标准所具有的重要性这对于CAC而言尤为如此。

SPS协定的缔结对CAC的标准化活动产生了很大的影响。这主要

---

① 2003年日本为防止疯牛病风险对来自美国的牛肉产品实施了进口禁令。2005年12月美日磋商后日本对美国牛肉产品有条件的开放市场，条件之一是牛肉必须来源于年龄小于20个月的牛。但此前不久，在美、加、墨三国的影响下，世界动物卫生组织OIE已经通过了一项修改《陆地动物卫生法典》的决议，规定年龄小于30个月的牛所产牛肉是安全的，可以不接受基于疯牛病风险防范的卫生措施。2007年5月，美国成功跻身于《陆地动物卫生法典》中“已有效控制疯牛病风险”的国家名单之列，这意味着根据国际标准，各国不应再根据任何年龄条件限制对产自美国的牛肉实施卫生措施。

② 该案是IPPC争端解决机制下第一件案例。争议来源于欧盟自南非水果中发现“黑斑病”。该病毒具有高度传染性，而在欧盟本土尚未有该病发生。欧盟是南非柑橘类水果最大的出口市场。欧洲食品安全局警告称存在污染的高风险后，已多次要求南非当局采取措施防止疾病蔓延到欧洲，但尚未有边境控制措施。2013年2月，欧盟和南非将该争议提交至IPPC。

表现在以下三个方面：(1)自 1995 年以来 Codex 会议参加方的数量有了明显的增加。① (2)标准制定过程中表决方式的采用次数越来越多。② 1995 年之前，国际标准组织的议事方式是协商一致，求同存异，搁置争议；1995 年之后则越来越多地采用多数决的方式。这个过程中的任何决议方式及其结果完全不受审查，包括前文注释所述及的编辑性修正和实质性修正的认定、是否已经为达成一致意见做出最大努力、微弱多数通过与协商一致采纳的标准居于同等地位等。(3)CAC 从关注食品安全(Food Safety)延伸至粮食安全(Food Security)，③粮食安全问题往往是支持激素类兽药 MRLs 标准的重要理由。激素类兽药的使用及其残留标准问题是近年来 CAC 标准制定活动中的容易导致协商僵局的问题之一。上述三个方面合力的结果就是加快标准制定的进程，以相关国际标准的存在作为在 WTO 争端解决机制下制约对手的有效手段。④

---

① Frode Ve ggeland, Svein Ole Borgen, Negotiating International Food Standards: The World Trade Organization's Impact on the Codex Alimentarius Commission. *Governance*, vol. 18(2005), pp. 675, 687 – 689.

② 依据 CAC 程序规则(Rules of Procedure of the Codex Alimentarius Commission)第 12.2 条，CAC 应为通过或修正标准达成一致意见做出最大努力。只有当达成一致意见的努力不能奏效时，才可以投票方式决定标准是否通过或修正。因此协商一致是 CAC 标准制定程序中的常规方式。从 1963 年 CAC 成立至 2012 年一共召开了 36 届大会，共行使过 16 次表决。1995 年以前，CAC 行使过 4 次表决，其中有 3 次直接涉及标准的通过问题，而两次表决结果是不采纳。自 1995 年至 2012 年，CAC 共行使了 12 次表决，其中有 4 次表决直接涉及标准的采纳，4 次表决的结果全部都是标准获得通过。分别参见 CAC 第 6、19、21、22、30、34、35 次大会的报告。

③ 世界粮农组织认为，Food Security 就是所有人在任何时候都能在物质上和经济上获得足够、安全和富有营养的食物以满足其健康积极生活的膳食需要，这涉及四个条件：第一，充足的粮食供应或可获得量；第二，不因季节或年份而产生波动或不足的稳定供应；第三，具有可获得的并负担得起的食物；第四，优质安全的食物。因此，食品安全(Food Safety)只是粮食安全(Food Security)的一个方面。

④ 就 Codex 标准制定过程中的决策方式而言，各方的立场会因各自利益而改变，如 1997 年一项与矿泉水(Natural Mineral Waters)有关的标准采用了表决的方式以 33 票同意，31 票反对获得通过，美国代表认为这个决议采用投票方式解决而不是协商一致方式是不妥的，对此表示遗憾。而美国却推动了莱克多巴胺标准采用投票的方式获得通过，对此欧盟代表表示遗憾。

五、对策

在国际标准的制定和管理过程中，WTO和相关国际标准化组织之间的合作可谓取长补短，国际标准化组织应不断优化标准制定程序从而维护国际标准的权威性。既然SPS协定确立了“协调一致”优于“立法差异”目标方向，使国际标准具有了“准法律”效力，那么WTO应对国际标准化过程的公平公正性负起相应的责任，通过一定的监督机制来增强其内部责任性，推动国标标准制定过程的公平合理化，确保存在利害关系但缺乏参与能力的国家在这一过程中不被边缘化，在WTO内部对其各类成员方负起责任。

WTO争端解决机构在将来的争端案件中应加强而不是忽略对标准化过程的司法审查，这包括当被诉成员方因采用了更高的保护水平，而主张现有国际标准无法满足其保护国内健康的需要时，争端解决机构应通过证据的提交，审查现有国际标准的风险评估过程、国际标准化机构对非主流观点的态度、标准的制定程序是投票表决还是协商一致等。[①]

在这方面，TBT协定和SPS协定的规则相似却又有所不同。虽然二者都规定了“以国际标准为基准的”协调性要求，且争端解决实践均存在监督机制缺失的问题，但由于TBT协定未明确指定国际标准化机

---

① 就TBT协定而言，该协定第2.4条规定，制定实施技术法规应以国际标准为依据的义务有一个例外，即已经存在的国际标准对于实现合理目标是无效的或是不合适的。乔安妮·斯科特（Joanne Scott）和利弗莫尔（Livermore）主张国际标准制定过程的合理性，透明公开程度，反对意见的被知悉程度等都可以作为考量“合适与否”（appropriateness or in appropriateness）的因素。See Joanne Scott, International Trade and Environmental Governance：Relating Rules（and Standards）in the EU and the WTO, *European Journal of international law*, vol. 15（2004）, p. 332；See Michael A. Livermore, Authority and Legitimacy in Global Governance：Deliberation, Institutional Differentiation, and the Codex Alimentarius. *New York University Law Review*, vol. 81（2006）, pp. 792 – 793.

构清单,这就给各方基于自身利益质疑相关国际标准是否具有“合理性”留下了空间。尽管这会影响到 TBT 协定的确定性及其有效实施,[①] 但也促使 TBT 委员会于 2000 年通过了一份决定,[②]即《关于制定国际标准、指南和建议的原则》,决议中的原则主要涉及透明度、开放性、公正性和协商一致的决策方式、相关性和有效性、一致性以及对发展中国家利益的考虑。因此该决议对提升国际标准的质量,澄清和强化 TBT 协定下国际标准的概念是有所裨益的。[③] 从这个角度说,SPS 委员会亦可以发挥更大的作用。

本章小结

根据第 3.2 条,遵从国际标准的 SPS 措施是为保护人类和动植物健康所必需的,且推定其符合 SPS 协定和 GATT1994 的相关条款。因此,国际标准对于 SPS 措施的合法性认定有着实质性的意义。但 SPS 协定本身并不包含任何国际标准,它也未授权 WTO 的相关机构制定国际标准。根据 SPS 协定附件 A(3)的定义,国际标准是指 Codex、OIE、IPPC 以及经 SPS 委员会确认的,且其成员资格对所有 WTO 成员方开放的国际组织所制定的国际标准、指南和建议。

虽然 TBT 协定和 SPS 协定都规定了类似的“以国际标准为依据”的规则,且都不考虑 WTO 成员方当前或者在标准制定时,是否具有相应国际标准化组织的成员资格,但是两者有很大的差别。TBT 协定并

---

① 就 TBT 协定下国际标准认定规则的不明确带来的争议问题,参见徐菁:《对 WTO〈技术性贸易壁垒协定〉的再理解》,载《科技创新与知识产权》2013 年第 1 期。

② See G/TBT/9, Annex4. See G/TBT/1/Rev. 8, pp. 26 – 29.

③ 值得注意的是,依据 WTO 协定第 9 条第 2 款,该决议不能成为争端解决的法律依据。

未明确国际标准化组织的清单。SPS 协定中的国际标准化机构仅限于政府间国际组织,而不能是由不同区域的非政府机构所组成的跨国标准化组织。对于 TBT 协定而言,国际标准不限于以协商一致方式通过的文件。这一点在 SPS 协定下是由争端解决机构来明确的。TBT 协定承认尚在制定过程中的国际标准可以作为国内立法的参考,而 SPS 协定中没有类似规定。

SPS 协定下的争端解决实践表明,以国际标准为基础协调统一各成员方 SPS 措施的目标属于远景规划,应是在 SPS 委员会以及各成员方不断努力过程中逐步加以实现的目标,而不是成员方在当下必须承担的法律义务。第 3.3 条不是某个规则的例外,而是包含了一项独立的权利。SPS 协定第 3 条实际上赋予 WTO 成员方三种选择:第一,通常情形下,成员方应以国际标准为基础实施 SPS 措施;第二,成员方实施 SPS 措施时可以选择遵守国际标准;第三,在风险评估的基础上,基于实现更高的保护水平的需要,成员方可以偏离国际标准。

以国际标准为基础实施 SPS 措施的法律效果并不明确。借鉴 TBT 协定下的争端解决实践,一项 SPS 措施若与国际标准存在冲突则不能被视为以国际标准为基础。所谓"遵守"国际标准是指完全体现了国际标准,并且为了实际操作的需要将其转化为一项国家标准。第 3.2 条下的法律推定是一种可反驳的初步推定,这与上诉机构认为国际标准并没有法律强制约束力的观点是相呼应的。从第 3.3 条的文义和句法逻辑上分析,只要满足科学依据或风险评估两个条件之一就可以偏离国际标准。但上诉机构认为第 3.3 条的"科学依据"条件并不是独立于风险评估条件的另一种选择。这就意味着,成员方偏离国际标准的情况下必须同时满足 SPS 协定第 2.2 条的充分科学证据要求和第 5.1 条的风险评估要求。

由于国际标准对于 SPS 措施合法性评定所产生的影响,国际标准化的政治色彩越来越浓厚。在国际标准制定权外包的同时,WTO 争端解决机构对国际标准制定过程缺少司法审查,SPS 委员会下关于国际标准使用情况的监督机制运行并不理想,这些因素共同导致"机制挑选"现象的出现,即成员方通过影响上游的国际标准制定环节来推动下游的贸易争端解决。国际标准的制定过程也趋于便利国际贸易而轻视公共健康保护,有异化为推行贸易政策工具之虞。在这方面,WTO 应加强司法审查机制,SPS 委员会也可以效仿 TBT 委员会的相关工作。

CHAPTER 06 >>

第六章

SPS 措施的合法性与贸易便利性要求

SPS 措施的合法性裁量需要从以下两个方面加以评判:一是 SPS 措施本身的合法性;二是 SPS 措施实施方式的合法性。总体而言,SPS 措施的科学性要求主要是针对措施本身而言,而 SPS 措施的非歧视性、必要性要求既是对 SPS 措施本身的要求,也适用于措施的实施方式。贸易便利性要求则是从实施 SPS 措施的角度考察其合法性,即 SPS 措施的实施过程应尽可能地便利国际贸易,降低交易成本。长期以来,贸易便利化是 WTO 成员关注的优先性议题,并在 GATT1994 第 5 条、第 8 条和第 10 条的基础上缔结了《贸易便利化协定》。[①] 这些规则所关注的贸易便利化主要是与进出口和过境直接相关的费用收取、信息和行政决定的发布、行政程序透明公正等方面。这些

---

① 2013 年 12 月在巴厘岛部长会议上,WTO 成员方达成了《贸易便利化协定》,2014 年 11 月总理事会将其纳入 WTO 协定附件 1A,成为调整货物贸易的多边协定之一。2014 年 12 月,中国香港成为第一个递交批准书的成员方。载 https://www.wto.org/english/news_e/news14_e/fac_10dec14_e.htm,2015 年 2 月 1 日访问。

要求在一定程度上与 SPS 协定是重合的。但就 SPS 措施而言,贸易便利性要求还包括等效性认可。本章主要从等效性认可要求、透明度要求以及正当行政程序要求三个方面展开阐述。

第一节 等效性认可

就技术要求和管理方法而言,各国采用不同的 SPS 措施却有可能实现同样的 ALOP。但在国际贸易中,贸易经营者和贸易商品却往往需要同时遵守进出口双方所在国家的 SPS 措施,从防止健康风险的角度看,这样可以获得双重安全保障;但从贸易便利性,减少不必要的贸易阻碍的角度看,这样做无疑是增加了不必要的交易负担。解决这个问题的思路有两个,一是统一各方立法,即 SPS 协定第 3 条下的目标,以国际标准为参照,统一各方的 SPS 措施。二是要求进口成员方等效性认可出口成员方的 SPS 措施。与统一立法的方法相比,等效性认定有多方面的益处。它体现了在行政管理上实行"协调基础上的分散决策"思想。在承认各国 SPS 措施的差异性的前提下,为获得等效性认可而加强各国的信息沟通和政策经验的交流,促进相互间的了解和学习,不断对已有措施的错误进行动态调整,这为制度创新提供了良好机制。

在食品安全和动植物卫生要求方面,各国的等效性认可的实践早已有之。例如,美国农业部自 1967 年就已经开始对国外的肉类和禽类生产企业开展评估计划,在阿根廷、哥斯达黎加、澳大利亚、新西兰、丹麦、德国、比利时和加拿大派驻官员实施等效性评估。① 早期的等效性评估是以企业为对象进行的。1994 年等效性这一概念被引入 SPS 协定第 4 条。SPS 协定的等效性要求是以出口方整个国家的法律体系为评估对象的。

一、SPS 协定关于等效认可的具体规则

首先,SPS 协定等效性规则的适用对象是出口成员方实施的 SPS 措施。② 这一措施通常是与一种或者一类产品有关。因此,等效性认定通常也是针对特定种类产品来实施的。其次,等效性的接受不以进出口双方的 SPS 措施相同为必要;相反 SPS 协定第 4.1 条是以措施的保护水平作为衡量依据的。只要出口成员方的 SPS 措施能够达到进口成员方的 ALOP,进口成员方就应当接受其等效性。最后,等效性的举证责任由出口成员方承担。出口成员方首先应向进口成员方证明其 SPS 措施能够达到进口成员方的 ALOP。在实践中,进口成员方对出口成员方 SPS 措施等效性的接受,通常包括文件审查、现场审查和边境复查三个阶段。③ 等效性的接受需要出口成员方提出申请,并且提交书面证明

---

① Ongoing equivalence verifications of foreign food regulatory systems. (Jan. 25, 2013). Lanham: Federal Information & News Dispatch, Inc. Available at: http://search.proquest.com/docview/1275507723? accountid = 14426,2014 年 10 月 1 日访问。

② SPS 协定第 4.1 条规定,如出口成员客观的向进口成员证明其 SPS 措施达到进口成员适当的保护水平,则各成员应将其他成员的措施作为等效措施予以接受,即使这些措施不同于进口成员自己的措施,或不同于从事相同产品贸易的其他成员使用的措施。为此,应请求给予进口成员进行检查、检验及其他相关程序的合理机会。

③ 例如,据美国《联邦公报》(Federal Register)消息,2013 年 1 月 25 日美国农业部食品安全检验署(FSIS)通报"境外食品监管体系等效性确认新方法",阐述了美国农业部确认输美禽、肉、蛋制品国家的食品监管体系与美国食品安全监管体系具有等效的新方法。FSIS 对国外食品监管体系等效性的确认工作由 3 个部分组成:(1)文件审核;(2)现场评审;(3)入境口岸复查。其中,文件审核为每年至少 1 次;现场评审每 3 年至少 1 次;另外,现场评审范围、频率以及入境口岸复查内容、频率则需要结合文件审核结果和该国家食品安全监管情况评价结果确定。载 http://www.aqsiq.gov.cn/xxgk_13386/tzdt/gzdt/201303/t20130301_345119.htm,2014 年 6 月 1 日访问。

材料。

出口成员方对进口成员方的 SPS 措施及其 ALOP 的了解和熟悉程度,对出口成员方能否客观地证明其 SPS 措施的等效性有重要影响。为推动 SPS 协定第 4 条的实施,以减少 WTO 成员方在实施 SPS 协定第 4 条过程中的困难,2001 年 10 月,SPS 委员会通过了《关于 SPS 协定第 4 条执行的决定》。① 该决定要求进口成员方应出口成员方的请求,应解释其 SPS 措施的目标和依据,确认相关措施所针对的具体风险。进口成员方还需要指明其 SPS 措施所要达到的 ALOP,提交一份风险评估报告或者是以相关国际标准为基础的技术依据。关于进口成员方的 ALOP,根据上诉机构在欧共体荷尔蒙案和澳大利亚鲑鱼案中的观点,确立各自的适当保护水平是成员方的一项重要权利,在需要判断某成员方的 ALOP 时,通常情况下应当根据各成员方所声明的 ALOP,而不是专家组依据事实所推定的 ALOP。如果一个成员方未能确立自己的 ALOP,或者未能明确表明其 ALOP,那么可以由专家组根据已实施的 SPS 措施来推定。② 另外,SPS 委员会通过的《推动 5.5 条执行的指南》也有助于判断进口成员方的 ALOP。③

WTO 争端解决机构关于 ALOP 的解释虽然体现了对进口成员方主权权利的尊重,但却有可能妨碍出口方措施等效性的认可。例如,在进口成员方声明的 ALOP 与 SPS 措施所实际体现的 ALOP 不一致时,

① 文件号为 G/SPS/19/Rev. 2。该决定也是对总理事会要求的回应,起因是发展中国家获得等效性认可方面经历的困难,总理事会要求 SPS 委员会对此进行审查。决定通过后还经过多次修订,最近一次修订发生在 2004 年 7 月 23 日。

② See Appellate Body Report, EC-Hormones, para. 172. Appellate Body Report, Australia-Salmon, para. 205.

③ 该指南的文件编号为 G/SPS/15。该指南分为 A 和 B 两大部分。A 部分主要用于帮助各成员方如何明示各自的适当保护水平 ALOP。B 部分适用于成员方未能明示其 ALOP 时,应如何从其实施的 SPS 措施中判断其 ALOP。

根据争端解决机构的解释，出口成员方措施等效性的判断仍应以进口成员方声明的 ALOP 为准。从尊重国家主权的角度看，确定 ALOP 的权利应归于进口成员方，除非现有协定对此有所限制。但当进口成员方声明的 ALOP 与 SPS 措施所实际体现的 ALOP 不一致时，是否应以前者为准，还值得商榷，毕竟 SPS 措施的制定和实施也是国家行使主权权利的体现。无论是进口成员方明示的 ALOP 还是默示的 ALOP 都是由其决定的结果。SPS 委员会的决定显然注意到了这个问题，①特别指引了 Codex 相关标准的内容，要求进口成员方在面临这种差别时另行解决这个问题。

在 SPS 协定第 4.1 条下，出口成员方应客观地证明其 SPS 措施达到了进口成员方的保护水平。根据 SPS 委员会的《决定》，出口成员方应（shall）提交适当的科学依据和技术信息以支持其主张。这些信息包括，相关国际标准、进口成员方或其他成员方实施的风险评估结果，这一列举并非穷尽性的，出口成员方也可以使用其他的科学证据。

一般来说，SPS 措施等效性的认可方式，既可以是进口成员方的单方面的认可，②也可以是通过双边或多边协定的方式作出规定，然后再由主管机构间设立联合管理委员会和技术委员会的方式加以具体执行。③ SPS 协定第 4.2 条强调了在收到相关请求的情况下，WTO 成员方应就特定 SPS 措施的等效性的认可问题展开多边或双边磋商，以缔结相关的协定。在印度农产品案中，专家组曾就成员方在 SPS 协定第 6 条与第 4 条下的义务进行比较。适应地区条件和等效性认可的充分实

---

① See G/SPS/19/Rev. 2. para. 7.

② 例如，2012 年 10 月 8 ~ 19 日，欧盟食品兽医办公室（FVO）派遣 3 人专家组来华，对我国水生动物检验检疫监管体系进行等效性考核评估。美国农业部于 2013 年承认我国禽肉加工条件质量安全等效性。

③ 例如，1998 年泰国渔业部和加拿大食品检验署签订了《关于鱼类检疫和控制体系的等效性认可协议》。See G/SPS/GEN/242，paras. 1 – 2.

施都需要进出口双方的相互配合,但就进口成员方是否有义务主动实施相关要求而言,专家组认为,第 6 条与第 4 条的文本措辞是不同的。在第 6 条下,进口成员方适应地区条件的义务不以出口成员方提出请求为前提。[①] 根据专家组的这一观点,进口成员方并不负有主动履行等效性认可的义务。

二、SPS 委员会决定对等效性认可程序的规范

为使 SPS 协定第 4 条的规定更具有可操作性,也为了解决成员方在实施等效性认可时遇到的种种困难,使 SPS 措施对国际贸易的不利影响尽可能最小化,以提高市场准入的机会,SPS 委员会《关于 SPS 协定第 4 条执行的决定》对认可程序做出规范,通过提高透明度、强调信息交流机制和建立互信机制来促进成员方之间达成认可协定。

根据进口成员方的请求,出口成员方应提供便利,允许进口成员方考察其检验、检测和相关程序,以便进口成员方就出口成员方的 SPS 措施的等效性进行审查。就对进口成员方的要求来看,该决定的要求主要体现在以下几个方面:(1)进口成员方应及时回应出口成员方提出的与等效性认可有关的请求。SPS 委员会的决定参考了多哈部长会议《与执行有关问题的决定》的规定,将考虑回复的期间规定为 6 个月。[②](2)对已有贸易往来历史的产品,相关 SPS 措施的等效性认可程序应加快进行。SPS 委员会的决定参考了 Codex 的相关国际标准,[③]考虑到以往的贸易过程为进口成员方了解熟悉出口成员方的基础设施和相关

---

① See Panel Report, India-Agricultural Products, para. 7. 679.

② See WT/MIN(01)/17. para. 3. 1.

③ 在等效性认可方面,现有的国际标准主要是指,Codex 于 2003 年 7 月在其第 26 次大会通过的《与食品检验和认证有关的卫生措施的等效性判定指南》。OIE 国际委员会于 2003 年 5 月在其第 71 次大会上通过的《卫生措施等效性判定指南》。

SPS 措施,并对其法律法规和执法程序建立起信心提供了机会。在贸易往来过程中,进口成员方往往可以获得如下信息和经验:对出口成员方主管机构的了解和信任程度,对出口成员方的产品检验和认证体系的评估和认可经历,支持等效性认可的科学信息,也包括主管机构对其他有关产品实施的 SPS 措施。因此,进口成员方在就出口成员方 SPS 措施的等效性进行决策时,应参考这些信息和经验。进口成员方不应再次要求出口成员方提供其已获得的与认可程序相关的信息。对于与等效性认可有关的其他信息,除需要更新信息外,不得再次要求出口成员方提供。总而言之,进口成员方获得的信息和经验越多,认可的程序就应当越迅速;相关产品引发的风险越小,认可程序就应越快。(3)在采取加速程序的情况下,进口成员方应预估相关的步骤。如果可行,应将预估的时间表告知出口成员方以增加认可过程的可预期性。尤其是当涉及多个机构时,进口成员方告知的内容应包括全部机构的要求和需要的时间。(4)进口成员方不得以受理出口成员方 SPS 措施等效性认可的申请为理由,影响或暂停双方的贸易活动。当然出口成员方提出认可申请,并不影响进口成员方采取必需的措施以实现其 ALOP 的权利,包括应对紧急情况的措施。如果两种情形同时发生,为了避免不必要的误解,SPS 委员会建议进口成员方,根据 SPS 协定下的通知程序要求,向受影响的其他成员方做出及时、充分的解释,说明其实施贸易限制措施的理由。(5)各成员方应将其在等效性认可方面的实践和经验例行通知给 SPS 委员会。[①]

从形式上看,该决定比较正式,包括了一个序言,说明其缘起和作

① 但截至目前,在"SPS 信息管理系统"上可以查到的等效性认可通报只有 2 份,分别是 2007 年巴拿马(G/SPS/N/EQV/PAN/1)和 2008 年多米尼加共和国(G/SPS/N/EQV/DOM/1)的通报。

用。不少义务性的规定使用了“shall”用语，且这些义务不仅仅是对 SPS 协定第 4 条下基本义务的重复，在 SPS 协定第 4.1 条下，出口成员方应客观地证明其 SPS 措施达到了进口成员方的保护水平。根据 SPS 委员会的决定，出口成员方应(shall)提交适当的科学依据和技术信息以支持其主张。这些信息包括相关国际标准、进口成员方或其他成员方实施的风险评估结果。可见，SPS 委员会的决定是对第 4 条义务的进一步具体化。这些特点使该决定在 SPS 委员会所制定的众多规范性文件中显得有些与众不同。

第二节 透明度要求

WTO 规则通过营造公平的市场竞争环境来促进自由贸易。这种公平竞争的前提是，在获悉进口国的法律规则和相关组织机构的信息方面，外国贸易经营者享有与内国贸易经营者同样的机会。若无法通过正式、公开、常规的渠道获取进口成员方的贸易政策和法律机制，则国外的贸易商无法预期其行为后果。因此，透明度的缺乏构成了一种贸易壁垒。透明度要求被 SPS 委员会列为 WTO 法律体系的基本原则之一。[①] 透明度要求不仅意味着信息的及时公开散发，还包括在特定情形下对实施贸易措施的理由进行解释，对决策的依据进行说明等。就 SPS 协定的实施而言，透明度要求提高了成员方法律法规的清晰度和可预见性，从而便利了农产品的国际贸易。SPS 协定规定的透明度规则为成员方获取相关证据提供了便利，从而促进 WTO 争端解决机制有效运作。作为 SPS 协定管理机构的 SPS 委员会为成员方及时沟通和传递信

① See G/SPS/7/Rev. 2, para. 1.

息提供了场所,这种以透明度要求为基础的信息交流机制建立起了一种问责机制,从而推动了 WTO 框架下民主政治的完善。通过不断的信息交流,成员方之间得以相互学习,取长补短,同时也推动了国际标准化机构的标准制定和修改工作。

一、SPS 协定透明度条款及相关框架

SPS 协定第 7 条是关于"透明度"规则的基本条款。根据该条款,各成员方有义务依据附件 B 的规定通知其 SPS 措施的变化,并提供有关其 SPS 措施的信息。附件 B 是关于透明度要求的细则。SPS 协定第 7 条关于透明度义务的规定受附件 B 中"一般保留"条款的限制,即各成员方没有义务披露会阻碍 SPS 措施的制定和执行,会损害特定企业合法商业利益的机密信息。此外,SPS 协定第 5.8 条规定,如一成员有理由认为另一成员采用或维持的特定 SPS 措施正在限制或可能限制其产品出口,且该措施不是根据有关国际标准、指南或建议制定的,或不存在此类标准、指南或建议,则可请求该成员说明实施此类 SPS 措施的理由,维持该措施的成员方应提供此种说明。SPS 协定第 8 条及附件 C 对成员方实施 SPS 措施的程序也做了一些透明度方面的要求。

此外,2002 年 9 月,WTO 秘书处制作了《如何实施 SPS 协定透明度条款》的手册(又称 WTO 秘书处《透明度手册》),[①]就 SPS 通报咨询点的设立及其职责、如何回应其他成员方的请求和评议意见、与等效性认可有关的通报程序、法规的公布等问题,该手册提供了指导性意见。在 SPS 委员会框架下,自 1995 年开始,委员会开始制定与 SPS 协定附件 B

① How to Apply the Transparency Provisions of the SPS Agreement(WTO,2002),Available at:http://www.wto.org/english/tratop_e/sps_e/sps_agreement_cbt_e/c3s1p1_e.htm,2014 年 6 月 1 日访问。

第 5 段和第 6 段有关的通报程序建议，该建议多次被修订，最新的文本于 2008 年 6 月通过，简称《2008 透明度程序》（2008 Transparency Procedures）。[①] 2004 年 10 月，SPS 委员会通过了一个特别程序规则以提高发展中国家特殊差别待遇方面的透明度。[②] 该程序规则要求 WTO 成员方对相关 SPS 措施进行通报的时候，用附录的形式就是否给予相关发展中国家某种特殊差别待遇进行说明。

根据不同类型的通报，如常规通报、紧急通报、等效性认可通报等，SPS 委员会分别制定了标准格式。为了便于公众查询这些通报的内容，WTO 秘书处开发了“SPS 信息管理系统”（The SPS Information Management System）。[③] 为提高 WTO 成员方执行 SPS 协定下透明度义务的能力，WTO 秘书处多次举行特别研讨会，例如，2012 年 10 月，在日内瓦组织的研讨会主要内容是关于如何使用 SPS 信息管理系统（SPS IMS）和 SPS 通报的在线提交系统（SPS NSS）。自 2007 年的研讨会开始，WTO 秘书处被要求每年提交一份关于 SPS 协定透明度条款执行情况的汇总概要。[④]

二、SPS 措施与 SPS 法规

SPS 协定第 7 条本身使用了 SPS 措施的表述，但附件 B 的标题却是“SPS 法规的透明度”。整个附件 B 的条款均使用了“SPS 法规”这一概念而不是“SPS 措施”。根据注释 5 的说明，SPS 法规是指“SPS 措施，如普遍适用的法律（laws）、法令（decrees）或命令（ordinances）”。依据

---

① 该文件编号为 G/SPS/7/Rev. 3。

② 该文件编号为 G/SPS/33/Rev. 1。该文本为 2009 年 12 月修订版。

③ 该系统可以通过以下网址进入：http://spsims. wto. org。

④ 其 WTO 文件编号是 G/SPS/GEN/804，自 2008 年起 WTO 秘书处在该文件的基础上进行年度修订，文本编号是 G/SPS/GEN/804/Rev. *，2016 年的最新修订版本是 G/SPS/GEN/804/Rev. 9。

附件 A(1)的定义,SPS 措施的法律形式包括法律、法令和法规,甚至其他形式。因此这两个概念之间的关系令人费解。在欧共体转基因案中,专家组将“SPS 法规”解释为“SPS 措施”的一个下位概念。[①] 而 WTO 秘书处的《透明度手册》则将二者理解为可以换用的概念,并强调附件 A(1)的定义适用于整个 SPS 协定。[②]

附件 B 注释 5 所使用的“例如”一词提示这只是一个示例,并非穷尽性列举。在日本农产品案中,上诉机构注意到附件 B 的目标和宗旨是“让有利害关系的成员方知悉其他成员方已通过的或实施的 SPS 法规以提高措施的透明度”。上诉机构认为,附件 B(1)中的公布要求的适用范围是 SPS 法规,对这个概念的解释应结合附件 B 的目标和宗旨。进而得出如下结论:SPS 法规还应包括其他普遍适用的,与法律、法令和命令具有相似性质的文件。该案中,日本政府实施的检测要求虽然不是强制性的,但其为私人企业以某种特定方式行事提供了刺激或抑制机制,这种要求与具有强制性效力的法律、法令和命令具有相似的特点。因此,附件 B 适用于日本的检测要求。[③] 从实际效果看,SPS 措施与 SPS 法规似乎只有语义上的区别,其概念外延并无太大差异。值得注意的是,SPS 协定与一些协定在透明度义务方面的规定有所不同,[④] 管理和实施 SPS 措施的行为无须通报。如暂停审批程序的行为,不属于附件 B 适用的对象且无须公布,但需要遵守 SPS 协定第 8 条及其附件 C 的要求。

---

① See Panel Report, EC-Biotech, para. 7. 1455.

② Transparency Handbook, footnote 2. Available at: http://www. wto. org/english/tratop_e/sps_e/sps_agreement_cbt_e/c3s1p1_e. htm,2014 年 6 月 1 日访问。

③ See Appellate Body Report, Japan-Varietals, paras. 103 – 107.

④ 《反倾销协定》第 18.5 条和《补贴与反补贴措施协定》第 32.6 条规定,各成员方应将与本协定有关的法律法规的任何改变,以及这些法律法规管理过程中的变化通知给委员会。

三、SPS 法规的通报

附件 B(5)要求成员方将某些尚在草案阶段的 SPS 法规通报给 WTO 秘书处,并将计划制定该 SPS 法规的消息予以公布,以使相关利害关系方能够知晓这一信息。通报的内容应包括:该 SPS 法规涉及的产品范围、关于法规的目标及依据的简要说明。通报的时间应在草案还可以被修订,其他成员方还可以对其进行评议的阶段。应其他成员方的要求,通报成员应提交 SPS 法规草案的副本。如可行,通报成员方还应指明哪些部分偏离了国际标准。通报成员方还应无歧视地给予所有其他成员方以书面形式进行评议的合理时间,在制定该法规的过程中,通报成员方应参考这些评议意见和讨论结果。概言之,通报工作的内容实际上包括了:消息公布、制作通报表格并递交秘书处、应要求提供法规副本、通报评议及处理。[①]

在实践中,上述通报工作是通过成员方的通报机关和 WTO 秘书处来完成的。附件 B(10)要求各成员方指定一个单独的中央政府机构,即国家通报机关负责执行 SPS 法规的通报和评议的回复工作。[②] 通报程序分为常规通报和紧急通报,分别使用不同的表格格式。根据需要,常规通报和紧急通报还可以使用补遗、勘误和修订格式,但这些通报所使用的文件编号与原通报文件相同。[③] 常规通报表格需填写如下 13 项内容:通报成员方;负责起草和公布 SPS 措施的机构;涉及的产品;可能会受影响的国家或地区;通报文件的标题、语言及页数;内容描述;目标

---

① 关于提供法规副本的具体要求,参见《2008 透明度程序》第 19 至 22 段。关于其他成员方评议意见的处理参见第 29 至 34 段。

② 我国指定的 WTO 通报机关是商务部的"中国政府 WTO 通报咨询局"(China WTO Notification and Enquiry Center 也就是商务部世贸司),参见 G/SPS/NNA/8。

③ 关于补遗、勘误和修订格式具体针对的适用情形参见《2008 透明度程序》第 35 至 42 段。

和依据；相关国际标准；相关文件及可提供的语言文本（包括公布通知、基本文件、法规的出版物）；拟通过法规的日期；拟生效日期；接受评议的最后日期及负责机构；关于获取相关文本渠道的信息。

（一）与国际标准实质上不同

附件B（5）并未要求成员方通报所有的SPS法规，而只限于满足三个条件的法规：第一，该法规普遍适用；第二，不存在相关国家标准或者与相关国际标准有实质上的不同；第三，该法规对其他成员方的贸易有显著影响。这三个条件必须同时满足。如果一个SPS法规与国际标准实质上是相同的，那么它不属于被通报的范围。由于SPS协定并没有对"与国际标准有实质上的不同"这个概念做出说明，WTO秘书处的《透明度手册》仅强调"实质上是否相同"不是指在保护水平方面与国际标准是否等效。[①] 这个概念的理解，包括其与WTO争端解决机构关于"以国际标准为基础"和"遵守国际标准"概念的解释之间是什么关系，尚不明确，这也引起各方在选择SPS法规进行通报时的标准不一致。因此，部分成员方主张取消第二个条件，只依据SPS法规对贸易的影响决定是否需要通报。[②] 一方面，这样可以避免概念解释上的问题。另一方面，着眼于措施的贸易效果与透明度要求的本意更加一致，同时还可以增强国际标准使用情况的透明度。《2008年透明度程序》吸收了成员方的上述意见，鼓励成员方扩大通报的范围，不仅包括与国际标准实质上不同的SPS法规，还包括"以国际标准为依据、遵守国际标准、与国际标准实质上相同的所有法规，只要其对其他成员方的贸易造成显著

---

① Transparency Handbook, p. 14.

② 在对SPS协定进行第2次审议的过程中，新西兰、加拿大和欧盟均提出这一主张。See G/SPS/W/157（New Zealand）, paras. 8 – 10; G/SPS/W/158（Canada）, paras. 4 – 7; G/SPS/W/159（EC）, paras. 7 – 9.

影响。"[①]

（二）对贸易有显著影响

首先，对贸易的影响不仅包括限制了贸易也包括便利贸易的情形。[②] 根据附件 B(5)d 项的要求，通报成员方应为其他成员方留出书面评议的合理时间。这个合理时间，通常是 60 天，从通报被 WTO 秘书处散发给其他成员方之日起计算。[③] 但如果该法规便利了贸易或者是与国际标准实质上相同，可以不留评议时间。

其次，在日本苹果案中，专家组曾提出一些判断"显著影响"的标准，如比较新旧法规，在新的机制下，原先被允许进口的产品现在是否还能进口。新法规引起的变化是否导致生产、包装以及销售成本的增长，这种增长可能是因为更严格的检验检疫要求或者是更加耗时的管理手续。[④]

最后，SPS 委员会的《透明度程序》建议，在判断 SPS 法规对贸易是否具有显著影响时，成员方应参考进口数额、进口趋势、其他成员方的生产者遵守该法规的困难程度。这种显著影响可以是由某一个 SPS 法规造成的，也可以是与其他 SPS 法规共同造成的；既可以是对一种特定产品产生影响，也可以是对一类产品或一般产品造成影响；这种显著影响既可以发生在两个成员方之间，也可以是在多个成员方之间。[⑤]

（三）紧急通报

根据 SPS 协定附件 B(6) 的规定，当发生健康保护方面的紧急情况

---

① See G/SPS/7/Rev. 3. para. 8.

② See G/SPS/7/Rev. 3. para. 10.

③ See G/SPS/7/Rev. 3. para. 13. 在对原来的通报进行补遗、修订和勘误的情况下，视情况需要延长评议时间，尤其是对原法规草案进行了实质性修改而发出修订通报的情况下，需要重新提供 60 天的评议时间。See G/SPS/7/Rev. 3. paras. 2. 35 – 42.

④ See Panel Report, Japan-Apples, para. 8. 314.

⑤ See G/SPS/7/Rev. 3. paras. 9 – 10.

时,成员方可以省略附件 B(5)中其认为需要省略的步骤,但仍需要履行通报义务。除了不需要公布将实施 SPS 法规的消息外,紧急通报的程序及相关表格要求与常规通报基本相同。二者的区别仅在以下三个方面:第一,紧急通报情况下,成员方需要说明紧急情况的性质以及采取紧急措施的原因。第二,常规通报时,成员方需说明 SPS 法规草案拟被通过、公布和生效的时间。而紧急通报的情况下,成员方只需说明该法规生效的时间和预计实施期限。这意味着,在紧急情况下,成员方可以在法规生效的同时或者以后发出通报。第三,虽然在紧急通报的情况下,通报成员方仍应允许其他成员方对通报法规进行书面评议,但对比 SPS 委员会提供的常规通报格式和紧急通报格式,可以发现后者不需要指明评议的最终日期。

(四)等效性认可通报

SPS 委员会在其通过的《关于 SPS 协定第 4 条执行的决定》中,要求做出等效性认可决定的 WTO 成员方向 WTO 秘书处通报其认可的措施以及受此认可影响的产品。成员方也需要就对原认可安排做出的重大改变向秘书处通报。据此,2002 年 6 月,SPS 委员会制定了等效性认可的通报程序及表格格式。① 但到目前为止,在 WTO-SPS 网站,即 SPS 信息管理系统上已公布的通报中,只有多米尼加共和国和巴拿马分别于 2008 年 6 月、2007 年 8 月发出的 2 份通报。② 更多的关于等效性认可的实践分散于常规通报文件中,然后以通报总结的方式被相对集中。③ 这虽然与提升透明度的精神背道而驰,但是从 SPS 协定的规定

① See G/SPS/7/Rev. 3. Annex E.

② See G/SPS/N/EQV/DOM/1, G/SPS/N/EQV/PAN/1.

③ 这类文件通常以 G/SPS/GEN 为标识。例如,G/SPS/GEN/242 提及了泰国和加拿大的等效性认可协定,G/SPS/GEN/261 有关日本认可热处理作为消除口蹄疫方法的等效性,G/SPS/GEN/232 关于新西兰有条件地认可澳大利亚消灭果蝇措施的等效性,G/SPS/GEN/243 涉及澳大利亚对瑞士奶酪生产过程中消除致病微生物的加工方法的等效性认可。

看,第 7 条及附件 B 规定的透明度义务并不包括等效性通报。一方面,成员方做出的等效性认可决定不属于具有“普遍适用性”的 SPS 法规,不属于成员方应履行通报义务的范围。另一方面,从其内容上看,等效性认可的决定更接近于一种合格评定程序的结果。对于成员方缔结的有关等效性认可的双边或多边协定,成员方的透明度义务也仅限于通过咨询点向其他成员方提供文本和相关文件,而不需要向 WTO 秘书处做出通报。因此,等效性认可决定的通报只是在 SPS 委员会的决定和透明度程序建议中被提倡的做法,但并非具有法律约束力的义务。

四、SPS 法规的公布

附件 B 规定的透明度义务还包括及时公布已经通过的 SPS 法规。除紧急情况外,各成员方应在法规公布和生效之间留下合理的过渡期,为出口成员方,尤其是发展中国家成员方的生产者调整其产品和生产方法留下适应期。根据 2001 年多哈部长会议《与执行有关问题的决定》第 3.2 段的规定,这里的合理过渡期不得短于 6 个月,其时间长短还应考虑该法规所要求措施的具体实施情况,但对于促进贸易的 SPS 法规,则不应无故妨碍其生效。[①]

公布 SPS 法规的义务不同于法规的通报义务。如上文所述,成员方应通报的 SPS 法规需满足三个条件。而对公布义务而言,只要是普遍适用的 SPS 法规都应该被公布,以使相关利害成员方知晓。SPS 委员会的《透明度程序》建议成员方在可行的条件下通过网络公布 SPS 法规。

五、国家咨询点

与 SPS 协定第 5.8 条相配合,协定附件 B(3)和(4)要求各成员方

① See WT/MIN(01)/17, para. 3.2.

设立一个国家咨询点,负责回复来自其他成员方的各种合理咨询,并提供有关下列内容的文件:(1)已经通过或建议的 SPS 法规;(2)控制检验程序、生产和检疫方法、杀虫剂允许量及食品添加剂批准程序;(3)风险评估程序、考虑的因素以及 ALOP 的确定;(4)成员或其领土内相关机构在国际和区域 SPS 组织和体系内,及在 SPS 协定范围内的双边或多边协定和安排中的成员资格和参与情况,以及此类协定和安排的文本。附件 B 还规定,在提供相关文件时,这类咨询点的收费标准应遵循国民待遇要求。对于 WTO 单独关税区成员来说,国民是指在该关税区内定居或拥有真实有效的工业或商业机构的自然人或法人。

相对于国家通报机关的正式性来说,SPS 协定并没有要求国家咨询点必须是政府机构。在实践中,关于这类咨询点的设立,各成员方有两类不同的做法:其一,将国家通报机关与国家咨询点合二为一,这种做法的优点在于节约资源且更具专业性;其二,也有些成员方在设立国家通报机关的同时,还指定了多个国家咨询点分别负责食品安全和动植物健康方面的事务。[①] 根据 WTO 秘书处的最新统计结果,截至 2012 年 2 月 20 日,153 位 WTO 成员方中(包括欧盟),有 141 个成员方设立了国家通报机关,148 个成员方通报了国家咨询点。[②]

六、通报和公布的语言文本

与上述透明度义务密切相关的一个问题是通报和公布内容的语言翻译问题。附件 B(7)要求通报应使用 WTO 的三种官方语言,即英语、

① 例如,我国指定位于国家质检总局的直属单位“国际检验检疫标准与技术法规研究中心”(即 WTO/SPS 国家通报咨询中心)为 WTO 国家咨询点。欧盟成员的通报工作由欧盟委员会统一进行,但在欧盟及其各成员国层面都设有国家咨询点。参见 G/SPS/ENQ/16。SPS 委员会正在着手制定一个关于国家通报机关和咨询点的操作说明文件。

② See G/SPS/GEN/27/Rev. 22.

法语和西班牙语中的任何一种。成员方没有义务使用其本国语言之外的其他语言提供草案细节或副本,或者公布文本,但发达成员方在根据其他成员方的请求提交通报涉及的文件时,应使用三种官方语言中的一种。当然,SPS 委员会的《透明度程序》对此提出了更为详细的指导意见,例如,相关文件已有译文或译文的摘要,或是计划对其进行翻译,则成员方应在通报中对此进行说明。①

七、中国的相关实践

随着中国"入世"后对 WTO 规则的熟悉,通过对争端解决机制和 SPS 委员会工作的参与,不断学习和提升,中国在实施 SPS 措施方面越来越规范。在墨西哥的龙舌兰酒特别贸易关注事件中,②就透明度义务而言,中国在常规通报、给予评议期并回复、公布并给予过渡期方面完全符合 SPS 协定附件 B 的要求,食品安全国家标准从公布到实施历经近 18 个月的过渡期,明显超过了 6 个月常规期限的做法。但在个别事件中也有一些问题存在。

以三文鱼事件为例,2010 年以来,我国出入境检验检疫机构从部分进口冰鲜三文鱼中检出寄生虫鱼虱、致病微生物、兽药残留超标等问题,于 2011 年 12 月 3 日实施了加强进口监管的措施,具体包括,对进口

---

① See G/SPS/7/Rev. 3. paras. 24 – 28.

② 2009 年 1 月,中国通报了关于蒸馏酒及其配制酒的食品安全国家标准草案,其将蒸馏酒分为粮谷类、水果类和其他三种类型,对甲醇最高限量分别规定为 0.6 克/升、8 克/升和 0.6 克/升。墨西哥特产特基拉酒(又称龙舌兰酒)以其特有植物龙舌兰为原料,依据墨西哥标准生产的特基拉酒甲醇限量接近 3 克/升,不符合中国食品标准的要求。双方经过多次沟通,墨西哥提及 2001 年曾在中国入世时两国签署的备忘录中,中国承认特基拉酒是原产墨西哥并按照墨西哥标准生产的特产。2010 年 7 月中方派人至墨西哥进行现场检验。但 2011 年 7 月,中国再次通报的食品安全国家标准《蒸馏酒及其配制酒》(GB2757—2012)中,将蒸馏酒分为粮谷类和其他两种类型,甲醇最高限量分别是 0.6 克/升和 2 克/升。该标准于 2012 年 8 月 6 日发布,并于 2013 年 2 月 1 日实施。载 http://file2. foodmate. net/wenku/2012091204. pdf,2013 年 10 月 1 日访问。

养殖三文鱼实施进境检疫审批，所有进口养殖三文鱼须事先申请进境动植物检疫许可证，未获许可证者不得进境。进口野生捕捞三文鱼须提供出口国(地区)官方出具的注明捕捞渔船编号及捕捞区域的书面证明，否则一律被视为养殖三文鱼。对进口冰鲜三文鱼境外出口商及代理商、国内收货人及代理商进行备案管理。对进口冰鲜三文鱼加强了现场查验。这些措施导致进口三文鱼的难度加大、通关时间被延长。

挪威认为中国此举导致其三文鱼出口数量持续稳定增长的状况受到显著的不利影响，使其三文鱼出口数量下降了70%。挪威提出的主张包括：(1)中国未将国家质检总局2011年第9号公告的内容通报给WTO；(2)挪威对三文鱼的管理系统从1998年开始运作，并未发现三文鱼产品中存在有害物质，中国的措施没有科学依据和风险评估依据；(3)中国未向其提交风险评估报告；(4)中国的措施超过必要的限度，与风险不成比例。在SPS委员会的会议上，美国除同意挪威的上述主张外还要求中国提交一份风险评估报告副本，并解释中国措施关于提交出口货轮船号、船名的要求与确保三文鱼的食用安全性二者之间有何关系。

就中国的通报义务来看，国家质检总局2011年第9号公告是依据《中华人民共和国进出境动植物检疫法》及其实施条例，这两部法律法规已经就进境动植物及其产品需申请进境动植物检疫许可证要求做了规定，且事先已经通报给WTO。因此在与挪威的磋商过程中，中国多次提及2011年第9号公告是不需要履行再次通报的义务的。但是，值得注意的是，我国的《进出境动植物检疫法》及其实施条例，甚至包括《进出口水产品检验检疫监督管理办法》对进口动植物及其产品的检疫审批规定是原则性的，而实践中，我国关于进境动植物检疫的审批制度是以动态调整的方式实施的。根据国家质检总局2004年第111号公告的规定,[①]包括水产品在内的部分动植物产品被取消了进境检疫审批要求,直至 2011 年第 9 号公告公布后,我国又重新对三文鱼产品实施了检疫审批要求。这也是该措施被 2011 年公告称为“加强措施”的原因所在。

因此,专门针对三文鱼产品重新实施的检疫审批措施不能被视为是与《进出境动植物检疫法》及其实施条例相同的 SPS 措施,而且我国重新实施的检疫审批措施对国际贸易造成的影响显而易见。根据 SPS 协定附件 B(5)的要求,中国应履行通报的义务。除紧急通报外,中国还应在草案阶段进行通报,并给予其他成员方 60 天左右的评议期。在公布与实施之间应留 6 个月左右的过渡期。鉴于挪威水产品自 2010 年以来卫生和安全状况出现越来越明显的问题,[②]以及 2011 年共有 24 起来自挪威的水产品被通报不合格,其中有 19 起与三文鱼有关的事实,[③]中国有理由采取紧急通报而不需履行常规通报的义务。

对于加强进境时现场检疫的要求,尤其是实验室检测程序,从相关资料看,并未涉及新的检疫措施,只是对早期已做过通报的《进出境动植物检疫法》及其实施条例的规定进行强化[④],因此,该要求并不涉及违

---

① 载 http://www.lnciq.gov.cn/bsdt/wtjd/dwjy/200701/t20070115_4964.htm,2014 年 10 月 1 日访问。

② 自 2012 年开始挪威渔场经常爆发传染性鲑鱼贫血疫情,因相比 2012 年发生该疫情的渔场数量增加了 10 倍,2013 年挪威兽医研究院表达了对阿米巴鳃病(Amoebic Gill Disease,AGD)在挪威渔场蔓延的担忧。另外中国政府也担心挪威三文鱼是李斯特单核细胞增生菌携带者。载 http://www.mofcom.gov.cn/article/i/jyjl/m/201311/20131100378943.shtml,2014 年 10 月 2 日访问。

③ G/SPS/GEN/204/Rev.14.para.2.38.

④ 所谓的强化,实际上仍然是常规检疫,只是相比 2011 年第 9 号公告前的现场检疫,增加了常规检疫中的一些检测项目。因为根据我国《进出口水产品检验检疫监督管理办法》的规定,我国对进出口水产品生产加工企业根据监管需要实施信用管理及分类管理制度。实践中,各出入境口岸根据以往累积的检疫结果,对卫生和安全状况较好的进口产品,有可能会省略一些常规检测项目。

反附件 B 的透明度要求的问题,但我们还可从以下四个方面对该措施进行考察:

一是中国措施的科学依据要求。此次事件虽然起因于进口三文鱼产品的卫生和兽药残留超标的问题,但卫生和兽药残留限量标准并未成为双方争议的焦点。挪威所指责的中国措施没有科学依据的主张,实际上是一个事实问题,即中国相关机构的检测结果是否真实准确(见上文挪威的第 2 项主张)。但中国检验检疫机构实施的检测方法、抽样方法以及卫生和兽药残留限量标准是否有科学依据尚待具体分析。如果存在相关的国际标准,且中国的具体标准与之相符,则可推定中国的措施符合 SPS 协定的科学性要求。反之,如果不存在相关的国际标准,或者中国的具体标准高于国际标准,则中国需要就高于国际标准的保护水平提供风险评估意见。

二是挪威关于公布风险评估报告的要求。就 SPS 协定而言,一方面,中国并不负有提交或者公布风险评估报告的义务;另一方面,根据 SPS 协定第 5.8 条的规定,挪威可请求中国说明对进口三文鱼加强检疫措施的理由。

三是与 SPS 协定附件 C 有关的正当程序的问题。挪威指出,中国的措施表明所有的货物都需要接受检测,处于监管之下直到检测结果出来,这些要求阻碍了三文鱼贸易。结合 SPS 协定对检验检疫程序的实施要求,针对挪威的上述主张,中国的相关义务限于以下方面:事先公布同类审批程序的标准时限,在检测程序中不应有不当迟延,及时告知最终的检测和审批结果,在进口商要求的情况下告知程序进度,对样品的要求仅限于合理和必要的范围。

四是中国要求提供出口货轮的船名和船号与 SPS 措施的目标之间是有合理联系的。这是因为,针对运输工具出发和沿途停靠港口的 SPS 状况采取必要的措施是各国通行的做法,国际贸易经营者有时并不能及时获悉有关地区爆发动植物疫情的信息,而进口国通过 OIE、IPPC、Codex 等国际标准化组织与 WTO 的信息交流机制可以掌握最新和有效的信息,通过审查货轮的运输路线就可以判断货物途经区域的 SPS 状况。

第三节 正当行政程序要求

一、正当程序原则的演绎及主要观点

受英国普通法中“自然正义”概念的影响,1215 年《自由大宪章》和 1354 年爱德华三世的《自由令》均融入了正当程序的法律思想,将正当程序要求作为维护私人权利的有力工具。这一原本适用于司法程序的原则通过英国法院的不断阐释,不仅适用于司法权,也拓展至行政权,要求行政机关在行使权力时要保持最低限度的程序公正,具体包括公平听证和避免偏私两项规则。其中公平听证原则又包括了以下三项内容:公民有在合理时间以前得到通知的权利;公民有了解行政机关的论点和根据的权利;公民有为自己辩护的权利。[①]

根源于英国法的正当程序原则经美国宪法修正案吸收后,成为在美国宪政史上发挥重要作用的宪法原则之一。与其在英国的演进过程相似,美国法上的正当程序原则自 19 世纪末开始逐渐向行政法领域渗透,而不仅仅只适用于司法诉讼程序。在继承英国法的基础上,美国法赋予了正当程序原则更多的内涵,如行政公开的要求。传统上,大陆法系行政法只关注行政实体和行政诉讼问题而非行政程序问题,英美法系的正当程序观念对大陆法系行政法产生了重要影响。一些传统的大

---

① 周佑勇:《行政法的正当程序原则》,载《中国社会科学》2004 年第 4 期。

陆法系国家的行政立法开始重视行政程序的合理设计。

围绕着法律程序正当性的判断标准问题，相关学者形成了自成体系且富有见地的理论观点。“程序工具主义观”认为判断程序是否正当的唯一标准就是“结果的有效性”，边沁认为“程序法的唯一正当目的，为最大限度地实现实体法”“程序法的最终有用性取决于实体法的有用性……除非实体法能够实现社会的最大幸福，否则程序法就无法实现同一目的”。[①]弗里德曼指出“检验法律制度的最终标准是它做些什么，而不是如何做和由谁去做，换言之，是实体，而不是程序或形式”“程序仅仅是相对于一定目的的手段而已，实体法告诉我们程序的什么部分是最重要的。”[②]

“经济效益主义观”认为，法律程序的作用在于减少法律制度运作过程的成本，使法律运作过程的经济效益最大化。经济效益是评判法律程序正当性的一项基本标准。波斯纳认为：“正义的第二种涵义——也许是最普通的涵义——是效率。”[③]

“程序本位主义观”强调，结果有效性并非法律程序的唯一价值，法律程序具有独立于实体目标之外的内在品质，即法律程序本身的正义。“在对一种至少会使一部分人的权益受到有利或者不利影响的活动或决定做出评价时，不能仅仅关注其结果的正当性，而且要看这种结果的形成过程或者结果据以形成的程序本身是否符合一些客观的正当性、合理性标准”。[④] 对法律程序独立价值的彻底承认以及“程序正义”理

---

① 陈瑞华：《刑事审判原理论》，北京大学出版社 1997 年版，第 28 页。

② 陈瑞华：《刑事审判原理论》，北京大学出版社 1997 年版，第 29 页。

③ ［美］理查德·A. 波斯纳：《法律的经济分析》，蒋兆康译，中国大百科全书出版社 1997 年版，第 31 页。

④ 同上。

论的提出是对前述观点的实质性变革,[①]在此基础上,各国学者进一步研讨了法律程序正当性的评价标准。[②] 例如,耶鲁大学法学院的马修教授认为评价法律程序正当性的主要标准是它使人的尊严获得维护的程度,尊严价值大体包括平等、可预测性、透明性、参与、隐私等方面。

作为调整政府行为从而间接维护私人贸易权利的法律规范,WTO 的多边协定中也蕴含着正当法律程序的精神。因为除贸易措施本身外,其复杂繁琐的实施过程也有可能成为阻碍国际贸易的壁垒。为此,TBT 协定将“合格评定程序”作为与“技术法规”“标准”相并列的第三种贸易壁垒加以规范。[③] 同样,一项以保护动植物生命健康为目的的 SPS 措施,其检验和审批程序的不合理之处也会妨碍商品的自由流动,从而影响国际贸易。[④] SPS 协定通过第 8 条和附件 C 对各国的检验检

---

① 美国法学家罗伯特·萨默斯于 1974 年发表的论文《对法律程序的评价与改进:关于“程序价值”的陈辩》,首次提出了法律程序的独立价值标准问题。另一位美国学者贝勒斯提出了系统的“程序正义”理论。

② 代表性的观点,如美国学者泰勒、戈尔丁、萨默斯、贝勒斯,中国学者孙笑侠等,可以参考 Tyler,T. R. ,What is Procedural Justice? Criteria used by Citizens to Assess the Fairness of Legal Procedures,*Law and Society Review*,Vol. 22,No. 1(1988),p. 103. Robert S. Summers. ,Evaluating and Improving Legal Processes-A Plea for “process Values”,*Cornell Law Review*, Vol. 1,No. 60(1974), pp. 1 -4。[美]马丁·P. 戈尔丁:《法律哲学》,齐海滨译,生活·读书·新知三联书店 1987 年版,第 240 页。[美]迈克尔·D. 贝勒斯:《法律的原则———个规范的分析》,张文显等译,中国大百科全书出版社 1996 年版,第 34 页。孙笑侠:《两种程序法类型的纵向比较——兼论程序公正的要义》,载《法学》1992 年第 8 期。季卫东:《法治秩序的建构》,中国政法大学出版社 1999 年版,第 23 页。

③ 合格评定是指评判产品是否符合特定要求的过程。根据评判主体的不同,可以将其区分为第一方合格评定(供应商自我评定),第二方合格评定(采购商合格评定)和第三方合格评定(独立第三方机构实施的合格评定)。进口国对进口产品所规定的种种要求,最终都需要通过进口国的主管机构进行合格评定。效率低下、费用过高的合格评定程序可以成为法律法规之外的贸易壁垒,对出口方合格评定程序的重复也会增加不必要的交易成本。

④ 例如,澳大利亚对榴莲的装运前检验要求,装运数量少于 1000 只榴莲的,检验机构可以随意挑选 450 只样品,切开检验是否存在籽粒钻蛀虫。装运数量多于 1000 只的,样品数量为 600 只。因此,泰国每向澳大利亚出口一只榴莲,其预装运数量必须达到 2 只。这无疑增加了运输成本。对此,2000 年 11 月泰国向澳大利亚提出贸易关注。经过磋商,澳大利亚同意使用次品作为样品以减少经济损失,同时两国开展了联合实验,以判断 X 线检查技术是否可以作为替代方法。See G/SPS/GEN/217,G/SPS/GEN/218,G/SPS/R/27.

疫程序所提出的要求,反映了协定起草者们对法律程序的正当性的理解。

二、控制、检验和批准程序

根据 SPS 协定第 8 条的规定,各成员方在实施控制、检验和批准程序时应遵守附件 C 的规定。违反附件 C 即意味着不符合 SPS 协定第 8 条的要求。[①] 附件 C 的标题是"控制、检验和批准程序"。脚注 7 以非穷尽性列举的方式指出,控制、检验和批准程序包括抽样、检测和认证程序。附件 C 一共包含了 3 个条款。作为内容最具体、最核心的条款,附件 C 第 1 条特别说明,其适用于旨在检查和确保 SPS 措施得以实施的任何程序。这应当被视为是对附件 C 的适用范围的一个大致说明。

检验和批准程序并不是 SPS 措施实施过程中的特有程序。任何以产品具备一定特征为市场准入条件的贸易要求,其实施都需要针对最终产品进行合格评定。其方法包括抽样、检测、检验、认证、审批等。但就 SPS 措施的实施而言,由于各国的食品安全法规逐渐偏重于生产阶段的风险防控而不是对最终产品的检验,因此,与食品安全相关的 SPS 措施往往包含了对生产企业的控制措施,如广泛应用的 HACCP 管理体系。这些 SPS 措施的实施也需要通过一些控制程序来开展。例如,我国《进出口食品安全管理办法》规定,对进口食品境外生产企业实行注册管理,由境外食品生产企业及其主管机构、国家认监委及其评审组共同完成注册评审程序,必要时,评审组需要开展实地评审和复查。对进口食品的进口商规定了建立食品进口和销售记录的要求,并由辖区内的检验检疫机构定期检查。这些控制程序的实施往往需要生产企业所在地国家的配合。尽管进口成员方的法律法规在生产企业所在国不具

---

① See Panel Report, EC-Biotech, para. 7.1569.

有法律效力，但附件 C 第 2 条规定生产企业所在国有义务提供必要的帮助以便于此类控制程序的实施。

控制、检验和批准程序与 SPS 措施之间的关系是一个值得关注的问题。从第 8 条的规定看，附件 C 是“实施”控制、检验和批准程序时应遵守的规则，换言之，附件 C 是有关程序的实施的。并且，各成员方应保证这些“程序”不得违反整个 SPS 协定。由于 SPS 协定的适用对象是 SPS 措施，因此，各成员方的“控制、检验和批准程序”属于 SPS 措施。在欧共体转基因案中，专家组指出，从法律性质上看，SPS 措施可以是程序性的，但实施 SPS 措施的具体过程本身并不能构成 SPS 措施。“要求”构成 SPS 措施，但实施要求的行为则不是一个 SPS 措施，[①]就该案案情来说，转基因产品的审批程序构成 SPS 措施，审批程序的实施过程应遵守附件 C 中的规定。但欧共体部分成员事实上暂停转基因产品审批程序的行为是对 SPS 措施的实施和管理行为，不是 SPS 措施本身，因此无须履行 SPS 协定附件 B(1)下的公布义务。[②]

三、实施程序应遵守的具体要求

在 WTO 争端解决的历史上，对 SPS 协定附件 C(1)进行解释的第一起案件是欧共体转基因案，在 2007 年的澳大利亚苹果案中上诉机构再次对其进行解释。根据转基因案专家组的意见，附件 C(1)所包含的多项义务各自独立，成员方违反其中某一项义务并不能由此推断其违反了其他义务，[③]起诉方对于违反每一项义务的指控均需要提出具体的证据以支持其主张。

---

① See Panel Report, EC-Biotech, para. 7. 1335.

② See Panel Report, EC-Biotech, paras. 7. 1449 – 1462.

③ See Panel Report, EC-Biotech, para. 7. 2483.

(一)非歧视性

非歧视要求是对正当法律程序精神的体现。尽管中外法律学者对正当法律程序的评判标准存在分歧,但"中立""公平""合理""平等""不得偏私"等不同表达方式所代表的评判标准都与平等待遇有关,要求行政权力主体在面对执法对象时应保持中立,不能因其国籍、产地不同而采取歧视性的行为。与传统的 GATT 货物贸易规则相似,附件 C(1)所包含的"非歧视性"要求体现在两个方面,即国民待遇和最惠国待遇。前者主要体现在(a)项、(d)项和(g)项,后者体现于(f)项。成员方在实施"控制、检验和批准程序"时,使进口产品的待遇低于国产类似产品是对非歧视要求的背离。例如 2012 年 11 月底,中国国家质检总局发布了《关于进一步加强进出口蒸馏酒邻苯二甲酸酯类物质检测的警示通报》,对报检进出口蒸馏酒,报检时进出口商应提供有资质检测机构出具的塑化剂检测报告。欧盟质疑中国对进口产品和国产产品实施检测的频率不同。[①] 这说明两种产品所受待遇存在差别,如果这种差别对进口产品的销售和市场竞争地位造成不利影响,则构成对进口产品的歧视。

在附件 C(1)条(a)项第 2 句的"国民待遇"要求下,比较的基础仍然是"类似产品"。在欧共体转基因案中,阿根廷指控欧共体的措施违反了附件 C(1)条(a)项第 2 句。具体是指,针对特定进口转基因产品,欧共体事实上暂停了审批程序,但对非转基因新产品[②]却没有出现暂停审批程序的情形。该案专家组认为,阿根廷在上述条款下的举证责任

---

① G/SPS/R/71, paras. 4. 29 – 30.

② 这里所指的"非转基因新食品",即 novel non-biotech food,是指不含转基因成分、不是由转基因产品加工而成的新食品。其中"新食品"又称为非传统食品,是指在某个地区,尚无人类食用历史的物质,或者衍生于某种食品,但在某地区,除了作为该食品的组成外,尚无人类食用历史的物质。在我国被称为"新资源食品",我国《新资源食品管理办法》对新资源食品的类型做出了规定。目前各国对新食品大多采取上市前审批制度。

包括:第一,进口产品在审批程序中的待遇低于国内产品;第二,享受较低待遇的进口产品与被指控待遇较高的国内产品是类似产品;第三,二者待遇上的差别是源于产品的原产地不同,而不是与原产地无关的其他因素。①

专家组尤其指出,如果进口成员方的行为是由与原产地无关的因素导致,那么阿根廷仅证明进口成员方在实施特定的审批程序时给予进口产品较不利的待遇,还不足以完成举证责任。② 在专家组看来,阿根廷并未证实进口转基因产品与国产转基因食品在审批程序上存在差别待遇,因此,很难说明进口转基因产品与国产非转基因新产品之间待遇上的差别是由于原产地不同,而不是源于二者在安全风险等方面被感知存在差异。因此,专家组对上述三个构成要件的审查是从最后一个要件开始的,回避了"同类产品"的问题。

第三个构成要件的加入无疑增加了起诉方的举证难度。更不清楚的是,"与原产地无关的其他因素"是否包括 GATT 第 20 条(b)项之外的其他的情形,如保护公共道德、保护可枯竭的自然资源等?如果对此不加任何限制,则起诉方要证明,被诉方实施差别待遇的措施,不是为了实现保护公共道德等合理政策目标。而在 GATT 第 20 条下的类似情形中,这一举证责任通常是由被诉方承担的。即被诉方需要初步证明,其措施是为了实现这些合理政策目标。无论如何,该案专家组的关

① See Panel Report, EC-Biotech, para. 7.2400. 专家组提出第三项构成要件的路径如下:首先,从文字措辞和条款的目的两个角度,专家组认为附件 C(1)条(a)项的措辞与 GATT 第 3.4 条接近,二者的目的相似,从第 SPS 协定第 2.3 条可以引申出,前者也隐含了防止成员方对国内生产提供保护的目的。因此,可以借鉴上诉机构对 GATT 第 3.4 条下关于国民待遇的解释方法。其次,上诉机构在多米尼加共和国香烟案中提出,如果与原产地无关的因素可以解释对进口产品的竞争条件所产生的不利影响,如进口商的市场份额,那么,仅仅是存在着不利影响这一事实本身并不必然意味着该措施给予进口产品的待遇低于国内产品。

② See Panel Report, EC-Biotech, para. 7.2408.

于举证责任的结论仅能适用于SPS措施的案件,这也是由于SPS协定与GATT1994之间的特殊关系决定的。此外,附件C(1)条(d)项要求在保护合理的商业利益的范围内,成员方在实施"控制、检验和批准程序"的过程中获得的有关进口产品的信息资料,在保密性方面给予进口产品的待遇不低于国内产品。(g)项要求,成员方在针对进口产品实施上述程序时,就设施选址和挑选样品方面,应使用与国产产品相同的标准,以尽可能减少对申请人、进口商、出口商及其代理机构造成的不便。①

在最惠国待遇方面,(f)项规定,在上述程序中,对进口产品收取的任何费用,相较于国产类似产品以及原产于其他成员方的类似产品,应是公平合理的,并且不得高于实际服务成本。这里的费用比较有两个标准:一个是相对标准,公平合理的收费不要求费用金额相同,但不同原产地的同类产品在接受相同的检验检疫程序时,收费项目、计费基础、计费单位(货值、重量、体积或者次数等)、收费标准、最低费额应当相同,如对货物抽样检验代表全批的,是以实际数量还是以全批作为计费基础。另一个是绝对标准,以实际服务成本为限。例如,我国《出入境检验检疫收费办法》规定"法律、法规规定出入境货物由有关检验单位实施检验,检验检疫机构凭检验结果出证的,检验检疫机构只收取签发证(单)工本费,不得收取检验费等其他任何费用。口岸检验检疫机构凭产地检验检疫机构签发的换证凭单查验换证的,只收取签发证(单)工本费,不得收取查验费等其他任何费用。"没有实际提供检验检疫服务,因此不能收取服务费用。

(二)效率性

美国联邦第二巡回区的弗伦德列法官曾指出:"假如欠缺基本的程

① 这里似乎包含了两重义务,一是国民待遇,二是贸易便利。目前尚无涉及二者之间关系的WTO争端解决实践。

序保障,那么公民就可能受到任意行政决定伤害的威胁;如果程序过于繁琐,那么它不仅不能达到公正结果的目的,而且将使有限的人力和物力资源转移到官僚消耗的无用功上。"[①]没有效率的行政程序是对经济资源的浪费,同时也谈不上对人格尊严的维护。只有兼顾公平和效率才能真正实现程序正义。附件 C(1)条(a)项第 1 句关于禁止不合理的迟延的规定就是从效率的角度对实施行政程序提出的要求。从程序工具主义的观点看,不合理的拖延将导致实体规则的目标无法实现,对此视而不见将会鼓励法律规避行为的发生。对效率的强调也体现在附件 C(1)条(b)项中,该段对主管机构在完成相关程序时提出了"及时""尽快"的要求。对于附件 C(1)条(a)项第 1 句中"不当迟延"的理解,欧共体转基因案专家组提出以下几种观点:第一,判断是否不当迟延的标准不在于迟延的时间长短,而在于是否能够为迟延提供合理的理由。[②] 长期迟延且未能提出令人信服的解释将构成不当迟延的初步证据。第二,按照惯例,不当迟延的判断没有统一、抽象的原则性标准,必须在个案的基础上加以判断。第三,本质上,要断定某个理由是合理可信的,关键在于这种程序上的迟延是该成员方判断其 SPS 要求是否被遵守所必需的。[③] 这个标准并不妨碍 WTO 成员方对风险采取谨慎的预防性措施。第四,成员方不能为等待进一步的研究结果而延迟程序。[④]

具体而言,由于申请人自身的作为或不作为导致的迟延不得归咎于政府。[⑤] 申请量的突然增加,并且无法预见这一情形的发生构成短暂

① 张千帆:《西方宪政体系》(上册·美国宪法),中国政法大学出版社 2000 年版,第 227 页。

② See Panel Report, EC-Biotech, para. 7. 1496.

③ See Panel Report, EC-Biotech, para. 7. 1498.

④ See Panel Report, EC-Biotech, para. 7. 1523.

⑤ See Panel Report, EC-Biotech, para. 7. 1497.

迟延的合理理由;[①]在审批程序的晚期阶段出现新的科学证据,而且这些证据将会影响到成员方的审批结论时,成员方暂停全部的审批程序直至对新证据完成相关的评估,这也构成合理解释。因为成员方需要额外的时间对新证据进行评估;成员方基于谨慎考虑向申请人提出进一步的信息要求导致的延迟,也是合理的。[②] 但在不存在新证据或进一步的信息要求时,成员方有义务作出决定而不应延迟程序;类如"科学在不断发展""科学的复杂性和不确定性"以及"可获得的科学信息或资料的有限性"等理由均不构成合理迟延的依据;[③]尤其值得注意的是,专家组认为"等待新的法律法规的颁布"不成为延迟程序的合理依据。[④] 专家组甚至认为,只要是为执行现有 SPS 措施所必需的,欧共体原本可以在事实上就执行相关的溯源和标签要求,而不必等待新的法律法规被颁布。至于欧共体的法律体系框架是否允许这样做,这是欧盟法院而非专家组需要考虑的事情。

(三)可预期性、公开性和参与性

所谓行政程序的可预期性、公开性和参与性是指行政程序的时间期限以及进度应让行政相对方知晓,以增加行政程序的可预期性和稳定性,对有关重要事项应加以公开,或者通知行政相对方,对程序的迟延或者重要结果给予合理解释,以提高行政程序的透明度。

附件 C(1)条(b)项规定了 5 项具体的义务:第一,公布每种程序的标准处理时限,或者在申请人请求的情况下告知其预期处理时限。这里,并不要求成员方公布每一次程序的常规处理期限,而只是要求为每

① See Panel Report, EC-Biotech, para. 7. 1500.
② See Panel Report, EC-Biotech, paras. 7. 1498 – 1522.
③ See Panel Report, EC-Biotech, para. 7. 1526.
④ See Panel Report, EC-Biotech, para. 7. 1517.

一种类型的程序公布一个常规期限。① 成员方未遵守已经公布的常规期限的事实本身也不足以认定该成员方规定了一个新的时限却未加以公布。② 第二,及时审查申请人递交材料的完整性,以详细而完整的方式告知申请人其申请材料存在的问题。第三,主管机构应当及时将行政程序的结果详细完整地告知申请人,使其在必要的情况下采取适当的措施。这里的结果是指最终结果,而不是各阶段的结果。第四,如果申请人提出请求,尽管申请材料有缺陷,主管机构仍应尽可能地继续行政程序。第五,在申请人提出请求的情况下,主管机构应向申请人告知程序的进度,并对延迟的情形加以解释。上述义务中,有些义务的违反指控,起诉方需证明"申请人提出请求而被诉方未能遵守规定",但仅存在被诉方未能完成行政程序的事实不构成对(b)项具体义务的违反。

(四)必要性和合理性

不合理的、过度要求一方面会使行政程序过于繁琐,导致效率低下,与 WTO 推崇自由贸易的宗旨不符;另一方面,也会增加贸易经营者的经济成本。在经济分析法学派看来,这也不是程序正义的体现。附件 C(1)条(c)项规定,主管机构只能要求相对方提供为开展适当的控制、检验和批准程序所必需的信息资料。(e)项要求在控制、检验和批准程序中,主管机构对某种产品单个样品的任何要求仅限于合理和必要的范围。(h)项规定,在对产品实施控制和检验程序后,主管机构根据相应的法律法规要求对产品的规格做出修改的,对修改后产品实施的检查应仅限于确保该产品仍然符合相关法律法规的要求所必需的程

---

① 例如,我国《进出口商品免验办法》第 8 条规定受理审批期限为 1 个月,第 9 条规定最终审批期限为 3 个月。《农业转基因生物进口安全管理办法》第 18 条规定进口农业转基因生物的需要向农业部提出申请,由其签发批准文件或农业转基因生物安全证书,审批期限自收到申请之日起 270 日。

② See Panel Report, EC-Biotech, paras. 7.2440 – 2441.

序要求。

(五)纠错性

行政机关作出的各种裁决、决定,对相对方的权利产生重要影响的,行政机关应在司法审查机制之外给予相对方一定的救济机会。这在许多国家的行政程序法中都有所体现。如美国的行政上诉制度、法国的行政救济制度、德国的行政申诉制度、日本的行政不服审查制度以及我国的行政复议制度。SPS 协定附件 C(1)条(i)项规定,针对"旨在检查和确保 SPS 措施得以实施的任何程序"提出的申诉,应提供一个复审程序,并对错误的行政程序结果给予纠正。此外,SPS 协定附件 C 第 2 条是对协定第 3.1 条"以国际标准为基础实施 SPS 措施"要求的呼应。①

本章小结

SPS 措施的贸易便利性要求主要是指等效性认可的要求、实施 SPS 措施的透明度要求以及正当程序要求。鉴于各国采用不同的 SPS 措施却有可能实现 ALOP,SPS 协定第 4.1 条规定了等效认可的要求,并且以进口成员方措施的 ALOP 作为衡量等效性的依据。出口成员方在多大程度上了解和熟悉进口成员方的 SPS 措施及其设定的 ALOP,对出口成员方能否客观地证明其 SPS 措施的等效性有重要影响。WTO 争端解决机构关于 ALOP 的解释虽然体现了对进口成员方主权权利的尊

① 根据这一条款的规定,进口成员方对食品添加剂的使用、食品、饮料以及饲料中的污染物限量采取了特定的决策机制,并以批准使用、具体限量作为食品、饮料及饲料等产品的市场准入要求的,在尚未做出相关决定前,该成员方应考虑以国际标准作为市场准入要求的基础。

重,但却有可能妨碍出口成员方措施等效性的认可。根据印度农产品案专家组关于第4条和第6条比较的结论,进口成员方并不负有主动履行等效性认可的义务。为使 SPS 协定第 4 条的规定更具有可操作性,也为了解决成员方在实施等效性认可时遇到的种种困难,使 SPS 措施对国际贸易的不利影响尽可能最小化以提高市场准入的机会,SPS 委员会《关于 SPS 协定第 4 条执行的决定》对认可程序做出规范,通过提高透明度、强调信息交流机制和建立互信机制来促进成员方之间达成认可协定。

透明度要求被 SPS 委员会列为 WTO 法律体系的基本原则之一。SPS 协定第 7 条是关于“透明度”规则的基本条款,附件 B 是关于透明度要求的细则。WTO 秘书处制作的《透明度手册》及 SPS 委员会制定的《2008 透明度程序》为成员方实施 SPS 协定下的透明度条款提供了指导。具体而言,实施 SPS 措施的透明度要求主要包括以下方面:SPS 法规的通知、公布和过渡期、设立国家咨询点等。就 SPS 法规的通报义务看,须通报的法规是普遍适用的、与国际标准实质上不同,且对国际贸易有显著影响的法规。对于“与国际标准实质上不同”的理解,SPS 协定没有明确的规则。对此,《2008 年透明度程序》鼓励成员方只依据 SPS 法规对贸易的影响程度决定是否需要通报。随着中国入世后对 WTO 规则的熟悉,通过对争端解决机制和 SPS 委员会工作的参与,不断学习和提升,中国在实施 SPS 措施方面越来越规范。但在个别事件中也有一些问题存在。

正当程序要求被拓展适用于行政权后,就要求行政机关在行使权力时要保持最低限度的程序公正。作为调整政府行为从而间接维护私人贸易权利的法律规范,WTO 多边协定也蕴含着正当法律程序的精神。SPS 协定通过第 8 条和附件 C 对各国的检验检疫程序所提出的要求,反映了协定起草者们对法律程序的正当性的理解。附件 C 是“实施”控制、检验和批准程序时应遵守的规则。在欧共体转基因案中,专家组区别了“贸易措施”与“贸易措施的实施”。控制、检验和批准程序属于 SPS 措施。附件 C 关于正当行政程序的要求是从实施 SPS 措施的角度考察其合法性的。具体而言,控制、检验和批准程序的实施,应满足非歧视性、效率性、可预期性、公开性和参与性、必要性和合理性以及纠错性的要求。

CHAPTER 07 >>

第七章

SPS 措施合法性的监督与补救机制

在明确 SPS 措施的合法性要素的同时，建立和完善相应的监督和补救机制，对 WTO 成员方实施的 SPS 措施进行审查并化解相关争议是增强 SPS 措施合法性要素实效的关键。SPS 委员会、贸易政策审议机制（以下简称 TPRM）以及争端解决机构（以下简称 DSB）各自在其职能范围内不同程度地发挥了监督和补救机制的作用。前两者的工作虽然没有法律上的约束力，但事实上起到了监督问责的效果。在 SPS 委员会特别贸易关注机制下，出于遵守国际义务、树立对公众生命健康负责任的政府形象的需要，被关注成员方在实施 SPS 措施时不得不做到谨慎合理，成员方对被曝光的己方监管不力情形应加以改进。TPRM 则通过评价 WTO 成员方的行为，让最佳实践成为成员方的楷模，也让业绩不良者接受国际舆论的压力，以此来督促全体成员方履行 WTO 义务。被称为"皇冠上的明珠"的争端解决机制无疑是最强有力的监督方式，但就专家组在 SPS 案件中采用的审查标准而言，标准的模糊性导致了事实上的不合理性和不一致性。这将对 SPS 措施的合法性评判产生一定的影响。本章主要介绍了 SPS 委员会的职责及其工作的开展、贸易政策审议机制对 SPS 协定实施情况的审议状况，并对此展开评议，分析了专家组职责与审查标准的关系，考察了专家组在 SPS 案件中的审查标准，最后对上诉机构提出的程序性审查标准进行述评。

第一节　SPS 委员会

SPS 协定在第 12 条规定了协定的管理机构，即 SPS 委员会。委员会由 WTO 成员方的代表组成，委员会的主席每年任命一次。由于经济社会发展水平的不同，各国尤其是发展中国家参与委员会会议的程度不尽相同。一些发展中国家获得了发达国家的资助，能够更多地参加 SPS 委员会的会议活动，如美洲国家农业合作研究所在每次 SPS 会议上，为拉丁美洲和加勒比国家提供一定资助名额（委内瑞拉和古巴除外）。[①]

总体上看，SPS 委员会对 SPS 协定的常规管理职能是通过磋商的方式实现的，具体而言是指，发现问题、讨论问题和化解争议，并对特定问题进行年度总结，以此公开 SPS 协定的具体实施情况。不仅如此，SPS 协定第 12.7 条要求 SPS 委员会应在 SPS 协定生效 3 年后以及此后有需要时，对 SPS 协定的实施和执行情况进行审查，因此，定期审查各

① See G/SPS/36, para. 71.

成员方实施SPS协定的情况是委员会的一项重要职责。[①] 除规定委员会是一个常规性磋商场所外,SPS协定还笼统地规定其应履行“为实施SPS协定的规定,促进其目标实现所必需的职能”。这方面主要表现为,SPS委员会为了自我管理和为指导成员方实施SPS协定而制定规范性文件。

一、信息交流和争议化解

SPS委员会的信息交流和争议化解功能是通过SPS协定第12.2条规定的临时磋商要求实现的。[②] 到目前为止,SPS委员会框架下的磋商主要有三种类型:一是“特别贸易关注”。二是关于特定问题的讨论,如私营标准问题、特定病虫害非疫区和低度流行区的认可和建设、国际标准的使用情况等问题。三是SPS委员会主席的斡旋活动。[③] 其中,特别贸易关注机制下的临时磋商次数最多,在促进成员间的交流与化解矛盾方面的效果最好。正是由于SPS委员提供了这样一个信息交流的平台,各种往来的书面文件和会议记录为WTO秘书处提供了整理相关专题的原始素材。以此为基础,秘书处得以编撰各种年度报告,如审议SPS协定第6条执行情况的年度报告、特别贸易关注的年度报告、关于国际标准使用情况的年度报告等,进一步提高了SPS协定实施情况的透明度。

(一)特别贸易关注

在SPS委员会的每次例会上,每个成员方代表均可以对其他成员

① 目前为止委员会一共进行了3次审查,分别是1999年(G/SPS/12)、2005年(G/SPS/36)和2008年(G/SPS/53)审查。

② SPS协定第12.2条规定,委员会应鼓励和便利各成员之间就特定的SPS问题展开临时磋商或谈判。

③ See G/SPS/W/219, para. 2.

方实施的或将要实施的 SPS 措施提出关注，也可以对一个措施多次提出关注。在双方的争议发展成为正式争端之前，成员方之间通过具体的贸易关注展开沟通和交流，对贸易措施的有效性、必要性和科学性等问题进行探讨，表达措施对其他成员方所造成的影响，技术手段的缺乏等，这种交流成功地化解了不少矛盾，也为各方了解和学习相关的科学知识和经验提供了机会，提高了部分成员方的执法能力，①也促使部分成员方撤销或延期实施相关 SPS 措施。②

特别贸易关注（以下简称 STCs）机制使得申诉方和被诉方的相关措施暴露于其他 WTO 成员方和作为委员会观察员的国际组织的监督之下，实施 SPS 措施的成员方被要求对其 SPS 措施做出合理解释，申诉成员方的关注使得措施的实施方意识到自己的措施所引起的外部影响，从而在部分情形下引导被诉成员方主动调整自己的规制要求。③ 在为自己的行为作出抗辩的过程中，被诉方也有可能会质疑出口企业实

---

① 例如，美国曾因获得认证的法国肉类生产企业的过程控制缺陷和卫生指标不合格而禁止其肉类产品的进口。为此，欧盟代表法国在 SPS 委员会提出特别贸易关注，指责美国的措施轻率不合理。鉴于欧盟的关注，美国对法国部分生产企业展开两次审查，但结果仍然是不合格。最终法国承认其企业在实施 HACCP 管理体系方面存在问题，由美国为企业检验人员提供技术培训，并经再次检验合格后，美国对法国肉类产品重新开放市场。See G/SPS/R/33, paras. 148 – 149. G/SPS/R/35, paras. 88 – 89.

② 例如，2002 年菲律宾发布命令，要求对向其出口肉类和奶制品的外国企业所实施的 HACCP 管理体系开展独立第三方认证。该措施被加拿大提出特别贸易关注，并得到欧盟、澳大利亚、新西兰和韩国、美国的支持。加拿大认为这是对加拿大食品检验署已经实施的认证措施的重复，并对该措施是否符合国民待遇要求以及必要性要求提出质疑。经过多次磋商后，2003 年 4 月，菲律宾农业部公布无限期延迟实施该措施。See G/SPS/R/28, paras. 98 – 100. G/SPS/R/29, paras. 70 – 71.

③ 例如，欧盟曾因 4 个非洲国家爆发霍乱疫情而对这几个国家的瓜果蔬菜等含有新鲜水分的产品实施禁令。坦桑尼亚因此而提出特别贸易关注，其主张获得世界卫生组织的观察员代表的支持，后者认为受霍乱疫情影响的并非止于这 4 个国家，全球共有 50 多个国家经常性爆发霍乱疫情。根据世界卫生组织的相关指南，从受霍乱影响的国家进口食品并不会给进口国带来风险，即使有风险也只是一种理论上的风险，不会引起重大风险，进口方只需要采取必要的措施即可，而不需要实施禁令。经过磋商欧盟撤销了该措施，而采用了其他替代措施。See G/SPS/R/10, para. 57. G/SPS/R/11, para. 99.

际遵守申诉方相关法律法规和标准的情况,申诉方需要对自己的执法活动进行解释和说明,并在证实自身监管不足的情况下采取完善措施以便再次获得市场准入的机会。[①] SPS 委员会的会议报告以及相关通报文件经过秘书处的汇编整理后对公众开放。出于遵守国际义务、树立对公众生命健康负责任的政府形象的需要,各 WTO 成员方在实施相关措施时不得不做到谨慎合理,申诉成员方也会对暴露出来的己方监管不力情形加以改进。从以往历史情形看,在双方沟通磋商的过程中不乏双方密切合作,甚至一方提供资金或技术援助的情形。特别贸易关注机制对于加强成员方间的合作,消除彼此对立发挥了非常重要的作用,每年稳定上升的特别贸易关注数量足以证明这一点。委员会在推动成员方讨论和解决贸易关注问题上所起到的作用,得到成员方的普遍认可,SPS 委员会内部开展了如何进一步提升委员会的特别贸易关注功能的讨论,一些国家,如哥斯达黎加提议应研究如何使特别贸易关注机制更有效率。

自 2000 年开始,WTO 秘书处根据 SPS 委员会的要求,编写了一份关于 SPS 特别贸易关注的总结报告,统计了自 1995 年起的所有 STCs 信息,并于每年对该报告进行修订和增添。[②] 根据最新的统计报告,在 1995 年至 2015 年年底的 21 年间,WTO 成员方共提起了 403 件 STCs,每一件 STC 都有特定的编号。除 1995 年只有 2 件外,其他每年的 STCs 数量均在 10 件以上。2015 年新提起了 21 件 STCs。就这些 STCs 所涉及的事项而言,食品安全类占据了 31%,植物健康类占 25%,动物健康

---

① 例如,中国因荷兰在遵守欧盟相关指令方面存在差距而暂停进口来自荷兰的动物源性食品,直至再次对荷兰企业进行现场审查和风险评估之后才取消相关禁令。See G/SPS/GEN/204/Rev. 5, part4. paras. 28 – 33.

② 其 WTO 文件编号是 G/SPS/GEN/204,自 2001 年起 WTO 秘书处在该文件的基础上进行年度修订,文本编号是 G/SPS/GEN/204/Rev. *,2016 年的最新修订版本是 G/SPS/GEN/204/Rev. 16。

和人畜共患疾病占39%,其余5%涉及认证要求、控制和检验程序等问题。其中对动物健康和人畜共患病的关注主要是口蹄疫、传染性海绵状脑病、禽流感等。

在这21年间,从参与特别贸易关注的国家类型来看,发展中国家一共提起了230件STCs,而发达国家的数量是234件。[①] 其中212件涉及的措施是源自发展中国家,而217件STCs的措施是由发达国家实施。比较有意思的是,2007年以前,在提起新STCs方面,发达国家每年的数量都是超过发展中国家的,但此后每年,新STCs大部分都是由发展中国家提起。这不能不说明发展中国家对特别贸易关注机制的效果是认同的。

就STCs的实际解决状况来说,在403件STCs中,据报告有146件(36%)被成功解决争议。31件STCs问题被部分解决,这主要是指部分指定产品已经被允许进口或者部分进口成员方开放了其国内市场。其余尚未有解决通报的STCs共有226件,其中206件超过了一年以上时间。考虑到成员方并不算积极的通报表现,有理由认为这些未曾通报结果的STCs事实上获得解决或部分解决。[②]

2015年,中国共有7项SPS措施被其他成员方提起关注,其中对进口三文鱼检验检疫要求(STC319)[③]、与日本福岛核事故有关的限制措施(STC354)、因疯牛病疫情实施的牛肉进口限制措施(STC363)在过去几年中多次被提起。中国因口蹄疫疫区而禁止印度牛肉进口的措施(STC383)、对挪威海鲜产品增加检验项目的措施(STC389)、因非洲猪

---

① 在很多情形下,不止一个成员方会对同一项SPS措施提起特别贸易关注。

② See G/SPS/GEN/204/Rev. 14. pp. 5 - 30.

③ 参见国家质量监督检验检疫总局:《关于加强进口三文鱼检验检疫的公告》(总局2011年第9号公告),载http://www.aqsiq.gov.cn/zwgk/jlgg/zjgg/2011/201102/t20110210_177097.htm,2014年10月1日访问。

瘟疫情禁止进口欧盟猪肉及猪肉产品的措施（STC392）、《农业部关于修改〈农业转基因生物安全评价管理办法〉的决定》（STC395）4 项措施首次被提起。印度尼西亚提出的境外食品生产企业（包括燕窝生产企业）的注册要求（STC360）则于 2015 年经中印双方合作而获得解决。另外，中国分别对印度尼西亚关闭雅加达果蔬进口口岸及相关措施（STC330）以及美国对进口鲶鱼实施的强制检验措施（STC289）提出了贸易关注。

提出特别贸易关注的国家往往会获得其他国家的支持，通过相关文件的散发，提高了争议的透明度，并且使得争议从双边扩展至多边，各方在磋商的过程中审查和评议有关的措施是否合理，以正式的争端解决机制为后盾，提高了特别贸易关注机制的运作实效。

（二）SPS 委员会的斡旋和调解

SPS 委员会的干预曾有效化解成员方之间的矛盾。如欧盟曾限制产自斯里兰卡经二氧化硫处理的桂皮香料的进口，由于 Codex 未制定与此相关的标准，只有关于姜产品中二氧化硫残留限量的标准。在 SPS 委员会的要求下，Codex 尽快制定了相关标准，欧盟因此而同意根据该新标准进口产自斯里兰卡的桂皮香料。[①] 不仅如此，SPS 协定第 12.2 条的规定还为 SPS 委员会对成员间的争议进行非正式调解提供了可能。根据 SPS 委员会工作程序规则，成员方在双边磋商和正式提交争端解决机构这两种方式之外，还可以请求 SPS 委员会主席进行斡旋或调解。[②] 但由于 SPS 委员会工作程序规则对上述斡旋或调解程序并没有具体的规定，成员方对 SPS 委员会的斡旋和调解机制了解甚少，至今

---

① 参见 SPS 委员会网站，载 http://www.wto.org/english/news_e/news06_e/sps_oct06_e.htm，2014 年 10 月 1 日访问。

② See G/SPS/1, para. 6.

为止 SPS 委员会主席的斡旋和调解工作仅仅开展了三次。[①] 为提高各成员方对 SPS 委员会调解的利用,自 2008 年 6 月开始,在阿根廷和美国的倡议下,就斡旋和调解程序指南的制定,SPS 委员会开展了实质性的讨论。这主要涉及斡旋和调解程序的性质、具体程序规则、SPS 委员会主席的作用、透明度和保密问题等。[②] 2014 年 9 月 5 日,根据之前 SPS 委员会会议的决定,在无反对意见的情形下,SPS 委员会通过了关于调解程序的决定。[③] 该程序是介于 SPS 委员会的特别贸易关注机制与 WTO 争端解决机制之间的一种化解争议方法,具有自愿性和无法律约束力的特征,由 SPS 委员会主席作为调解人来听取双方的不同意见。此次通过的文件对调解程序作出了具体规定。[④]

二、规范性文件的制定

SPS 委员会所制定的规范性文件主要分为两类,其一是关于委员会自身的管理性规范;其二是关于 SPS 协定具体条款的解释性规范,以增强 WTO 成员方对 SPS 协定的理解和具体操作能力。

(一)自我管理性文件

首先,SPS 委员会制定了自己的工作程序规则。1995 年和 1997 年 SPS 委员会两次制定了自己的工作程序规则,[⑤]并同意除非上述两个规

---

① 分别是 1998 年 3 月,由阿根廷、智利、南非以及乌拉圭请求的有关欧盟对进口柑橘采取的措施纠纷;1998 年 11 月,美国请求的,有关波兰对进口谷物和油料种子采取的限制措施纠纷;2001 年 3 月,加拿大请求的,有关印度对进口牛精液采取的限制措施纠纷。See G/SPS/W/219,footnote3.

② 美国与阿根廷的建议最大的区别在于,其强调斡旋或调解程序应偏重技术磋商而非法律规则的适用,不允许斡旋者或调解人就争议措施在 WTO 协定下的合法性问题发表观点。See G/SPS/W/219,G/SPS/W/227.

③ 该文件编号为 G/SPS/61。

④ 参见 WTO 官网,载 http://www.wto.org/english/news_e/news14_e/sps_10sep14_e.htm,2015 年 1 月 20 日访问。

⑤ See G/SPS/1,G/L/170,总理事会会议程序规则见 WT/L/161。

则有不同的规定，总理事会的会议程序规则也应适用于 SPS 委员会。根据这些规则，委员会每年至少应召开两次会议，尽管具体时间并无规律可言，但 SPS 委员会的网站上通常会提前通知。一些特别会议可因委员会主席的提议或者某成员方的请求而被召集，讨论一些特别重要或者紧急的事项。除一些常规性议题外，各成员方可以书面形式就会议的议程事项提出建议。

其次，为履行 SPS 协定第 12 条下的特别职责，委员会通常也会制定相应的规则。例如，SPS 协定第 3 条规定了以国际标准为依据协调各成员方 SPS 措施的目标，虽然根据 WTO 争端解决实践，协调义务属于远景规划，应是在 SPS 委员会以及各成员方不断的努力过程中逐步加以实现的目标，而不是当下必须承担的法律义务。但 SPS 协定第 12.4 条亦规定，委员会应对协调目标的进展进行管理，包括国际标准的使用情况。SPS 委员会专门制定了相应的程序规则。① 在“国际标准的使用情况管理”的会议议程下，针对某些成员方不使用国际标准且对国际贸易产生重要影响的情况，被指责成员方需作出说明和解释；不仅如此，一些国际标准化组织作为观察员，被邀请参会以审查国际标准的使用情况。根据各成员方提供的相关信息以及 SPS 委员会的请求，这些标准化组织会修改相关国际标准或者制定缺失的国际标准。这意味着透明度的提高以及监督补救机制不仅仅存在于成员方之间、SPS 委员会与成员方之间，而且在一定程度上也存在于 SPS 委员会和国际标准化组织之间。再如，为履行协定第 12.7 条规定的定期审议 SPS 协定实施情况的职责，SPS 委员会通过了相应的审议程序规则，②到目前为止，通过

① See G/SPS/11. 该程序于 2004 年(G/SPS/11/Rev. 1)和 2006 年(G/SPS/40.)被修订并多次延期使用，直至 2006 年决定在定期审议的基础上无限期延展该程序。从 2009 年开始对该机制进行 4 年一次的审查。

② See G/SPS/10.

了三次审议报告。

最后,委员会还针对其观察员资格制定了相应的决议规则。[①] 目前为止,SPS 委员会中的观察员资格有三种情形:第一种是无须 SPS 委员会决议的观察员。这一类通常是为加入 WTO 而谈判的政府观察员。[②] 第二种是受 SPS 委员会邀请的常规观察员。这主要包括一些国际标准化组织,如世界粮农组织、国际植物保护公约、国际食品法典委员会、国际标准化组织、联合国/WTO 国际贸易中心、世界动物卫生组织、联合国贸易和发展会议、世界卫生组织、国际货币基金组织和世界银行。第三种是针对某次会议而取得资格的临时性观察员,如经合组织、非加太集团等。1998 年 3 月开始,SPS 委员会开始制定关于取得观察员资格的标准,以期提高决策的透明度和可预测性。尽管各成员方已经取得了部分共识,并偶尔适用这些临时性标准以单次会议为基础邀请相关组织参会,但到目前为止委员会还未制定出永久性标准。而且,委员会在决策时仍然坚持 WTO 一贯的协商一致方式,因此,部分组织的观察员申请至今未决,最具代表性的就是生物多样性公约及其卡塔赫纳生物安全议定书。[③]

(二)与 SPS 协定具体条款相关的可操作性文件

为解决 WTO 成员方在履行 SPS 协定下义务时遭遇的困难,或者帮助成员方就 SPS 协定的适用问题达成一致的认识,SPS 委员会在集体讨论,协商一致的基础上制定了不少规范性文件。这些规则形式多样,

---

① WTO 总理事会就政府间国际组织的观察员地位制定有相关指南,但该指南附件 1 第 7 段规定,在特定 WTO 机构中取得观察员资格的组织并不自动享有在其他 WTO 机构中的观察员资格。

② 根据 WTO 规则,除梵蒂冈外,政府观察员必须在取得观察员资格之日起 5 年内开始入世谈判。

③ 由于美国和以色列反对阿拉伯国家联盟取得 WTO 总理事会的观察员资格,因此,阿拉伯国家成员方在 WTO 机构中的代表一直反对接受新的观察员申请。

包括建议、指南、决定。其制定依据也各不相同，有的是来源于 SPS 协定本身的规定，如《SPS 协定第 5.5 条一致性的指南》(G/SPS/15)；有的基于总理事会的要求，如《SPS 协定第 4 条等效性的决定》(G/SPS/19/Rev.2)；有的源于 SPS 委员会自主履行 SPS 协定第 12 条下职责的需要，如《SPS 协定第 7 条透明度义务的程序建议》(G/SPS/7/Rev.3)、《与发展中国家特殊与差别待遇有关的透明度程序决定》(G/SPS/33/Rev.1)、《SPS 协定第 6 条区域化指南》(G/SPS/48)、《与 SPS 有关的私营标准的行动决定》(G/SPS/55)。

SPS 委员会这些规则往往不是直接对 SPS 协定的条款进行解释，多数情况下是在成员方实施 SPS 措施的实践经验基础上，经各方研讨最终形成的更具操作性的程序性规则。根据《WTO 协定》第 9.2 条的规定，对 WTO 多边协定的解释权专属 WTO 部长会议和总理事会。因此，委员会的这些规则不属于正式的有权解释，很难认为其对 WTO 成员方有法律约束力。这些规则本身在措辞方面也比较谨慎，标题本身包含“建议”“指南”表明其非正式性，文本中通常会使用建议性的用语“should”，而不是法律义务性的用语“shall”。有的还明确指明“不增加或减损 WTO 成员方现有的权利和义务”“不对 SPS 协定进行法律解释或修改”。

作为有限的例外，委员会制定的《关于 SPS 协定第 4 条执行的决定》稍有不同。从形式上看，该决定比较正式，包括了一个序言，说明其缘起和作用。不少义务性的规定使用了“shall”用语，且这些义务不仅仅是对 SPS 协定第 4 条下基本义务的重复，在 SPS 协定第 4.1 条下，出口成员方应客观地证明其 SPS 措施达到了进口成员方的保护水平。根据 SPS 委员会的决定，出口成员方应(shall)提交适当的科学依据和技术信息以支持其主张。这些信息包括，相关国际标准、进口成员方或其他成员方实施的风险评估结果。

尽管很难说委员会的这些规则是对成员方有正式法律约束力的“硬法”，但不能否认其被成员方实际遵守而具有事实上的影响力。从条约解释的角度看，这些规则可以被视为《维也纳条约法公约》第31.3条(b)项所指的“各当事国嗣后在条约适用方面的任何惯例，其构成各当事国对条约解释之约定”，所以可连同其他条约的上下文一并被考虑。因为这些规则多数情形下来源于各国的具体实践，且经过委员会的研讨，协商一致的决策方式增强了其民主基础。不仅如此，一些规则还直接吸收了 WTO 争端解决机制的一贯先例。①

争端解决机构虽然不曾直接依据委员会的规则做出认定结论，但通过援引这些规则来支持其推理的情况并不陌生。例如，在日本苹果案中，专家组在分析日本是否需要履行 SPS 协定附件 B 中的通报义务时，认为判断一项 SPS 法规是否对国际有显著影响，最重要的是看相关法律法规的变化是否影响到了产品的市场准入条件，是否增加了产品的生产、包装和销售成本。专家组认为这个方法与 SPS 委员会《SPS 协定第 7 条透明度义务的程序建议》中建议的判断指标是一致的。② 在印度农产品案中，专家组曾援引 SPS 委员会制定的《推动 SPS 协定第 6 条实施的指南》，以此来论证，进口成员方可以主动履行适应地区条件的义务，而无须以出口方提出认可请求为前提。③ 另外，WTO 争端解决机构在欧共体转基因案以及反倾销、TBT 等 SPS 领域外的案件中也存在类似的实践。④ 在某种程度上，SPS 委员会规则的“软法”特征正是委员会的工作能不断向前推进的原因所在。从软法与硬法的关系看，一些

---

① 如《SPS 协定第 5.5 条一致性的指南》就吸收了专家组和上诉机构在欧共体荷尔蒙案和澳大利亚鲑鱼案中的观点。

② See Panel Report, Japan-Apples, footnote 422.

③ See Panel Report, India-Agricultural Products, para. 7.679.

④ See Panel Report, EC-Biotech, para. 7.1415. See Panel Report, EC-Pipe Fittings, para. 7.316. See Panel Report, EC-Trademarks/GIs(Australia), para. 7.451.

情形下软法是硬法的过渡阶段。软法对于国家主权而言有着降低成本的优势,各国可以根据自己承担义务的意愿在软法和硬法之间进行选择,在不清楚对方的谈判意图以前,软法是更好的一种选择形式。在特定的条件下,软法会出现硬法化的现象,如 SPS 协定第 3.2 条的规则对国际标准化的影响。

第二节 贸易政策审议

一、贸易政策审议机制概述

为了提高各国贸易政策的透明度,使国际贸易活动的参与方、利害关系方尽可能地知晓有关的贸易法规和政策,许多 WTO 协定,包括 SPS 协定都规定了向 WTO 通报的义务。但除此以外,WTO 还对单个成员方建立了常规的 TPRM。早在 1988 年 12 月,乌拉圭回合谈判期间,在加拿大的蒙特利尔举行的中期审议会议上就临时建立起贸易政策审议制度。在 1994 年 4 月的部长会议上通过了马拉喀什协定,其第 3 条将 TPRM 作为 WTO 的基本职能规定下来,并在 WTO 协定生效后被拓展适用于服务贸易和知识产权贸易,马拉喀什协定附件 3 规定了贸易政策审议的程序规则。

TPRM 是针对单个成员方的贸易政策、实践及其对多边贸易体制的影响所进行的常规、集体性全面审议。贸易政策审议定期进行,根据各成员方近期内在世界贸易额中所占比重的大小,决定其被审议的频率。目前世界上四大贸易体,欧盟、美国、日本和中国每 2 年接受一次贸易政策审议。[①] 排名靠后的16个成员方每4年审议一次，其他成员方，除最不发达国家外，每6年审议一次。通常贸易政策审议机构（以下简称TPRB）依据两份报告，即被审议的WTO成员方提交的报告和WTO秘书处根据其可获得的信息编写的报告，召开讨论会议，会议记录和TPRB主席的评语以及上述两份报告将被公布，成为各相关方了解WTO成员方贸易政策和实践的重要资料。

该机制的目标，一方面在于提高透明度，促进其他各方对被审议方贸易政策和实践的了解；另一方面在于提升全体成员方遵守WTO义务的能力。从内容看，审议报告的内容主要是描述性的，但WTO秘书处报告的概述部分（Summary Observations）以及TPRB主席的结语（Concluding Remarks）会包含一定的评判性观点。虽然马拉喀什协定附件3（A）段第（i）项表明，TPRM的报告不能成为衡量成员方是否履行WTO规则下特定义务的依据，也不能成为支持争端解决程序的依据，但报告中少量略带评判性的描述，如“秘书处无法获得相关的资料，原因是很多措施是用内部文件的方式发布的”或“只有非WTO官方语言文本”或是“因为相关财政预算数据不对外公开”等。又如，“监管权力分散导致职权重合、推卸责任、缺少问责性”等，这些信息对于一个国家树立正面的国际形象，对于增强成员方之间的互信却有重要意义。因此不少学者认为，虽然没有法律约束力，但TPRM通过评价WTO成员方的行为，让最佳实践成为成员方的楷模，也让业绩不良者接受国际舆论的压力，以此来督促全体成员方履行WTO义务。

① 截至2016年，中国目前一共接受了6次贸易政策审议，第一次贸易政策审议是2006年4月，以后每隔2年审议一次。这不包括根据《中国入世议定书》第18条规定专门针对中国进行的过渡性政策审议，后者于2011年11月结束。

二、SPS 措施的审议情况

WTO 秘书处报告通常包含五部分内容:(1)对被审议成员贸易政策和实践的整体概述和总结;(2)讨论被审议成员方的经济环境,包括贸易、投资、就业、公共财政、汇率以及相关的宏观经济问题;(3)介绍被审议成员方的贸易政策机制,包括贸易决策的组织机构、贸易政策目标、优惠贸易协定、非互惠优惠安排等;(4)主要的贸易措施,包括直接影响进口的贸易措施(如通关程序、原产地规则、关税、技术性法规和 SPS 法规等),直接影响出口的贸易措施(如文件编制、出口限制、税收、补贴等),影响生产和贸易的其他措施(如竞争政策、政府采购、知识产权、国有企业等);(5)根据部门划分来介绍贸易政策,尤其是农业和服务业。就 SPS 措施的审议情况看,以欧盟、美国和中国的近期审议报告(WTO 秘书处报告,以下简称 TPRR)来看,呈现如下特点:

1. 所占篇幅少。对 SPS 措施的审议情况主要是在报告的第 4 部分。2013 年和 2014 年的审议报告开始将 SPS 措施单列出来进行介绍,之前关于 SPS 措施的内容被合并在"标准和其他技术要求"标题下。2013 年欧盟的 TPRR 只有 5 页多的篇幅用于介绍 SPS 措施,2012 年报告有 6 页多,2009 年报告只有 5 页。美国的 2012 年报告只有 4 页左右。2010 年报告有 6 页多,2008 年报告有 5 页左右。中国 2014 年报告只有 2 页左右。2012 年报告占到 3 页左右,2010 年报告只有 1 页多。

2. 描述性内容为主。以中国 2014 年审议报告为例,在 SPS 措施部分该报告简单罗列了生效的法律法规、负责 SPS 措施的组织机构及其发布、撤销 SPS 要求的程序,出入境检验检疫的依据、中国履行通报义务的情况以及近两年被提起特别贸易关注的情况。在概述和总结部分几乎不涉及与 SPS 措施相关内容。更为常见的是,当某成员方在评议期间实施了新的对国际贸易有重要影响的 SPS 措施时,TPRR 中少量的涉及 SPS 措施的篇幅中，却有大量内容是对该成员方的WTO通报文件的复述。

尽管只进行事实描述和只提供基础数据是TPRR历来的特点，但由于对SPS措施的审议部分所占的篇幅太少，无法实质性把握被审议成员方的整体状况。就提高贸易政策的透明度而言，目前的审议几乎是形式上的。因此，有必要在现有的TPRR中增加分析性和评判性的内容，可以从以下几个方面进一步审议和报告成员方的SPS措施：

第一，整体定性分析。目前的审议报告已有关于成员方SPS措施的整体性介绍，但对成员方的主要政策及其变化、实施SPS措施的主要原因以及将来有可能会实施的法律法规等内容可以做进一步的充实。

第二，对一些具体指标进行量化分析。如某成员方在被审议期间实施SPS措施的频率、SPS措施涵盖的产品范围、允许进口或禁止进口的国家及其企业的数量、遵守国际标准的SPS措施占通报措施的比例、偏离国际标准的理由、列举对国际贸易具有较大限制作用的SPS措施名单等。

第三，其他贸易伙伴的关注事项。现有审议报告应当反映的另一个问题是其他贸易伙伴对被审议成员方提起的关注事项，这包括争端解决机制和SPS委员会平台内提起的事项，包括被审议成员方自最近一次审议以来被起诉的SPS案件，尤其是争端解决机构的批判性意见。

第四，重点审议成员方制定贸易政策的过程，即考察成员方制定实施某个SPS措施的缘起和经过、参与的政府机构及其具体职责、基本法律依据，甚至还可以包括：风险评估的过程（包括依据、程序和实施者的资质）、SPS措施决策过程中是否考虑相关贸易后果、可接受的风险程度、非疫区的认可、透明度和特殊差别待遇问题等。

三、中国近年来的SPS措施审议

（一）组织机构及其职能划分

中国原来有六大机构负责制定和实施SPS措施，分别是国家食品药品监督管理总局、卫生部、农业部、商务部、国家工商行政管理总局、国家质量监督检验检疫总局。其职能划分如下：

1. 国家食品药品监督管理总局：负责起草食品(含食品添加剂、保健食品)安全、药品(含中药、民族药)、医疗器械、化妆品监督管理的法律法规草案，拟订政策规划，制定部门规章。负责药品及医疗器械的研发、生产、销售和使用方面的质量管理法规的制定和实施。负责药品和医疗器械的注册、监督和管理。负责制定药品和医疗器械的国家标准的制定和实施。

2. 卫生部：负责食品安全风险评估以及食品安全标准的制定。2010 年 1 月，根据《食品安全法》及其实施条例，原卫生部设立了食品安全国家标准审评委员会，负责审查食品安全国家标准。委员会由卫生、农业、食品以及营养学领域的专家组成，截至 2011 年年底，委员会共通过了 307 项食品安全国家标准。

3. 农业部：负责食品安全及动植物健康政策和养殖法规的制定，包括兽药、除草剂、杀虫剂及其他化学品在食品生产中的使用情况。农业部农药检定所承担农业部赋予的全国农药登记和管理的具体工作，负责农药登记管理、农药最大残留限量标准的设计。中国兽药控制中心负责兽医使用兽药及生物产品的管理。

4. 商务部：负责与贸易有关的立法和政策制定，包括农产品和农用化学品的贸易，同时商务部也负责 WTO 通报工作。

5. 国家质量监督检验检疫总局：负责进出口食品安全以及动植物出入境检疫，认证和认可，设有 WTO-SPS 国家咨询点。

6. 国家工商管理总局：负责投放市场的食品安全和产品质量监管。

2013 年 3 月，十二届全国人大一次会议审议通过的《国务院机构改革和职能转变方案》提出，将国务院食品安全委员会办公室以及国家食品药品监督管理局的职责、国家质量监督检验检疫总局的生产环节食品安全监督管理职责、国家工商行政管理总局的流通环节食品安全监督管理职责加以整合，组建国家食品药品监督管理总局。将卫生部的职责、人口计生委的计划生育管理和服务职责整合，组建国家卫生和计划生育委员会。至此，中国负责 SPS 事务的机构主要有四个。

(二)主要法律法规

上述部门制定和实施 SPS 措施时通常以下列法律法规为基本法律依据：1991 年《出入境动植物检疫法》(2009 年修订)及其条例、1997 年《动物疾病防疫法》(2015 年修订)、2006 年《农产品质量安全法》、2005 年《畜牧法》(2015 年修订)、1983 年《植物检疫条例》(1992 年修订)、1989 年《进出口商品检验法》(2013 年修订)、1986 年《国境卫生检疫法》(2007 年修订)、2009 年《食品安全法》(2015 年修订)及实施条例和细则、1997 年《农药管理条例》(2001 年修订)、1987 年《兽药管理条例》(2014 年修订)、1999 年《饲料和饲料添加剂管理条例》(2011 年修订)。

以上述基础法律法规为依据颁布的部门规章包括《进口食品境外生产企业注册管理规定》《进口食品境外生产企业注册实施目录》《出入境检验检疫机构实施检验检疫的进出境商品目录》《进出口食品安全管理办法》《进出口乳品检验检疫监督管理办法》《进境水果检验检疫监督管理办法》《进境植物繁殖材料检疫管理办法》《进境栽培介质检疫管理办法》《进出境集装箱检验检疫管理办法》《出入境粮食和饲料检验检疫管理办法》《进出口饲料和饲料添加剂检验检疫监督管理办法》《进境动植物检疫审批管理办法》《进出口商品抽查检验管理办法》《进境动物和动物产品风险分析管理办法》《进境植物和植物产品风险分析管理办法》《进境水生动物检验检疫管理办法》《进境动物遗传物质检疫管理办法》《进出境转基因产品检验检疫管理办法》《进出口水产品检验检疫监

督管理办法》《进出口乳品检验检疫监督管理办法》等。[①] 另外,国家质检总局通常会与其他部门联合发布公告实施相关的 SPS 措施。

(三) TPRM 报告重点关注的 SPS 措施

1. 动态调整法定检验检疫商品目录

国家质检总局和海关总署负责实施《出入境检验检疫机构实施检验检疫的进出境商品目录》。该目录的最近一次修订发生在 2014 年 12 月。就进口商品而言,2015 年《目录》包含了 2032 个税目(8 位 HS 编码)的商品,税目数量上与 2013 年相同。而出口商品税目则由 2013 年的 2051 个减少至 1920 个。需申领自动进口许可证的商品中,80% 仍需接受检验检疫。非自动许可证管理的商品中,35% 需接受检验检疫。我国对涉及安全、卫生和环保要求的重要进口商品,实施进口商品安全质量许可制度,并公布《实施进口商品安全质量许可制度目录》。列入目录的商品须获得国家质检总局签发的进口商品安全质量许可证书,并被批准在商品上使用安全标志后,才能进入中国。另外,对一些特殊商品,如可用作原材料的进口废物,我国实施装运前检验制度,以防止有害废物进入国内。另外,关于植物检疫,2007 年 5 月中国发布了《进境植物检疫性有害生物名录》。

2. 进出口货物检验检疫直通放行制度

2008 年,国家质检总局对进出境检验检疫程序进行了改革,以企业诚信管理和货物风险分析为基础,实施了直通放行制度以便利国际贸易。[②] 此前所有的进出口企业都须在口岸接受检验,2008 年后,进出口

---

① 详细目录可参见国家质检总局网站,载 http://www.aqsiq.gov.cn/zwgk/jlgg/zjl/2011/201104/t20110420_182414.htm,2014 年 10 月 1 日访问。

② 国家质量监督检验检疫总局:《关于实施进出口货物检验检疫直通放行制度的公告》(2008 年第 82 号),载 http://www.aqsiq.gov.cn/zwgk/jlgg/zjgg/2008/200807/t20080721_82622.htm,2014 年 10 月 1 日访问。

特定货物的部分企业可以在目的地进行检验。就特定货物而言,国家质检总局制定《实施出口直通放行货物目录》和《不实施进口直通放行货物目录》,并实行动态调整。进口直通放行的货物应同时满足以下条件:未列入《不实施进口直通放行货物目录》;来自非疫区(含动植物疫区和传染病疫区);用原集装箱(含罐、货柜车,下同)直接运输至目的地;不属于国家质检总局规定须在口岸进行查验或处理的范围。申请实施出口直通放行的货物应在《实施出口直通放行货物目录》内,但下列情况不实施出口直通放行:散装货物;出口援外物资和市场采购货物;在口岸需更换包装、分批出运或重新拼装的;双边协定、进口国或地区要求等须在口岸出具检验检疫证书的;国家质检总局规定的其他不适宜实施直通放行的情况。国家质检总局列举的1895个税目(10位HS编码),必须在进境口岸接受检验,其中主要是活的动植物以及饲料,包括新鲜或冷藏的动植物产品,如水产、粮食、中药材、烟草、食用油、盐、矿产品以及特殊车辆等。

申请实施直通放行的企业应符合以下所有条件:严格遵守国家出入境检验检疫法律法规,2年内无行政处罚记录;检验检疫诚信管理(分类管理)中的A类企业(一类企业);企业年进出口额在150万美元以上;企业已实施HACCP或ISO9000质量管理体系,并获得相关机构颁发的质量体系评审合格证书;出口企业同时应具备对产品质量安全进行有效控制的能力,产品质量稳定,检验检疫机构实施检验检疫的年批次检验检疫合格率不低于99%,1年内未发生由于产品质量原因引起的退货、理赔或其他事故。

因此,以入境商品实施的检验检疫程序为例,通常会有四种不同程序:(1)免于进口检验。一些商品即使被列入法检目录,也有可能被免于进口检验检疫要求。[①] 申请免验的进口商品需要满足以下条件:商品质量长期稳定,在国际市场上有良好的质量信誉,无属于生产企业责任而引起的质量异议、索赔和退货情况,检验检疫机构检验合格率连续 3 年达到百分之百;商品有自己的品牌,在相关国家或者地区同行业中,产品档次、产品质量处于领先地位;商品生产企业的质量管理体系应当符合 ISO9000 质量管理体系标准或者与商品特点相应的管理体系标准要求,并获得权威认证机构认证;为满足工作需要和保证产品质量,生产企业应当具有一定的检测能力。但食品、动植物及其产品、危险商品及其包装、质量高度不稳定的产品、大宗散装货物,如矿产品以及需出具检验检疫证书或者依据检验检疫证书所列重量、数量、品质等计价结汇的商品不享受免检优待。(2)商品在目的地被全面审查后被放行,包括书面单证审查、抽样和实验室检测。或者(3)在入境口岸对商品实施实物检验,在目的地再进行全面审查。或者(4)在入境口岸对商品进行全面审查。具体的审查和检验的方法则取决于以往出口商对中国相关标准的尊重记录及其国际信誉。

3. 对进口食品的国外生产企业实施注册管理

根据《进口食品国外生产企业注册管理规定》,国家认监委负责制定调整《进口食品国外生产企业注册实施目录》,目录内的食品首次向中国出口的,境外生产企业应接受国家质检总局的评估和注册,具体由国家认监委实施。双方国家签订与检验检疫有关的议定书并获得注册后方可进口相关食品。这在我国 2015 年《食品安全法》中亦有进一步

---

① 国家质量监督检验检疫总局:《进出口商品免验办法》(2002 年第 23 号)。申请人可以是收货人、发货人和生产企业,但进口商品的免验申请需向国家质检总局提出,而出口商品的免验由所在地直属检验检疫局负责初审。载 http://www.aqsiq.gov.cn/xxgk_13386/jlgg_12538/zjl/20012002/200610/t20061026_6776.htm,2014 年 10 月 1 日访问。

的规定。[①]

4. 产品标签要求

根据《标准化法》《产品质量法》和《食品安全法》等法律的规定，在中国销售的产品均须有中文标签。除食品、药品、化妆品和转基因产品外，具体标签要求因产品不同而有不同。其内容一般包括：商品名称、规格、净重、生产日期、成分表、生产商的名称、地址及联系方式、原产国、保质期、产品标准码、保存条件、通用名称以及食品添加剂的生产许可。

国家质检总局、食品药品监管总局、卫生部和农业部分别制定了食品、药品、化妆品和转基因产品的标签要求。就食品而言，2012 年通过的《食品安全国家标准预包装食品标签通则》对预包装食品的标签内容有具体的规定。根据《农业转基因生物标识管理办法》，凡是列入标识管理目录并用于销售的农业转基因生物，应当使用规范的中文汉字进行标注；未标识和不按规定标识的，不得进口或销售。进口的农业转基因生物标识经农业部审查认可后方可使用。国家质检总局负责进口农业转基因生物在口岸的标识检查验证工作。

第三节　争端解决机制

一、SPS 措施争端解决情况概要

根据 2016 年《WTO 年度报告》争端解决部分的数据显示，SPS 协

---

① 2015 年《食品安全法》第 96 条第 1 款规定：向我国境内出口食品的境外出口商或者代理商、进口食品的进口商应当向国家出入境检验检疫部门备案。向我国境内出口食品的境外食品生产企业应当经国家出入境检验检疫部门注册。已经注册的境外食品生产企业提供虚假材料，或者因其自身的原因致使进口食品发生重大食品安全事故的，国家出入境检验检疫部门应当撤销注册并公告。

定是至今为止继 GATT、"两反一保"协定和农业协定之后涉案较多的协定之一。[①] 自 1995 年至 2017 年 1 月,共有 44 起争端在磋商阶段援引了 SPS 协定相关条款作为法律依据。其中,已经发布专家组报告或上诉机构报告,且与 SPS 协定密切相关的案件共有 13 件(包括 3 件转基因案),[②]根据发起磋商的时间,分别是俄罗斯生猪及猪肉产品案(DS475/2014—上诉阶段)、阿美动物及动物产品进口措施案(DS447/2012—2015)、印度农产品案(DS430/2012—2014)、中美禽肉案(DS392/2009—2010)、澳大利亚苹果案(DS367/2007—2010)、EC 转基因案(DS293;DS292;DS291/2003—2006)、日本苹果案(DS245/2002—2005)、日本农产品案(DS76/1997—1999)、EC 荷尔蒙案(DS26;DS48/1996—1999)、澳大利亚鲑鱼案(DS18/1995—2000)。共有 14 件案件仍停留在磋商阶段,但其中 12 件案件距今已有十多年的时间没有进展,[③]进入专家组阶段,包括专家组已设立尚未组成的案件共有 4 件,分别是韩国关于放射性核素措施案(DS495/2015)、印度尼西亚鸡肉及其制品措施案(DS484/2014)、欧盟禽肉产品案(DS389/2009)、澳大利亚鲜果蔬案(DS270/2002)。另外共有 9 件案件是通过协商而未经专家组审理解决。[④]

---

① 1995 年至 2015 年,作为磋商依据最多的协定分别是 GATT(398)、反倾销协定(112)、补贴与反补贴协定(108)、农业协定(73)、TBT 协定(49)、保障措施协定(47)、进口许可证协定(44)、SPS 协定(43)、WTO 协定(43)、TRIMs 协定(41)、TRIPs 协定(34)、服务贸易协定(23)、海关估价协定(17)、原产地协定(7)、装运前检验协定(5)、政府采购协定(4)。

② 有 4 件案件虽然在磋商阶段将 SPS 协定作为法律依据,但在案件审理过程中几乎不涉及 SPS 协定条款的解释,分别是美国原产地标签要求案(DS384、386)、美国丁香香烟措施案(DS406)、欧共体石棉案(DS135)。

③ 分别是 DS506(2016)、DS448(2012)、DS279(2002)、DS271(2002)、DS256(2002)、DS205(2000)、DS203(2000)、DS144(1998)、DS137(1998)、DS134(1998)、DS133(1998)、DS100(1997)、DS41(1996)、DS3(1995)。

④ 分别是 DS391、DS297、DS287、DS284、DS237、DS96、DS21、DS20、DS5。

二、SPS 案件下专家组的审查标准问题

审查标准是司法机关在审查立法、行政执法和司法行为时应把握的尺度。不同法律体系有不同的司法审查对象和标准。现代社会已为各国所共有的司法审查一般是法院对行政执法的合法性进行审查以及上级法院对下级法院的法律适用情况进行审查。有的国家还包括对立法和抽象行政行为等静态法律规则是否符合宪法进行审查。WTO 争端解决中的审查标准问题根据审查对象不同可分为:专家组对 WTO 成员方措施的审查以及上诉机构对专家组报告进行的审查。前者主要是指专家组对 WTO 成员方的措施及措施的合法性进行审查时应干预的程度,包括事实问题和法律问题的审查。相比后者,专家组的审查对象是 WTO 成员方的行为,对于成员方的事实认定和法律解释,专家组审查标准的严格程度与成员方决策空间的大小密切相关。因此,下文主要涉及专家组的审查标准问题。①

就 SPS 措施争议而言,SPS 协定使用了科学这一工具来平衡贸易自由化和保护人类及动植物的生命健康两大目标,以科学依据来证明 SPS 措施是为保护健康所必需的,从而剔除具有贸易保护主义动机的措施。SPS 协定的原则是,WTO 成员方有权利设置自己的适当保护水平。但 SPS 协议将要求 WTO 成员方为达到其适当的保护水平,实施 SPS 措施时应有科学依据,并具有非歧视性和必要性。这意味着,一个国家可以选择零风险,但必须有科学依据。根据日本苹果案上诉机构报告,没

① 根据 DSU 第 17.6 条,上诉机构主要是专家组报告中涉及的法律问题和法律解释进行审查,因此上诉机构审查的对象是专家组的结论。上诉机构没有事实审查的权力。但上诉机构可以就专家组是否遵守 DSU 第 11 条对案件进行了客观评估进行审查。这方面,上诉机构的观点是,其应当尊重专家组审查事实的权力,不能因为在事实认定结果上可能与专家组不同,就认为其没有依据 DSU 第 11 条对案件进行客观评估。See Appellate Body Report, EC and certain member States — Large Civil Aircraft, para. 1317.

有合理的实施风险评估将被视为科学证据不够充分。[①] 因此，在 SPS 措施案件的审理过程中，针对有没有风险，有没有合格的风险评估，以及何谓充分科学证据等问题，专家组往往需要审查 WTO 成员方的结论。此时，专家组审查尺度的深浅就关系到 WTO 成员方的风险规制权力大小。

三、专家组职能与审查标准的关系

DSU 第 11 条是关于专家组的职能的规定，即帮助 DSB 履行 DSU 及其涵盖协定下的职责，对提交争端解决的案件进行客观评估，包括对案件事实和相关协定的适用以及合法性进行评估，做出认定结论以帮助 DSB 给出合理建议和规则。[②]关于"客观评估"的行为模式，DSU 没有统一明确的规则，只有通过分析以往案件中专家组或上诉机构的推理过程，我们才可以获得一些具体指示。

要满足客观评估的要求，专家组必须审查提交上来的全部证据，评估其可信度和重要性，确保其事实认定是以这些证据为基础。专家组完全有权力决定证据的取舍，而无须和争端当事方保持一致。[③] 在阿根廷鞋类产品保障措施案中，上诉机构认为专家组的法律分析不能仅局限在争端当事方所引用的具体条款范围内，仅根据《保障措施协定》第 4.2(c)条的规定，而不参考其第 3 条，这是无法做到 DSU 所要求的客观审查的。澳大利亚汽车皮革案专家组也认为，只要是为解决争端所

① See Appellate Body Report, Japan-Apples, para. 179.

② 在加拿大航空器案中，上诉机构认为，DSU 第 11 句使用了"should"而不是"shall"的措辞。尽管前者经常表明一种劝谏性的语气，但并非在所有的条款中都是如此。上诉机构认为在 DSU 第 11 条和第 13.1 条第 3 句中出现的"should"一词应包含有法律规范性义务。See Appellate Body Report, Canada — Aircraft, para. 187.

③ See Appellate Body Report, EC and certain member States — Large Civil Aircraft, para. 1317.

必要的问题,即使争议双方没有提出,专家组也可以对此进行解释。专家组对相关 WTO 协定的解释不受争议双方提出的具体观点范围的限制[①]。墨西哥软饮料案中,专家组认为,尽管墨西哥对美国的指控没有反驳,但专家组仍旧可以对指控继续进行分析。同时,专家组也意识到,其应注意采用简洁的分析方法。美国虾产品案专家组指出,即使被诉方对指控毫无争议,专家组也必须先判断起诉方是否进行了初步举证,然后才能进行判定,尤其是需要审查厄瓜多尔是否提交了充分的证据,专家组需要进一步确认相关协定条款,并进行法律推理。

再者,超出起诉方指控范围的审查显然是不符合 DSU 第 11 条的客观审查标准的。印度数量限制措施案上诉机构认为,专家组向国际货币基金组织寻求专家意见并不违反客观审查的规则,因为专家组并不只是简单的接受专家意见。但如果在起诉方尚未完成初步举证之前,专家组利用其寻求专家意见的权力帮助起诉方完成论证,则违反了客观评估的要求。

由上文可见,判断专家组有没有对案件进行“客观评估”需要从多方面进行考察,例如,如何对待国内法,如何对证据进行客观评估,如何在争端双方之间分配举证责任,如何结合双方的观点和论证独立客观的完成法律适用和解释,如何正确适用司法经济原则等问题。这其中还包括:专家组应如何对待成员方国内行政机关作出的事实认定结论,在判断国内措施是否符合 WTO 规则时,专家组应如何对待国内行政机关关于 WTO 规则的理解。对这些问题,专家组只有采用适当的审查标准才能完成客观评估案件的职能。

在 WTO 多边协定中,对审查标准问题规定得最为明确的应该是《反倾销协定》第 17.6 条。对反倾销案件中国内行政机关的事实认定

---

① Panel Report, Australia — Automotive Leather II (Article 21.5 — US), para. 6.19.

结论，专家组进行事实审查的时候应当是接近“程序性审查”，即仅评估国内行政机关的事实认定是否合适，其对事实的评估是否公正客观。如果得出肯定的结论，那么即使专家组根据这些证据会得出不同的结论，其也必须遵从国内行政机关的评估结论。对此，上诉机构指出，专家组与国内行政机关扮演着不同的角色。国内调查机关负责做出与倾销和损害相关的事实认定，而专家组的任务是审查国内调查机关的评估过程。[①] 专家组不应重新进行单独的事实认定。在上诉机构看来，《反倾销协定》第 17.6 条(i)款正是对 DSU 第 11 条“客观评估”要求的具体体现。《反倾销协定》第 17.6 条(ii)款则规定了专家组如何处理国内行政机关对该协定的解释意见。上诉机构认为该条款的适用是有一定顺序的。专家组应先根据国际公法上关于条约解释的习惯法规则对《反倾销协定》的某个条款进行解释，如果允许多种解释，并且国内措施是以其中一种解释为依据的，那么专家组就应当认定该措施符合《反倾销协定》的规则。[②] SPS 协定并未专门就审查标准问题做出规定。但就目前的争端解决实践来看，在如何对待国内行政机关的事实认定结论上，专家组采用的审查标准存在不一致性，甚至有违对案情进行客观评估的职能。

四、SPS 案件专家组的审查标准考察

早期的欧共体荷尔蒙案中，欧共体就审查标准问题提出两种选择，一种是“重新审查”(de novo review)，另一种是“完全遵从”(total deference)。对此，上诉机构认为合适的审查标准应该既不是重新审查，亦非完全遵从，而应是与 DSU 第 11 条一致的客观评估。毫无疑问，上诉机

---

① See Appellate Body Report, US-Hot-Rolled Steel, para. 55.

② See Appellate Body Report, US-Continued Zeroing, para. 271.

构的这个观点是正确的，因为“重新审查”这个标准不仅会极大增加争端解决的成本，以 DSB 有限的资源而言这并不现实。而且也会将 DSB 置于一个“全球性科学法庭”的角色，对于毫无科学专业知识背景的专家组来说，这是一个不可能完成的任务，最终将会导致争端解决机构过度依赖于技术专家组。不仅如此，“重新审查”也是对 WTO 成员方规制权力极大的限制。而“完全遵从”的标准将会使得 SPS 协定中的实体规制形同虚设，无法有效识别具有贸易保护主义动机的 SPS 措施。

但上诉机构并没有进一步解释，在 SPS 案件中，具体而言，专家组应采用何种审查标准。这也导致专家组在后续案件中摇摆于“重新审查”和“完全遵从”两端。早期专家组更多地采用“重新审查”标准，同时辅以“常规科学论”[①]和坚持传统风险评估方法的理念，专家组常以自己的结论取代被诉方的风险评估结果。如在日本苹果案中，专家组认为，依据可信的证据，成熟苹果在事实上不可能成为传播火疫病的途径。上诉机构支持专家组的结论，并认为专家组没有义务更尊重被诉方的风险评估方法和科学证据而轻视独立的技术专家的观点。[②] 包括日本苹果案第 21.5 条专家组和欧共体转基因案的专家组都延续了类似的审查标准。

美加继续中止减让案专家组的做法更是将“重新审查”的做法发挥到了极致。该案源于 1998 年 DSB 通过了欧共体荷尔蒙牛肉案的两份报告，并建议欧共体调整国内措施使之与 WTO 规则相一致。因美国和加拿大认为欧共体并未在规定期限内执行 DSB 的报告建议，1999 年 7 月，美、加两国获得 DSB 的授权对来自欧共体成员国的多种产品实施了

① “常规科学”是科学史家库恩在《科学革命的结构》(1962)中提出的概念。常规科学理论是建立在实证主义的基础上，强调科学的“可证伪性”。

② See Appellate Body Report, Japan-Apples, para. 165.

提高约束税率的报复措施。而与此同时,欧共体委托相关机构重新实施了 17 次科学研究,以评估涉案的 6 种荷尔蒙对人体健康的影响。以这些研究报告和可获得的其他科学信息为依据,欧共体的公共健康兽医监测科学委员会于 1999 年和 2002 年之间发布了三个相关意见。根据这些意见,2003 年 9 月欧共体通过了 2003/74/EC 指令,永久性禁止了其中一种荷尔蒙(雌二醇 - 17β)的使用。在搜集更充分科学信息的基础上,欧共体临时性禁止了其他 5 种荷尔蒙的使用。欧共体认为,这些措施已经证实,其执行了 DSB 的建议。但美、加两国仍然认为新指令不是以科学为依据的,因此继续实施报复措施。2004 年 11 月,欧共体请求磋商。2005 年 5 月,欧共体请求组成专家组。

该案涉及的一个关键问题就是欧共体的新指令是否以风险评估为依据。该案专家组任命了 6 个科学专家以听取意见。尽管该案专家组一再强调,其并非重新审查,但专家组基本上是使用技术专家组的意见来讨论相关的风险问题。在技术专家的意见出现分歧的时候,专家组根据自己的判断来取舍,完全抛开了欧共体的风险评估证据,单独依靠自己的资源开展风险评估。在审查欧共体的风险评估证据之前,专家组就已经总结了技术专家的回复,并判断欧共体的风险评估结论是否与大多数技术专家的观点一致。在上诉机构看来,这就构成了一种重新审查。

根据上诉机构的解释,专家组不得为了亲自实施风险评估而咨询技术专家,也不应判断技术专家的评估方法和结论是否会与被诉成员方相同。但专家组可以为以下目的而寻求技术专家的帮助:(1)确认 SPS 措施的科学依据,并核实该科学依据的来源是否权威可靠;(2)审查被诉方依据科学证据作出的推理是否客观一致,其得出的结论能否得到这些科学证据的支持;(3)决定风险评估结论是否能充分支持 SPS 措施。该案上诉机构提出了一种程序性的审查标准,即专家组的审查权力并不是去决定 WTO 成员方实施的风险评估结论是否正确，而是去判断：(1)风险评估所依据的科学资料是否有着权威可信的来源，依据科学界人士的标准，这些科学资料是否构成“真实合理的科学”？(2)风险评估者的推理是否客观一致，其所依据的科学证据能否充分支持风险评估结论。[①] 前者是针对科学资料的审查，后者是针对风险评估过程及结论的审查。

在澳大利亚苹果案中，澳大利亚上诉时主张，专家组应该审查的是风险评估的最后结论本身，而不是其推理过程。只要依据科学界人士的标准，该最终的风险评估结论属于“真实合理的科学”范畴，专家组就不应该展开进一步的审查。对此，上诉机构否定了澳大利亚的主张，再次强调了专家组有权力审查风险评估结论的推理过程。在上诉机构看来，专家组对科学资料的审查标准应区别于对风险评估过程的审查标准。专家组虽然无法亲自实施风险评估，也不能用自己的结论取代风险评估者的结论，但专家组可以审查风险评估的结论是否客观，是否与推理过程相一致。如果专家组不审查风险评估者如何利用科学资料，如何得出各项结论，专家组就无法判断 SPS 措施与风险评估之间是否存在客观合理的联系。[②] 这种强调程序性审查的标准将给 WTO 成员方留下更多的主权空间。这一结论对后来的专家组产生了一定的影响。在印度农产品案中，虽然不涉及风险评估问题，但专家组对技术专家的依赖程度完全以“客观评估”各方证据的需要为限，例如，该案涉及一个关键性的科学问题，即对于印度而言，LPNAI 是否属于外来疾病。专家组根据印度提交的证据咨询技术专家组，参考三位科学家的意见后，专家组仅仅认定，印度所提交的证据不能证实 LPNAI 是外来疾病，而没有

---

① See Appellate Body Report, US-Continued Suspension, para. 603.

② See Appellate Body Report, Australia-Apples, para. 225.

进一步审查 LPNAI 究竟是否为外来疾病。①如果结合现代社会科学研究的成果，我们会发现，上诉机构提出的程序性的审查标准是比较科学的。传统风险评估方法以科学为唯一标准，其对风险的界定是狭隘、固定不变的。现阶段，许多社会科学家开始质疑这种风险评估方法，他们强调科学研究中存在多种不确定性，认为社会进程对我们理解科学知识和风险起着重要作用。一些研究者意识到，在某些情形下，常规科学和传统风险评估是理解风险的有力工具，而在其他情形下，这些工具的适用则会误导风险评估。因此，依据科学标准进行风险评估的前提是，我们需要清楚科学标准在什么条件下是有效的，这些条件在即将进行的评估中是否得到满足。

意大利学者福特沃兹和英国科学哲学家拉维茨提出“后常规科学”理论。其根据“系统不确定性”和“决策利害关系”两个变量来界定三种情形，②分别涉及科学在决策活动中能够发挥的作用：(1)两个变量都很低：不确定性可以通过使用常规技术措施来控制，利害关系变量涉及利害关系种类少且成本低。在这种情形下采用常规科学方法来评估风险将非常有效。(2)不确定性强或者利害关系成本高：这种情形需要运用专业技能来判断特定信息的可信度并进行价值选择。这种情况下，可能会出现不同专家对同一危害给出不同意见的情形。(3)不确定强且利害关系成本高：这种情形下，所有人，包括科学专家，对问题的解决而言都只是业余人士，因为所涉问题本质上是属于“跨科学”的，科学领域会提出这些问题，但无法回答这些问题。

---

① See Panel Report, India-Agricultural Products, para. 7. 455. 尤其值得一提的是，该案三位技术专家不同程度的认为 LPNAI 很可能存在于印度本土，其中 Honhold 博士认为：“缺乏证据并不表明证据不存在。”结合该案案情，要想获得这种证据并非没有可能。但专家组止于认定印度未能完成举证责任。

② “系统不确定性”用于描述某问题的不确定强度，它关注的不是特定事实的发现与否，而是复杂现实的管理和理解。“决策利害关系”则包括各种利害相关者的成本和收益。

学者安德鲁·斯特林将人类知识不全面性的状态分为四种类型：真正的风险(人类对可能发生的危害结果以及概率均有很高的把握)、不确定(人类对可能发生的结果可以进行界定,但对概率则缺乏了解)、模糊(人类对可能发生的结果很难评估)、无知。安德鲁斯特林认为,只有在真正的风险情形下,传统风险评估方法才是有效的。因此,在某些情形下采用预防性的风险评估方法是有必要的。[①] 这些社会科学文献关于风险决策的研究结果表明,在一些场合下,标准的科学方法和传统风险评估方法将会不准确地再现风险。据美国国家研究委员会估测,一次典型的风险评估中存在大约五十种不同的假设和推理,这意味着许多风险评估既不能从科学上证明风险性存在,也不能对其进行证伪。[②] 基于上述结论,争端解决机构就应给予各成员方一定的决策自由度,即使争端解决机构基于相同的证据得出与成员方不一致的结论,也不能因此认定其违反了 SPS 协定。当然,成员方的结论应建立在正确的科学方法上,而不能简单依据国内机构的偏好和方法,特别是这些偏好和方法不具有科学上的合理性。

当然,根据程序性的审查标准,要求专家组保持克制不进行实质审查将是非常困难的,尤其是在科学专家组的意见出现分裂的时候。但此时,专家组应时刻保持一种警觉:对内容进行审查的目的仍然只是为了判断被诉方的论证是否有科学依据,而不是为了用自己的或者是科学专家组的判断代替被诉方的风险评估结论。具体而言,程序性审查意味着专家组应严格审查以下因素:风险评估是否进行了准确的、合格的操作,是否进行适当的记录。同时,专家组应要求实施措施方提高论

---

① Stirling, A., Risk at a Turning Point? *Journal of Risk Research*, Vol. 1, No. 2 (1998), pp. 97 – 110.

② National Research Council (US) Committee on the Institutional Means for Assessment of Risks to Public Health. Risk Assessment in the Federal Government: Managing the Process[J]. 1983.

证的质量,如依据已被接受的科学方法进行合适的评估,对内部评估过程提供记录资料等,这些活动无疑会增加实施措施方的人力、财力和时间成本,但这反过来能为争端解决机构提供有价值的信息,即实施措施方付出的成本越多,其贸易保护主义动机就越小。

此外,SPS 案件的审查标准不可能采用统一的标准。专家组应根据风险的性质,分别适用宽严不同的审查标准。审查标准的宽严会影响到哪些信息和观点将被采纳,或者说成为优势观点。由于 SPS 案件的科学技术背景,专家组一般缺少专业的科学知识,任命技术专家已经成为 SPS 案件的一个常见现象。较严格的审查标准意味着专家组对技术专家的依赖会更多。这样一来,技术专家的选择、公正性和独立性、专家问卷的设计、专家的意见分歧的处理以及如何利用技术专家的意见等问题需要引起重视。

本章小结

SPS 委员会是 SPS 协定的管理机构。其常规管理职能包括:通过磋商的方式,发现问题、讨论问题和化解争议,并对特定问题进行年度总结,以此公开 SPS 协定的具体实施情况。定期审查各成员方实施 SPS 协定的情况也是委员会的一项重要职责。特别贸易关注机制使得申诉方和被诉方的相关措施暴露于其他 WTO 成员方和作为委员会观察员的国际组织的监督之下,实施 SPS 措施的成员方被要求对其 SPS 措施做出合理解释,申诉成员方的关注使得措施的实施方意识到自己的措施所引起的外部影响,从而在部分情形下引导被诉成员方主动调整自己的规制要求。在为自己的行为作出抗辩的过程中,被诉方也有可能会质疑出口企业对申诉方相关法律法规和标准的实际遵守程度,申诉方也需要对自己的执法情况进行解释和说明,并在证实自身监管缺陷的情况下采取完善措施以便再次获得市场准入的机会。此外,SPS协定第12.2条的规定还为SPS委员会对成员间的争议进行非正式调解提供了可能。

贸易政策审议是针对单个成员方的贸易政策、实践及其对多边贸易体制的影响所进行的常规、集体性全面审议。贸易政策审议报告虽然没有法律约束力,但TPRM通过评价WTO成员方的行为,让最佳实践成为成员方的楷模,也让业绩不良者接受国际舆论的压力,以此来督促全体成员方履行WTO义务。尽管只进行事实描述和只提供基础数据是TPRM报告历来的特点,但由于对SPS措施的审议部分所占的篇幅太少,几乎无法实质性把握被审议成员方的整体状况。目前的审议几乎是形式上的。因此,有必要在现有的TPRM报告中增加分析性和评判性的内容。

就争端解决机制而言,SPS协定是至今为止继GATT、"两反一保"协定和农业协定之后涉案较多的协定之一。在SPS措施案件中,专家组应如何对待成员方国内行政机关作出的事实认定结论,在判断国内措施是否符合WTO规则时如何对待国内行政机关关于WTO规则的理解,即专家组的审查标准问题,关系到WTO成员方的风险规制权力大小。SPS协定并未专门就审查标准问题作出规定。上诉机构认为合适的审查标准应该既不是重新审查,亦非完全遵从,而应是与DSU第11条一致的客观评估。早期专家组更多地采用"重新审查"标准。在美加继续中止减让案中,上诉机构主张采用程序性的审查标准。如果结合现代社会科学研究的成果,我们会发现,上诉机构提出的程序性的审查标准是比较科学的。但SPS案件的审查标准不可能采用统一的标准。专家组应根据风险的性质,分别适用宽严不同的审查标准。最后,技术专家的选择、公正性和独立性、专家问卷的设计、专家的意见分歧的处理以及如何利用技术专家的意见等问题都需要引起重视。

结　论

SPS协定的缔结历史表明该协定的产生是为了防止SPS措施异化为贸易保护工具,从而抵消农业谈判成果。SPS协定序言第8条指明,SPS协定起草者的意图在于详述GATT1994的相关规则,尤其是其第20条(b)项。但SPS协定是完全独立于GATT1994的,就SPS措施争议而言,因争端解决机构对司法经济原则的采用,SPS协定具有事实上的优先适用性。作为贸易措施的一种类型,SPS措施通常与政府行为有关,但SPS措施也包括那些"可归因于政府"的非强制性SPS措施及非政府机构实施的SPS措施。SPS措施的认定与以下四个方面有关:实施目的、法律形式、性质及其对国际贸易的影响。SPS措施是为了保护特定的利益,且该利益位于实施措施的成员方境内。就环境保护措施而言,只要该措施与特定的风险致因之间存在合理联系,SPS协定就可以适用于该措施。SPS措施不限于对国际贸易有实际影响的措施。

SPS协定第13条关于"非政府实体"应遵守SPS

协定的规定,成为部分国家主张将私营标准纳入 SPS 协定的切入路径之一。但有两个问题的解释与私营标准的法律规制密切相关。一是第 13 条的“非政府实体”是否特指经政府授权的机构。二是“切实可行的合理措施”的措辞,即最佳努力条款是否构成法律障碍。虽然 TBT 协定附件 1 第 8 条关于“非政府机构”的列举,包括“有法定权力实施技术规章的非政府机构。”但我们不能因此认为,SPS 协定第 13.3 条的“非政府实体”仅特指经政府授权的机构。第 13.5 条强调各成员方只有在非政府实体遵守 SPS 协定的前提下,才能依据其提供的检验检疫服务来执行 SPS 措施。但这不能免除成员方采取切实可行的合理措施,确保上述机构以外的其他非政府实体遵守 SPS 协定相关规定的义务。通过对比 TBT 协定和 SPS 协定的相似规则不难发现,将 SPS 协定适用于私营标准的主要法律障碍不在于“最佳努力”条款,而在于国家责任条款的缺失。在 SPS 框架下约束私营食品标准,比较可行的路径是:第一,由 WTO 部长会议或者争端解决机构对 SPS 协定第 13 条中的“非政府实体”概念进行界定。第二,借鉴 TBT 协定的做法,为私营机构的标准化行为制定“良好行为守则”,对其标准化活动提出科学性和透明度要求。第三,在 SPS 协定中增加相应的“国家责任”条款,明确成员方在确保私营机构遵守“良好行为守则”方面的法律责任。

科学性标准是 SPS 措施合法性评判的首要标准。SPS 协定下的科学性要求主要表现为科学基本原理要求、风险评估要求以及缺乏充分科学证据时的临时性措施要求。“充分的科学证据”是指科学证据和 SPS 措施之间要有合理客观的关联。当措施与风险大小不成比例时,该措施有可能被认定为没有充分科学证据。当措施没有以风险评估为依据时,该措施也是不符合“充分科学证据”要求的。风险评估要求包括两个方面的内容:(1)存在合格的风险评估行为。(2)风险评估的结论应充分支持 SPS 措施。现有争端解决实践积累了不少用于评判合格风险评估的标准。但这些只是确定合格风险评估的必要要件,而非充分要件。理论上,预防原则在 SPS 协定下有两种适用的路径,目前争端解决实践尚不支持这两种路径。与其他文本对预防原则的表述相比,SPS 协定第 5.7 条的特点是:(1)没有损害后果的要求。(2)对不确定性的程度要求是"缺乏充分科学证据"。(3)预防措施必须是临时性的。(4)成员方还必须承担寻求额外信息和定期复审 SPS 措施的义务。

不论是根据 GATT1994 还是 SPS 协定,非歧视性都是评判贸易措施合法性的基本要求之一,但二者所包含的非歧视性要求存在显著的差异。SPS 协定下的非歧视性要求不以"产品类似性"作为比较差别待遇的基础。在 SPS 协定下,保护水平的不一致性与差别待遇密切相关。在措辞上,SPS 协定下的非歧视性要求与 GATT1994 第 20 条的序言相似却有文本结构上的不同。在 SPS 协定中,非歧视性要求主要体现在第 2.3 条和第 5.5 条中。前者是非歧视性要求的基本条款,后者是对前者的具体化。违反第 5.5 条将被推定为违反了第 2.3 条。

WTO 成员方应在必要的限度内实施 SPS 措施,这一要求在 SPS 协定的多个条款中有着不同的表达方式。第 2.2 条体现了必要性的要求,第 5.6 条是对第 2.2 条的具体化。根据 SPS 协定第 3.2 条的规定,符合国际标准、指南或建议的 SPS 措施应被视为为保护人类和动植物生命健康所必需的措施。因此,国际标准对于认定 SPS 措施是否满足必要性要求具有重要意义。虽然,GATT1994 一般例外条款中也包含有必要性要求,但我们不能将争端解决机构关于一般例外的解释简单的移植到 SPS 协定中。由于 SPS 措施所追求的特殊价值目标,在重要性上远远超过了其他价值,在 SPS 协定下,争端解决机构没有理由再适用狭义比例原则对 SPS 协定第 2.2 条的"必需性"进行解释。SPS 协定第 6 条关于"适应地区条件"的要求,体现出区域化管理的思想。这是关于必要限度要求的特别条款。根据该条款,SPS 措施应与不同地区的

SPS 状况相适应。印度农产品案给予我们的启示是:第 6 条下的三个条款是一个有机联系的整体,第 6.1 条下的义务是首要的、一般性和持续性的义务。另外两个条款则是与“病虫害非疫区和低度流行区”有关的具体性义务。WTO 进口成员方负有主动适应出口成员方地区条件的义务,该义务的履行既不以出口成员方启动第 6.3 条下的认可申请为前提条件,也并不必然取决于是否承认“病虫害非疫区和低度流行区”的概念。

就国际标准与 SPS 措施合法性的关系而言,遵守国际标准的 SPS 措施将被推定为符合 SPS 协定的相关条款。但 WTO 成员方没有遵守国际标准的义务。在存在相应国际标准的情况下,WTO 成员方有三种选择:第一,通常情形下,成员方应以国际标准为基础实施 SPS 措施;第二,成员方可以选择完全吸收国际标准;第三,满足科学性要求的前提下,成员方可以偏离国际标准实施 SPS 措施。以国际标准为基础实施 SPS 措施的法律效果并不明确。借鉴 TBT 协定下的争端解决实践,一项 SPS 措施若与国际标准存在冲突则不能被视为以国际标准为基础。成员方偏离国际标准必须同时满足有科学依据及合格的风险评估这两个条件。但 SPS 协定下的严格的风险评估规则往往成为被诉国家难以逾越的障碍,而 SPS 协定第 3.2 条关于必要性和合法性的法律推定却对推广国际标准有足够的诱惑力。鉴于国际标准对于 SPS 措施合法性评定所产生的影响,国际标准化的政治色彩越来越浓厚。在 WTO 将国际标准制定权外包的同时,争端解决机构对国际标准制定过程缺少司法审查,SPS 委员会关于国际标准使用情况的监督机制运行并不理想,这些因素共同导致“机制挑选”现象的出现。既然 SPS 协定确立了“协调一致”优于“立法差异”的目标方向,使国际标准具有了“准法律”效力,WTO 应对国际标准化过程的公平公正性负起相应的责任,通过一定的监督机制来增强其内部责任性,推动国标标准制定过程的公平合理化,确保存在利害关系但缺乏参与能力的国家在这一过程中不被边缘化,在 WTO 内部对其各类成员方负起相应的责任。WTO 争端解决机构在将来的争端案件中应加强而不是忽略对标准化过程的司法审查。

SPS 措施的贸易便利性要求主要是指等效性认可、实施 SPS 措施的透明度以及正当程序要求。因各国采用不同的 SPS 措施仍有可能实现同样的保护水平,SPS 协定第 4.1 条规定了等效认可的要求,并且以进口成员方措施的保护水平作为衡量等效性的依据。WTO 争端解决机构关于"适当保护水平"的解释虽然体现了对进口成员方主权权利的尊重,但却有可能妨碍出口成员方措施的等效性认可。根据印度农产品案专家组关于第 4 条和第 6 条比较的结论,进口成员方并不负有主动履行等效性认可的义务。实施 SPS 措施的透明度要求主要包括以下方面:SPS 法规的通知、公布和过渡期、设立国家咨询点等。随着中国入世后对 WTO 规则的熟悉,通过对争端解决机制和 SPS 委员会工作的参与,不断学习和提升,中国在实施 SPS 措施方面越来越规范。但在透明度义务的遵守方面仍然存在一些问题。作为调整政府行为从而间接维护私人贸易权利的法律规范,WTO 规则也蕴含着正当法律程序的精神。SPS 协定通过第 8 条和附件 C 对各国的检验检疫程序所提出的要求,反映了协定起草者们对法律程序的正当性的理解。具体而言,控制、检验和批准程序的实施,应满足非歧视性、效率性、可预期性、公开性和参与性、必要性和合理性以及纠错性的要求。在欧共体转基因案中,专家组区别了"贸易措施"与"贸易措施的实施"。控制、检验和批准程序属于 SPS 措施。附件 C 关于正当行政程序的要求则是从实施 SPS 措施的角度考察其合法性的。

在明确 SPS 措施的合法性要素的同时,建立和完善相应的监督和补救机制,对 WTO 成员方实施的 SPS 措施进行审查并化解相关争议是增强 SPS 措施合法性要素实效的关键。SPS 委员会、贸易政策审议机制以及争端解决机构各自在其职能范围内不同程度地发挥了监督和补救机制的作用。信息交流、化解争议及规范性文件的制定是 SPS 委员会的两大功能。在前者的平台基础上,WTO 秘书处得以编撰各种年度报告,进一步提高了 SPS 协定实施情况的透明度,也为各方了解和学习相关的科学知识和经验提供了机会,提高了部分成员方的执法能力,也促使部分成员方撤销或延期实施相关 SPS 措施。在某种程度上,SPS 委员会规则的"软法"特征正是委员会的工作能不断向前推进的原因所在。尽管只进行事实描述和只提供基础数据是贸易政策审议报告历来的特点,但由于对 SPS 措施的审议部分所占的篇幅太少,无法实质性把握被审议成员方的整体状况。目前的审议几乎是形式上的。因此,有必要在现有的贸易政策审议报告中增加分析性和评判性的内容。争端解决机制无疑是最有效的监督补救机制,但就专家组在 SPS 案件中采用的审查标准而言,标准的模糊性导致了事实上的不合理性和不一致性。这将对 SPS 措施的合法性评判产生一定的影响。在美加继续中止减让案中,上诉机构主张采用程序性的审查标准。如果结合现代社会科学研究的成果,我们会发现,上诉机构提出的程序性审查标准是比较科学的。

参考文献

一、中文文献

(一)著作类

[1]陈向前:《WTO/SPS协议实施机制及国际动物卫生法比较研究》,中国农业科技出版社2005年版。

[2]肖冰:《〈实施卫生与植物卫生措施协定〉研究》,法律出版社2004年版。

[3]师华、徐佳蓉:《WTO〈SPS协定〉与我国农产品应对SPS措施对策研究》,知识产权出版社2015年版。

[4]傅晓:《SPS措施对中国鸡肉出口贸易的影响效应研究》,中国农业出版社2011年版。

[5]陈志钢:《中国农产品贸易与SPS措施:贸易模式、影响程度及应对策略分析》,浙江大学出版社2011年版。

[6]韩秀丽:《论WTO法中的比例原则》,厦门大学出版社2007年版。

[7]陈新民:《德国公法学基础理论》,山东人民

出版社 2001 年版。

[8]葛志荣:《WTO 卫生与植物卫生措施委员会区域化文件汇编》,法律出版社 2006 年版。

(二)期刊类

[1]安文靖:《WTO〈SPS 协定〉下风险评估制度的缺陷及完善》,载《法制与社会》2010 年第 3 期。

[2]边永民:《欧盟转基因生物安全法评析》,载《河北法学》2007 年第 5 期。

[3]陈峰:《国际贸易中的"技术壁垒"及我国的法律对策》,载《社会科学》1997 年第 12 期。

[4]陈俊红、孙东升:《WTO 对转基因农产品贸易争端案有关问题的分析和认定》,载《世界农业》2008 年第 9 期。

[5]陈立虎:《以科学证据为基础——探析〈SPS 协定〉的风险评估规则》,载《国际贸易》2004 年第 5 期。

[6]陈亚芸:《私人标准对 SPS 协定的挑战》,载《时代法学》2010 年第 6 期。

[7]邓宁:《北美自由贸易区动植物检疫措施制度研究》,载《法制与经济》(中旬刊)2010 年第 1 期。

[8]丁晓阳:《转基因农产品国际贸易争端的法律规则背景及解决机制》,载《农业经济问题》2003 年第 8 期。

[9]董向芸、沈亚平:《问责制的理论基础和现实功能》,载《河北大学学报》(哲学社会科学版)2011 年第 4 期。

[10]董银果、韩立彬:《发达国家 SPS 适度保护水平的确立方法及其启示》,载《世界农业》2012 年第 9 期。

[11]董银果、严京:《食品国际贸易的官方标准与私营标准——兼论与 SPS 协议的关系》,载《国际经贸探索》2011 年第 5 期。

[12]董银果:《国际贸易中 SPS 典型案例的关键争议点分析——兼论对我国的启示》,载《国际经贸探索》2010 年第 8 期。

[13]杜康平:《论 SPS 协议中的特殊与差别待遇条款》,载《陇东学院学报》2012 年第 4 期。

[14]段小松:《SPS 协定风险评估规则探析》,载《商场现代化》2009 年第 4 期。

[15]付仲文、李宁:《美欧转基因农产品争端诉 WTO 案例分析》,载《世界农业》2008 年第 3 期。

[16]高晓露:《浅析 WTO 框架内的风险预防原则——以〈动植物卫生检疫措施协定〉第 5.7 条为视角》,载《法学杂志》2011 年第 11 期。

[17]龚向前:《WTO 框架下风险规制的合法性裁量》,载《法学家》2010 年第 4 期。

[18]郭高峰:《WTO 框架下转基因食品标识的消费者知情权研究》,载《暨南学报》(哲学社会科学版)2013 年第 4 期。

[19]郭鑫、廖能婴:《从〈SPS 协议〉看我国动植物检疫立法的完善》,载《中国外资》2012 年第 16 期。

[20]何田田:《论〈SPS 协议〉与我国转基因农产品进口监管》,载《法制与社会》2012 年第 14 期。

[21]贺小勇:《简论 PPM 标准》,载《国际贸易问题》1995 年第 12 期。

[22]胡春艳、李贵:《西方问责制研究及其借鉴》,载《中南大学学报》(社会科学版)2012 年第 3 期。

[23]黄文旭:《论 WTO 框架下动植物检疫制度的价值冲突》,载《赤峰学院学报》(汉文哲学社会科学版)2007 年第 2 期。

[24]黄颖丽:《SPS 协定与贸易自由探讨》,载《决策探索》(下半月)2007 年第 2 期。

[25]江保国:《WTO 转基因农产品贸易争端第一案述评》,载《法商研究》2007 年第 5 期。

[26]靳敏、杨茜:《浅析 SPS 协议中的“风险评估与适当保护水平”》,载《环境保护》2004 年第 9 期。

[27]李海清、陈向前、李玉冰等:《WTO/SPS 特别贸易关注磋商机制研究》,载《中国兽医学报》2012 年第 5 期。

[28]李海清、陈向前、张琼等:《WTO 成员因霍乱引发的与水产品国际贸易有关的 SPS 特别贸易关注研究》,载《农业经济问题》2010 年第 7 期。

[29]李辉:《WTO 转基因农产品贸易争端与欧盟转基因产品管制立法评析》,载《环球法律评论》2007 年第 2 期。

[30]李娜:《〈SPS 协定〉对中国农产品出口效应及法律对策研究》,载《黑龙江对外经贸》2010 年第 6 期。

[31]郦燕冰:《论〈SPS 协议〉的风险评估问题》,载《法制与社会》2008 年第 23 期。

[32]廖军政、朱启娴:《WTO 体制下的 TBT-SPS 规则修改与前景预测》,载《南京财经大学学报》2008 年第 1 期。

[33]凌莉、李志勇、易敏英等:《日本“一律标准”与 SPS 协定的符合性分析》,载《世界农业》2012 年第 1 期。

[34]刘环、佘锐萍:《病虫害区域化原则在动植物国际贸易中的分析与研究》,载《中国动物检疫》2008 年第 11 期。

[35]刘培磊、汪其怀、李宁:《浅析转基因生物贸易的多边国际协定》,载《世界农业》2003 年第 11 期。

[36]刘秀梵:《加入 WTO 后我国的动物疫病控制和食品安全控制》,载《中国兽医杂志》2002 年第 3 期。

[37]刘旭霞、熊菲、谢翀:《我国进口转基因农产品法律规制研

究——基于〈SPS 协议〉的利用研究》,载《沈阳大学学报》2009 年第 3 期。

[38]刘中勇:《与 WTO/TBT、SPS 有关工作机制的建立与有效运行》,载《检验检疫科学》2007 年第 Z1 期。

[39]孟雨:《国际贸易框架下食品安全相关法律问题研究》,载《北京化工大学学报》(社会科学版)2010 年第 2 期。

[40]牟文义:《完善我国动植物卫生检疫制度——以 SPS 协议为视角》,载《标准科学》2010 年第 1 期。

[41]欧福永、熊之才:《WTO 与环保有关的贸易条款评析》,载《当代法学》2004 年第 1 期。

[42]潘国华、方晓霞:《论 WTO 与健康保护政策的关系——兼论对我国的启示》,载《科技进步与对策》2003 年第 8 期。

[43]戚亚梅、叶志华、钱永忠:《实施卫生与植物卫生措施研究述评》,载《标准科学》2012 年第 1 期。

[44]戚亚梅:《美国 SPS 管理体系概览及启示》,载《中国牧业通讯》2007 年第 17 期。

[45]戚亚梅:《美国的农产品贸易和 SPS 管理》,载《世界农业》2007 年第 4 期。

[46]沈维佳:《论〈SPS 协定〉中的科学证据原则》,载《四川理工学院学报》(社会科学版)2007 年第 1 期。

[47]师华:《〈SPS 协定〉对非政府机构规制的探究》,载《河北法学》2009 年第 12 期。

[48]师华:《〈SPS 协定〉中"等效"条款的最新解释及我国的对策》,载《法学》2007 年第 6 期。

[49]师华:《论 WTO〈SPS 协定〉"适用地区"条款及我国的对策》,载《暨南学报》(哲学社会科学版)2012 年第 7 期。

[50]孙新涛、林乃铨、周先治:《〈SPS 协定〉下的欧盟茶叶农药残留新标准解读》,载《中国农学通报》2011 年第 24 期。

[51]汪贵顺:《SPS 委员会例会协商与 SPS 应对》,载《世界贸易组织动态与研究》2009 年第 1 期。

[52]王福祥:《论如何确定适当的保护水平》,载《植物检疫》2008 年第 1 期。

[53]王小琼:《试析 WTO 框架下与转基因产品相关的贸易规则——兼论中国转基因产品立法之完善》,载《国际经贸探索》2006 年第 2 期。

[54]王追林:《论世贸组织 TBT/SPS 协定的核心原则——从日本核辐射污染农产食品出口受阻谈起》,载《对外经贸实务》2011 年第 10 期。

[55]吴俊洁:《SPS 协定中检疫措施的限度标准》,载《消费导刊》2009 年第 1 期。

[56]吴松浩、徐美君:《〈SPS 协定〉与我国进出境动物检疫法律规范的完善》,载《政法论丛》2010 年第 5 期。

[57]谢岚:《〈实施卫生与动植物检疫措施协定〉及其相关争端解决案例浅析》,载《山西农业大学学报》(社会科学版)2007 年第 3 期。

[58]谢伟、张式军:《SPS 协议对中国环境安全的影响和立法对策研究》,载《科技与法律》2008 年第 4 期。

[59]杨建平:《〈SPS 协定〉内容解析及相关问题探讨》,载《中国家禽》2012 年第 2 期。

[60]杨楠:《〈SPS 协定〉中的"风险评估"问题——"量化风险方法"与"整体风险方法"》,载《当代法学》2011 年第 6 期。

[61]杨松、张蓉:《WTO/SPS 协定与食品安全》,载《中国卫生标准管理》2010 年第 1 期。

[62]杨向东:《技术创新背景下的政府管理风险刍议——以〈实施卫生与植物卫生措施协定(SPS)〉为例》,载《科技与法律》2010 年第 2 期。

[63]叶波、陈靓:《WTO 争端解决中的专家意见》,载《世界贸易组织动态与研究》2011 年第 2 期。

[64]叶波、梁咏:《WTO 协定在食品安全争端中的适用及最新发展》,载《南京理工大学学报》(社会科学版)2011 年第 5 期。

[65]叶波:《WTO 透明度原则对〈SPS 协定〉通知要求的影响分析》,载《世界贸易组织动态与研究》2013 年第 2 期。

[66]叶波:《WTO 健康和安全争端中的审查标准》,载《法学评论》2009 年第 2 期。

[67]张汉林、董丽丽:《美日关于限制农产品进口措施的争端案例评析》,载《国际贸易问题》2002 年第 4 期。

[68]张旭菲:《贸易与环境:PPM 问题》,载《亚太经济》1998 年第 Z2 期。

[69]周小宁:《两类转基因食品安全原则的对立及伦理考量》,载《前沿》2013 年第 7 期。

[70]朱晓勤:《转基因食品强制标识制度在世贸组织框架内的法律分析》,载《国际贸易问题》2006 年第 3 期。

[71]朱艳艳:《完善我国农产品质量安全监控机制——以〈实施卫生与动植物检疫措施协议〉为视角》,载《生产力研究》2010 年第 10 期。

(三)学位论文类

[1]丁彤波:《论〈SPS 协议〉及〈TBT 协议〉下世贸成员采取与标准有关措施的原则》,中国政法大学 2006 年硕士学位论文。

[2]段小松:《〈实施卫生与植物卫生措施协定〉研究》,西南政法大学 2004 年硕士学位论文。

[3]范晓虹:《论争端解决对〈实施卫生与植物卫生措施协定〉科学证据原则的发展》,对外经济贸易大学2006年硕士学位论文。

[4]洪洋:《从对转基因生物(GMOs)的法律适用看〈实施卫生与植物卫生措施协定〉(SPS)的适用范围和适用条件》,中国政法大学2003年硕士学位论文。

[5]胡媛:《利用WTO/SPS协定保护和促进我国农产品进出口贸易问题研究》,对外经济贸易大学2003年硕士学位论文。

[6]黄颖丽:《〈实施卫生与植物卫生措施协议〉研究》,郑州大学2003年硕士学位论文。

[7]李若文:《对SPS协议第5.7条中的临时措施研究》,对外经济贸易大学2007年硕士学位论文。

[8]刘崇崇:《〈SPS协定〉中风险评估及相关规则的案例研究》,中国社会科学院研究生院2011年硕士学位论文。

[9]刘金才:《WTO—SPS协议实施机制及国际动物卫生法比较研究》,内蒙古农业大学2004年硕士学位论文。

[10]刘坤坤:《〈SPS协定〉中风险评估规则研究》,西南政法大学2006年硕士学位论文。

[11]谭矿:《SPS协定下转基因农产品进口监管问题》,复旦大学2009年硕士学位论文。

[12]陶嘉:《论〈SPS协议〉中的风险评估问题》,吉林大学2008年硕士学位论文。

[13]陶乂:《SPS措施异化的法律防范》,华侨大学2006年硕士学位论文。

[14]王建秀:《〈实施卫生与植物卫生措施协定〉下风险规制措施的合法性裁量》,山东大学2012年硕士学位论文。

[15]王敏:《SPS协定中预防原则研究》,湖南师范大学2012年硕

士学位论文。

[16]吴穹:《试论〈SPS 协定〉第 5 条中的风险评估原则》,中国政法大学 2009 年硕士学位论文。

[17]肖冰:《〈SPS 协定〉研究》,厦门大学 2003 年博士学位论文。

[18]徐红梅:《TBT 协定/SPS 协定框架下中国新疆与中亚国家检验检疫合作问题研究》,新疆大学 2006 年硕士学位论文。

[19]徐胜男:《技术标准化与 WTO/TBT、SPS 协议》,吉林大学 2007 年硕士学位论文。

[20]姚静:《论〈SPS 协定〉中的风险评估》,中国政法大学 2009 年硕士学位论文。

[21]张书敏:《〈实施卫生与植物卫生措施协定〉法律问题研究》,西南政法大学 2007 年硕士学位论文。

[22]赵蕾:《论〈实施卫生与植物卫生协议〉中的风险评估原则》,中国政法大学 2011 年硕士学位论文。

[23]朱剑宇:《从〈实施卫生与植物卫生措施协定〉(SPS 协定)看转基因产品检疫措施的法律适格性》,苏州大学 2006 年硕士学位论文。

(四)网站类

[1]中华人民共和国国家质量监督检验检疫总局:http://www.aqsiq.gov.cn/。

[2]中华人民共和国农业部:http://www.moa.gov.cn/。

[3]中华人民共和国国家林业局:http://www.forestry.gov.cn/。

二、英文文献

(一)著作类

[1] John H. Jackson, *The Jurisprudence of GATT and the WTO: Insights on Treaty Law and Economic Relations*, Cambridge University

Press,2007.

[2] Bossche, Peter van den, *The Law and Policy of The World Trade Organization: Text, Cases and Materials /*. 2nd ed., Cambridge; New York: Cambridge University Press,2008.

[3] Denise Pre 'vost, Peter Van den Bossche, The Agreement on The Application of Sanitary and Phytosanitary Measures. In Patrick F. J. Macrory, Arthur E. Appleton, Michael G. Plummer (eds.), *The World Trade Organization: Legal, Economic and Political Analysis* (*Volume II*). Springer Press,2005.

[4] Henrik Horn, Joseph HH Weiler, European Communities—Trade Description of Sardines: Textualism and its Discontent. In Henrik Horn and Petros C Mavroidis (eds.), *The WTO Case Law of* 2002, Cambridge University Press,2005.

[5] Joanne Scott, *The WTO Agreement on Sanitary and Phytosanitary Measures: A Commentary*, Oxford University Press,2007.

[6] Joost Pauwelyn, *Conflict of Norms in Public International Law: How WTO Law Relates to other Rules of International Law*, Cambridge University Press,2003.

[7] Lukasz Gruszczynski, *Regulating Health and Environmental Risks under WTO Law: A Critical Analysis of the SPS Agreement*, Oxford university press,2010.

[8] R. Berndardt, *Encyclopedia of Public International Law*, vol. 7, Amserdam: North-Holland, 1984.

[9] Rüdiger Wolfrum, Peter-Tobias Stoll, Anja Seibert-Fohr, *WTO: Technical Barriers and SPS Measures*, Leiden; Boston: Martinus Nijhoff Publsihers,2007.

(二)论文类

[1] Alemanno, A., Capodieci, G., Testing the Limits of Global Food Governance: The Case of Ractopamine. *European Journal of Risk Regulation*, Vol. 3, No. 3(2012).

[2] Anand Kumar Jaiswal, WTO Agreement on SPS: Strategic Implications, *Economic and Political Weekly*, Vol. 38, No. 45(2003).

[3] Arcuri, A., Gruszczynski, L., Herwig, A., Independence of Experts and Standards for Evaluation of Scientific Evidence under the SPS Agreement-New Directions in the SPS Case Law, *European Journal of Risk Regulation*, Vol. 1, No. 2(2010).

[4] Arcuri, A., Gruszczynski, L., Herwig, A., Global Governance of Risks: WTO, Codex Alimentarius and Private Standards-Report on the SRA-Europe 19th Annual Conference, *European Journal of Risk Regulation*, Vol. 1, No. 3(2010).

[5] Arcuri, A., Gruszczynski, L., Herwig, A., Risky Apples Again? Australia-Measures Affecting the Importation of Apples from New Zealand, *European Journal of Risk Regulation*, Vol. 1, No. 4(2010).

[6] Bartley, T., Transnational Governance as the Layering of Rules: Intersections of Public and Private Standards, *Theoretical Inquiries in Law*, Vol. 12, No. 2(2011).

[7] Bohanes, J., United States-Certain Measures Affecting Imports of Poultry from China: the Fascinating Case that wasn't, *World Trade Review*, Vol. 11, No. 2(2012).

[8] Burkard, M., The Ractopamine Dispute in the Codex Alimentarius Commission, *European Journal of Risk Regulation*, Vol. 3, No. 4(2012).

[9] Buthe, T., The Globalization of Health and Safety Standards:

Delegation of Regulatory Authority in the SPS Agreement of the 1994 Agreement Establishing the World Trade Organization, *Law and contemporary problems*, Vol. 71, No. 1 (2008).

[10] Casey, Donal, Private Food Safety and Quality Standards and the WTO, *University College Dublin Law Review*, Vol. 7 (2007).

[11] Charlier, C., Rainelli, M., Hormones, Risk Management, Precaution and Protectionism: An Analysis of the Dispute on Hormone-Treated Beef between the European Union and the United States, *European Journal of Law and Economics*, Vol. 14, No. 2 (2002).

[12] Collins, D., Health Protection at the World Trade Organization: The J-Value as a Universal Standard for Reasonableness of Regulatory Precautions, *Journal of World Trade*, Vol. 43, No. 5 (2009).

[13] Conrad, C. R., The EC-Biotech dispute and applicability of the SPS Agreement: are the panel's findings built on shaky ground? *World Trade Review*, Vol. 6, No. 2 (2007).

[14] Dan Wielsch, Global Law's Toolbox: Private Regulation by Standards, *American Journal of Comparative Law*, Vol. 60 (2012).

[15] Denise Privost, Private sector food-safety standards and the SPS Agreement: Challenges and possibilities, *South Africa Yearbook of International Law*, Vol. 33 (2008).

[16] Downes, C., Only a Footnote? The Curious Codex Battle for Control of Additive Regulations, *European Food and Feed Law Review*, Vol. 7, No. 5 (2012).

[17] Du, M. M., Autonomy in Setting Appropriate Level of Protection under the WTO Law: Rhetoric or Reality? *Journal of International Economic Law*, Vol. 13, No. 4 (2010).

[18] Du, M. M., Reducing Product Standards Heterogeneity through International Standards in the WTO: How Far across the River? *Journal of World Trade*, *Vol.* 44, No. 2(2010).

[19] Du, M. M., Standard of Review under the SPS Agreement after EC-Hormones II, *The International and Comparative Law Quarterly*, Vol. 59, No. 2(2010).

[20] Epps, T., Reconciling public opinion and WTO rules under the SPS Agreement, *World Trade Review*, Vol. 7, No. 2(2008).

[21] Flett, J., If in Doubt, Leave it Out? EU Precaution in WTO Regulatory Space, *European Journal of Risk Regulation*, Vol. 1, No. 1 (2010).

[22] Foster, C. E., Prior Approval Systems and the Substance-Procedure Dichotomy Under the WTO SPS Agreement, *Journal of World Trade*, Vol. 42, No. 6(2008).

[23] Foster, C. E., Public Opinion and the Interpretation of the World Trade Organisation's Agreement on Sanitary and Phytosanitary Measures, *Journal of International Economic Law*, Vol. 11, No. 2(2008).

[24] Frode Ve ggeland, Svein Ole Borgen, Negotiating International Food Standards: The World Trade Organization's Impact on the Codex Alimentarius Commission, *Governance*, Vol. 18(2005).

[25] Glinski, C., Private Norms as International Standards? -Regime Collisions in Tuna-Dolphin II, *European Journal of Risk Regulation*, Vol. 3, No. 4(2012).

[26] Goh, G., Tipping the Apple Cart: The Limits of Science and Law in the SPS Agreement after Japan-Apples, *Journal of World Trade*, Vol. 40, No. 4(2006).

[27] Gruszczynski, L., How Deep Should We Go? -Searching for an Appropriate Standard of Review in the SPS Cases, *European Journal of Risk Regulation*, Vol. 2, No. 1(2011).

[28] Gruszczynski, L., United States: Certain Measures Affecting Imports of Poultry from China-Just Another SPS Case? *European Journal of Risk Regulation*, Vol. 2, No. 3(2011).

[29] Hachez, N., Wouters, J., A Glimpse at the Democratic Legitimacy of Private Standards: Assessing the Public Accountability of GlobalG. A. P., *Journal of International Economic Law*, Vol. 14, No. 3 (2011).

[30] Heckelei, T., Swinnen, J., Introduction to the Special Issue of the World Trade Review on "standards and non-tariff barriers in trade", *World Trade Review*, Vol. 11, No. 3(2012).

[31] Henson, S. and Loader, R., 1999. Impact of sanitary and phytosanitary standards on developing countries and the role of the SPS Agreement, *Agribusiness*, Vol. 15, No. 3(1999).

[32] Henson, S., Jaffee, S., Food Safety Standards and Trade: Enhancing Competitiveness and Avoiding Exclusion of Developing Countries, *European Journal of Development Research*, Vol. 18, No. 4 (2006).

[33] Herwig, A., Whither Science in WTO Dispute Settlement? *Leiden Journal of International Law*, Vol. 21, No. 4(2008).

[34] Hoekman, B., Trachtman, J., Continued suspense: EC-Hormones and WTO disciplines on discrimination and domestic regulation Appellate Body Reports: Canada/United States-Continued Suspension of Obligations in the EC-Hormones Dispute, WT/DS320/AB/R, WT/DS321/AB/R,

adopted 14 November 2008, *World Trade Review*, Vol. 9, No. 1(2010).

[35] Iynedjian, M., The Case for Incorporating Scientists and Technicians into WTO Panels, *Journal of World Trade*, Vol. 42, No. 2 (2008).

[36] Jonathan B. Wiener, Whose precaution after all? A comment on the comparison and evolution of risk regulatory systems, *Duke Journal of Comparative & International Law*, Vol. 13(2003).

[37] Jonathan Liberman, Andrew Mitchell, In Search of Coherence between Trade and Health: Inter-Institutional Opportunities, *Maryland Journal of International Law*, Vol. 25(2010).

[38] Kastner, J. and Powell, D., The SPS Agreement: Addressing historical factors in trade dispute resolution, *Agriculture and Human Values*, Vol. 19, No. 4(2002).

[39] Klinke, A., Renn, O., A New Approach to Risk Evaluation and Management: Risk-based, Precaution-based, and Discourse-based Strategies, *Risk Analysis*, Vol. 22, No. 6(2002).

[40] L. Gruszczynski, Science in the Process of Risk Regulation under the WTO Agreement on Sanitary and Phytosanitary Measures, *German Law Journal*, Vol. 7, No. 4(2006).

[41] Lang, A. T. F., Provisional Measures Under Article 5.7 of the WTO's Agreement on Sanitary and Phytosanitary Measures: Some Criticisms of the Jurisprudence So Far, *Journal of World Trade*, Vol. 42, No. 6(2008).

[42] Lester, S., WTO-Sanitary and Phytosanitary Measures Agreement-rules /exceptions-international law as interpretive tool, *The American Journal of International Law*, Vol. 101, No. 2(2007).

[43] Loppacher, L. J. , Kerr, W. A. , The Efficacy of World Trade Organization Rules on Sanitary Barriers: Bovine Spongiform Encephalopathy in North America, *Journal of World Trade*, Vol. 39, No. 3 (2005).

[44] Loppacher, L. J. , Kerr, W. A. , Barichello, R. R. , The Debate on Improving Implementation of the Regionalization Chapter of the SPS Agreement: Real Problems or Disguised Protectionism? *Journal of World Trade*, Vol. 41, No. 4(2007).

[45] Lupien, J. R. , The precautionary principle and other non-tariff barriers to free and fair international food trade, *Critical reviews in food science and nutrition*, Vol. 42, No. 4(2002).

[46] M. W. , The WTO's interpretation of the SPS agreement has undermined the right of governments to establish appropriate levels of protection against risk, *Law and Policy in International Business*, Vol. 31, No. 3(2000).

[47] Majone, G. , What Price Safety? The Precautionary Principle and its Policy Implications, *Journal of Common Market Studies*, Vol. 40, No. 1 (2002).

[48] Marceau, G. , Trachtman, J. P. , A Map of the World Trade Organization Law of Domestic Regulation of Goods: The Technical Barriers to Trade Agreement, the Sanitary and Phytosanitary Measures Agreement, and the General Agreement on Tariffs and Trade, *Journal of World Trade*, Vol. 48, No. 2(2014).

[49] MAYEDA, G. , Developing Disharmony? The SPS and TBT Agreements and the Impact of Harmonization on Developing Countries, *Journal of International Economic Law*, Vol. 7, No. 4(2004).

[50] McGrady, B., Fragmentation of International Law or "Systemic Integration" of Treaty Regimes: EC—biotech Products and The Proper Interpretation of Article 31(3)(c) of The Vienna Convention on the Law of Treaties, *Journal of World Trade*, Vol. 42, No. 4(2008).

[51] Murray, C., Implementing the New International Health Regulations: the Role of the WTO's Sanitary and Phytosanitary Agreement, *Georgetown Journal of International Law*, Vol. 40, No. 2(2009).

[52] Naiki, Y., Accountability and Legitimacy in Global Health and Safety Governance: The World Trade Organization, the SPS Committee, and International Standard-Setting Organizations, *Journal of World Trade*, Vol. 43, No. 6(2009).

[53] Naiki, Yoshiko, Dynamics of Private Food Safety Standards: A Case Study on the Regulatory Difusion of GLOBALG. A. P., *International and Comparative Law Quarterly*, Vol. 63, No. 1(2014).

[54] Pauwelyn, J., A Typology of Multilateral Treaty Obligations: Are WTO Obligations Bilateral or Collective in Nature? *European Journal of International Law*, Vol. 14, No. 5(2003).

[55] Pauwelyn, J., Enforcement and countermeasures in the WTO: Rules are rules—toward a more collective approach, *The American Journal of International Law*, Vol. 94, No. 2(2000).

[56] Pauwelyn, J., The WTO agreement on sanitary and phytosanitary (SPS) measures as applied in the first three SPS disputes. EC-hormones, Australia-Salmon and Japan-varietals, *Journal of International Economic Law*, Vol. 2, No. 4(1999).

[57] Peel, J., A GMO by Any Other Name... Might Be an SPS Risk!: Implications of Expanding the Scope of the WTO Sanitary and

Phytosanitary Measures Agreement, *European Journal of International Law*, Vol. 17, No. 5(2006).

[58] Peel, J., of Apples and Oranges (and Hormones in Beef): Science and the Standard of Review in WTO Disputes under the SPS Agreement, *The International and Comparative Law Quarterly*, Vol. 61, No. 2(2012).

[59] Prevost, Denise., Private Sector Food-Safety Standards and the SPS Agreement: Challenges and Possibilities, *South African Yearbook of International Law*, Vol. 33, Issue 1(2008).

[60] Reid, E., Risk Assessment, Science and Deliberation: Managing Regulatory Diversity under the SPS Agreement? *European Journal of Risk Regulation*, Vol. 3, No. 4(2012).

[61] Rigod, B., The Purpose of the WTO Agreement on the Application of Sanitary and Phytosanitary Measures (SPS), *European Journal of International Law*, Vol. 24, No. 2(2013).

[62] Robert E. Hudec, Science and post-discriminatory WTO law, *Boston College International and Comparative Law Review*, Vol. 26, No. 2 (2003).

[63] Schropp, S. A. B., Commentary on the Appellate Body Report in Australia-Apples (DS367): Judicial review in the Face of Uncertainty, *World Trade Review*, Vol. 11, No. 2(2012).

[64] Segger, M. C., & Gehring, M. W., The WTO and Precaution: Sustainable Development Implications of the WTO Asbestos Dispute, *Journal of Environmental Law*, Vol. 15, No. 3(2003).

[65] Stanton, G. H., the SPS Agreement, *International Trade Forum*, Vol. 3(2010).

[66] Swinbank, A., The role of the WTO and the international agencies in SPS standard setting, *Agribusiness*, Vol. 15, No. 3(1999).

[67] Thomson, A. P., Australia—Salmon and compliance issues surrounding the SPS agreement: Sovereign acceptance and measure adaptation, *Law and Policy in International Business*, Vol. 33, No. 4 (2002).

[68] Thorn, C. and Carlson, M., The agreement on the application of sanitary and phytosanitary measures and the agreement on technical barriers to trade, *Law and Policy in International Business*, Vol. 31, No. 3(2000).

[69] Tomasz Wlostowski, Selected Observations on Regulation of Private Standards by the WTO, *Polish Yearbook of International Law*, Vol. 30(2010).

[70] Valery Federici, Genetically Modified Food and Informed Consumer Choice: Comparing U. S. and E. U. Labeling Laws, *Brooklyn Journal of International Law*, Vol. 35(2010).

[71] Vallely, P. J., Tension between the Cartagena Protocol and the WTO: The Significance of Recent WTO Developments in an Ongoing Debate, *Chicago Journal of International Law*, Vol. 5, No. 1(2004).

[72] Vecchione, E., Is it Possible to Provide Evidence of Insufficient Evidence? The Precautionary Principle at the WTO, *Chicago Journal of International Law*, Vol. 13, No. 1(2012).

[73] Viju, C., Yeung, M. T., Kerr, W. A., The Trade Implications of the Post-Moratorium European Union Approval System for Genetically Modified Organisms, *Journal of World Trade*, Vol. 46, No. 5(2012).

[74] Wielsch, Dan, Global Law's Toolbox: Private Regulation by Standards, *American Journal of Comparative Law*, Vol. 60, No. 4(2012).

[75] Wlostowski, Tomasz, Selected Observations on Regulation of Private Standards by the WTO, *Polish Yearbook of International Law*, Vol. 30(2010).

[76] Wouters, J., Geraets, D., Private food standards and the World Trade Organization: some legal considerations, *World Trade Review*, Vol. 11, No. 3(2012).

[77] Yuichiro Amekawa, Reconciling Safety and Fairness in Global Agri-Food Standardization, *Sociology Mind*, Vol. 3, No. 1(2013).

[78] Zahrnt, V., Transparency of Complex Regulation: How should WTO Trade Policy Reviews Deal with Sanitary and Phytosanitary Policies? *World Trade Review*, Vol. 10, No. 2(2011).

(三)学位论文

[1] Aliaga, L. P., Agricultural liberalization: The case of developing countries, McGill University(Canada) 2003, Degree LL. M.

[2] Amagiwa, T. J., An assessment of technical barriers in Central American agricultural and food trade, Virginia Polytechnic Institute and State University, 2005, Degree Ph. D.

[3] Epps, T. D., Taming the "push me-pull you" of international trade regulation: Balancing health protection and trade liberalization under the WTO Agreement on the Application of Sanitary and Phytosanitary measures, University of Toronto(Canada) 2007, Degree S. J. D.

[4] Felfel, A., Impact of developed countries' sanitary and phytosanitary measures on developing countries: Case studies of Egyptian potatoes and groundnuts, University of Guelph(Canada) 2007, Degree Ph. D.

[5] Gonzalez, C. A., An examination of food safety and international

trade: The beef hormone ban in the European Union and the role of the WTO in resolving scientific barriers to trade, Yale University, 2003, Degree Ph. D.

[6] Oh, S. Y., The precautionary principle in the SPS Agreement: Risk management, public participation and a new standard of review, The American University, 2010, Degree S. J. D.

[7] Prevost, M. D., The conflict between free trade and public health measures: The role of science, University of South Africa (South Africa) 2000, Degree LL. M.

[8] Scott, D. N., The mutual constitution of risk and precaution: A study of the precautionary principle in action, York University (Canada) 2006, Degree Ph. D.

[9] Trudeau, V. M., I recognize you, I recognize you not: Sanitary and phytosanitary agreement disputes and the application of the precautionary principle in WTO decisions, Carleton University (Canada) 2006, Degree M. A.

(四)案例

[1] Australia-Salmon, WT/DS18/R, WT/DS18/AB/R, WT/DS18/RW.

[2] EC-Hormones, WT/DS48/R, WT/DS48/AB/R, WT/DS26.

[3] EC-Asbestos, WT/DS135/R, WT/DS135/AB/R.

[4] EC-Biotech, WT/DS291/R, WT/DS292/R, WT/DS293/R.

[5] EC-Sardines, WT/DS231/R, WT/DS31/AB/R.

[6] EC-Tariff Preferences, WT/DS246/R, WT/DS246/AB/R.

[7] India-Agricultural Products, WT/DS430/R.

[8] Japan-Alcoholic Beverages II, WT/DS8/R, WT/DS8/AB/R.

[9] Japan-Apples, WT/DS245/R, WT/DS245/AB/R, WT/DS245/RW.

[10] Japan-Film, WT/DS44/R.

[11] Japan-Semi-Conductor, BISD 35S/116, 154 – 55.

[12] Japan-Varietals, WT/DS76/R, WT/DS76/AB/R.

[13] Korea-Dairy, WT/DS98/R, WT/DS98/AB/R.

[14] US-Shrimp, WT/DS58/R, WT/DS58/AB/R.

[15] US-Continued Suspension, WT/DS320/R, WT/DS320/AB/R.

[16] US-Gasoline, WT/DS2/R, WT/DS2/AB/R; WT/DS4/R, WT/DS4/AB/R.

[17] US-Poultry, WT/DS392/R.

(五)网络资源

[1] Oliver von Hagen and Gabriela Alvarez, The Interplay of Public and Private Standards. Literature Review Series on the Impacts of Private Standards, Available at: http://ssrn.com/abstract=2184293, 2013 – 10 – 01.

[2] Grace Chia-Hui Lee, Private Food Standards and Their Impact on Developing Countries, Available at: http://trade.ec.europa.eu/doclib/docs/2006/november/tradoc_127969.pdf, 2013 – 10 – 01.

[3] Fred Gale, Daniel Marti, Dinghuan Hu, China's Volatile Pork Industry, A Report from the USDA, Economic Research Service, February 2012, Available at: http://www.ers.usda.gov/publications/ldpm-livestock,-dairy,-and-poultry-outlook/ldpm211 – 01.aspx, 2013 – 10 – 2.

[4] Press Release by the EU following the adoption of an international food safety standard for ractopamine, July 6, 2012, Available at: http://ec.europa.eu/food/international/organisations/codex_en.htm, 2012 – 08 – 16.

[5] Ongoing equivalence verifications of foreign food regulatory systems. (Jan 25, 2013). Lanham: Federal Information & News Dispatch, Inc. Available at: http://search. proquest. com/docview/1275507723?accountid = 14426, 2014 - 10 - 01.

[6] How to Apply the Transparency Provisions of the SPS Agreement (WTO, 2002), Available at: http://www. wto. org/english/tratop_e/sps_e/sps_agreement_cbt_e/c3s1p1_e. htm, 2014 - 06 - 01.

[7] GATT Analytical Index I, Available at: https://www. wto. org/english/res_e/booksp_e/gatt_ai_e/gatt_ai_e. htm, 2014 - 06 - 01.

附录

文中常用简称对照表

简称	全　　称	中文对照
ADI	Acceptable Daily Intake	每日允许摄入量
ALOP	Appropriate Level of Protection	适当保护水平
CAC/Codex	Codex Alimentarius Commission	国际食品法典委员会
CGP	Code of Good Practice	良好行为守则
CPM	Commission on Phytosanitary Measures	植物卫生措施委员会
DSB	Dispute Settlement Body	争端解决机构
EUREP	Euro-Retailer Produce Working Group	欧洲零售商协会
FAO	Food and Agriculture Organization	联合国粮农组织
GAP	Good Agricultural Practice	良好农业规范
GATT	General Agreement on Tariffs and Trade	关税与贸易总协定
HACCP	Hazard Analysis and Critical Control Point	危害分析与关键控制点
HPNAI	High Pathogenicity Notifiable Avian Influenza	高致病性须通报禽流感

续表

简称	全　称	中文对照
HS	Harmonized Commodity Description and Coding System	商品名称及编码协调制度
IEC	International Electro technical Commission	国际电工委员会
IPPC	International Plant Protection Convention	国际植物保护公约
ISO	International Organization for Standardization	国际标准化组织
ISPMs	International Standard for Phytosanitary Measures	植物卫生措施国际标准
LPNAI	Low Pathogenicity Notifiable Avian Influenza	低致病性须通报禽流感
MRLs	Maximum Residue Levels	最大残留限量
OECD	Organization for Economic Cooperation and Development	经合组织
OIE	Office International Des Epizooties	世界动物卫生组织
SPS	Sanitary and Phytosanitary	卫生与植物卫生
STCs	Specific Trade Concerns	特别贸易关注
TBT	Technical Barriers to Trade	技术性贸易壁垒
TPRM	The Trade Policy Review Mechanism	贸易政策审议机制
TRIMs	Trade-Related Investment Measures	与贸易有关的投资措施
UNCTAD	United Nations Conference on Trade and Development	联合国贸发会议
WHO	World Health Organization	世界卫生组织
WTO	World Trade Organization	世界贸易组织

图书在版编目(CIP)数据

WTO框架下SPS措施的合法性问题研究/刘芳著.—北京:法律出版社,2017
ISBN 978-7-5197-0972-3

Ⅰ.①W… Ⅱ.①刘… Ⅲ.①农产品—国际贸易—卫生检疫—法律—研究—中国 Ⅳ.①D922.294.4

中国版本图书馆CIP数据核字(2017)第130714号

WTO框架下SPS措施的合法性问题研究
WTO KUANGJIAXIA SPS CUOSHI DE HEFAXING WENTI YANJIU

刘 芳 著

策划编辑 黄琳佳
责任编辑 黄琳佳
装帧设计 贾丹丹

出版 法律出版社
总发行 中国法律图书有限公司
经销 新华书店
印刷 北京京华虎彩印刷有限公司
责任校对 王晓萍
责任印制 陶 松

编辑统筹 学术·对外出版分社
开本 A5
印张 10
字数 240千
版本 2017年6月第1版
印次 2017年6月第1次印刷

法律出版社/北京市丰台区莲花池西里7号(100073)
网址/www.lawpress.com.cn
投稿邮箱/info@lawpress.com.cn
举报维权邮箱/jbwq@lawpress.com.cn
销售热线/010-63939792
咨询电话/010-63939796

中国法律图书有限公司/北京市丰台区莲花池西里7号(100073)
全国各地中法图分、子公司销售电话:
统一销售客服/400-660-6393
第一法律书店/010-63939781/9782 西安分公司/029-85330678 重庆分公司/023-67453036
上海分公司/021-62071639/1636 深圳分公司/0755-83072995

书号:ISBN 978-7-5197-0972-3 **定价**:48.00元